Nilüfer Göle

Republik und Schleier

Die muslimische Frau in der Moderne

Aus dem Türkischen von
Pia Angela Lorenzi

Türkise Reihe

Babel Verlag

Die Deutsche Bibliothek – CIP-Einheitsaufnahme

Göle, Nilüfer: Republik und Schleier: Die muslimische Frau in der modernen Türkei / Nilüfer Göle – Aus dem Türk. von Pia Angela Lorenzi. – 1. Aufl. – Berlin: Babel Verl. Hund & van Uffelen, 1995
Einheitssacht.: Modern mahrem <dt.>
ISBN 3-928551-18-3

Titel der Originalausgabe: *Modern mahrem,* Metis Yayınları, Istanbul 1991

1. Auflage

Umschlaggestaltung: Marc Mendelson
Satz: Pinkuin, Berlin
Druck: Nexus Druck, Frankfurt
Printed in Germany
ISBN 3-928551-18-3

Inhalt

Für meine Großmutter Zehra Bozer

Danksagung

Die erste Stufe dieser Untersuchung, die historische Forschung, wurde 1985 mit Unterstützung der UNESCO in Paris durchgeführt. Wassyla Tamzali war – wie schon in anderen Bereichen meines Lebens – auch diesmal meine geistige Leitfigur. Es gelang ihr, meine Aufmerksamkeit wieder auf meine eigene Vergangenheit und mein Land zu lenken. Die zweite Stufe, die Feldforschung, fand 1987 in der Türkei statt. Mein Dank gilt Pierre Kalfon von der UNESCO, seiner Unterstützung und Flexibilität.

Jean-Pierre Thieck, der leider nicht mehr unter uns ist, und Vincent Duclerc gehörten zu den ersten Lesern der französischen Originalfassung. Sie überzeugten mich, daß ich mit meinem Thema etwas zu sagen hatte. Ali Bayramoğlu und Nihal İncioğlu ermunterten mich, ein Buch daraus zu machen, und diskutierten und kommentierten die türkische Fassung.

Alain Touraine, dessen Wißbegier, Originalität und Autorität mir während meiner zehn Jahre in Paris ein intellektuelles System vermittelten, vermisse ich sehr. Ich setzte meine Ausbildung danach in der Türkei fort, in einer unstrukturierten, allen Arten von untypischen Praktiken zugänglichen Gesellschaft. Den Akteuren, vor allem den islamistischen Frauen, bin ich zu besonderem Dank verpflichtet.

Zafer Şenocak und Eva Hund möchte ich danken für ihre Freundschaft und Energie sowie für ihre Beharrlichkeit, so daß das Buch nun auch der deutschen Öffentlichkeit zugänglich ist.

Auswärtige Forschungsarbeit, Konferenzen, Sabbatjahr; Schreiben von Berichten und Artikeln; neue Forschungsprojekte; neue internationale Seminare, das Summen des Computers, Bücherstapel, kopierte Artikel, Termine, Anfälle von Panik, verschobene Urlaubsreisen... Meinem Mann Asaf Savaş Akat möchte ich dafür danken, daß durch ihn dieses ganze Chaos etwas Spielerisches bekam.

Istanbul, im Mai 1995 Nilüfer Göle

Einleitung: Die verbotene Moderne

Verschleierung ist das hervorstechendste Emblem des heutigen Islamismus, und Frauen sind seine neuesten Handelnden[1]. Kein anderes Symbol charakterisiert die »Andersartigkeit« des Islam vom Westen mit derartiger Vehemenz. Körper und Sexualität der Frau erweisen sich als der politische Schauplatz, an dem den homogenisierenden und egalitären Kräften der westlichen Moderne Widerstand geboten wird. An der Verschleierung der heutigen muslimischen Frauen zeigt sich die Unüberwindbarkeit der Grenzen zwischen islamischer und westlicher Zivilisation[2]. Anders gesagt: der bedeckte weibliche Körper deutet auf die zentrale Stellung hin, die die Fragen von Geschlecht und Sexualität in der islamistischen Kritik an der westlichen Moderne einnehmen. Der Islamismus stellt Frauen als Zeichen von Sittlichkeit und Moral in den Vordergrund. Gleichzeitig führt die Partizipation von Frauen am politischen Prozeß zur Bildung ihrer öffentlichen und kollektiven Identität, die sich wesentlich von der Identitätsdefinition getrennter Geschlechterrollen innerhalb der häuslichen Sphäre abgrenzt. Als neues Emblem für die Islamisierung einer Lebensform und die Politisierung der Religion transzendiert die Verschleierung daher nicht nur die Machtverhältnisse zwischen Islam und westlicher Welt, Moderne und Tradition, Laizismus und Religion, sondern auch zwischen Männern und Frauen und zwischen Frauen untereinander.

Dieses Buch stellt sich die Aufgabe, die Bedeutung der Verschleierungsbewegung in der Türkei durch eine vielschichtige Analyse der Machtverhältnisse zu untersuchen, die vom privaten Geschlechterverhältnis bis zur konfliktreichen Begegnung zwischen den Zivilisationen reichen. Die Verschleierung der Frauen ist dabei der analytische Faden, der sich durch die Machtverhältnisse zieht, die ihrerseits vom »Zivilisationsprozeß« zwischen »Ost und West«[3] verdeckt worden sind, der das Gewebe des Islamismus schafft und die Muster der westlichen Moderne durch das Prisma des Islamismus hindurch erleuchtet. Wir wollen also

---

* Die Einleitung wurde im Frühjahr 1995 von der Autorin für die amerikanische und die deutsche Ausgabe neu geschrieben und geht auch auf die Reaktionen ein, die das türkische Original 1991 auslöste.
Sie wurde von Cornelia C. Walter aus dem englischen Original übersetzt.

die »Verankerung des Geschlechts«[4] im Islam einerseits und in der Moderne andererseits untersuchen. Wir stellen die Behauptung auf, daß der heutige Islamismus nicht richtig verstanden werden kann, wenn man ihn isoliert von den lokalen Ausformungen westlicher Moderne betrachtet, an deren Aufbau Frauen einen wesentlichen Anteil haben.

In diesem einführenden Kapitel soll die Spannung zwischen den theoretischen und methodologischen Ansätzen des Buches neu eingeordnet werden. Dem Forschungsprojekt liegt ein konkretes Ereignis zugrunde, nämlich die islamistische Verschleierungsbewegung türkischer Universitätsstudentinnen in der Zeit nach 1983. Das Thema Verschleierung entwickelte sich zu einer entscheidenen Kraft bei der Radikalisierung innerhalb der islamistischen Bewegung, als kopftuchtragenden Studentinnen der Besuch der Universitäten verwehrt wurde, was zur Mobilisierung verschleierter Studentinnen, organisierten Sitzstreiks und Demonstrationen führte. Verschleierung kann insofern als gesellschaftliche Bewegung betrachtet werden, als muslimische Studentinnen ihre Forderungen gemeinsam und öffentlich artikulierten und die Zielsetzungen ihrer Aktion eigenständig definierten. Die Verschleierungsbewegung ist zu einer Quelle politischer Konflikte und Polarisierung zwischen Säkularisten und Islamisten geworden und hat Intellektuelle, Universitätslehrer, Massenmedien und politische Parteien in eine hitzige Debatte verwickelt. Vor allem hat diese Debatte jedoch gezeigt, welch tiefe soziale und kulturelle Kluft zwischen den Laizisten und Islamisten im allgemeinen und zwischen Frauen im besonderen besteht. In gewisser Weise trieb sie die Konfrontation in Bezug auf »westliche« versus »islamistische« Ausrichtung zwischen Bürger einer Nation, Religion und Geschlechtszugehörigkeit weiter voran. Zusätzlich zur Beobachtung dieser öffentlichen Debatte, liegt dem Thema dieser Studie auch die persönliche Besorgnis der Autorin zugrunde, sowohl als türkische Intellektuelle wie als Frau. Zum einen wird das türkische Narrativ[5], die bevorzugte Darstellungsweise in der Türkei, derzufolge Bildung und Modernisierung mit der Emanzipation der Frau zusammenhängen, von gebildeten, aber islamistisch geprägten Frauen angefochten. Die Prämisse, daß mit der Ankunft der Moderne Traditionen und Religion verschwinden, ein Fortschritt, der oft als die natürliche Folge weltlicher wissenschaftlicher Bildung angesehen wird, greift nicht mehr. Zum anderen ist die Autorin, selbst ein Produkt weltlicher, moderner Erziehung in der Türkei, vom

Aufkommen dieses neuen islamischen Frauentyps überrascht, der zwar aus der gleichen sozialen Schicht stammt, mit vergleichbarem Bildungshorizont und vergleichbarer Professionalität, seinerseits aber zielbewußt auf ein islamisches Ideal und eine islamische Identität zustrebt. Die Gemeinsamkeit oder Kommunikationsfähigkeit zwischen diesen beiden Frauentypen, denen Religion, Nationalität und Geschlechtszugehörigkeit gemeinsam sind, wird daher zur grundlegenden Fragestellung der Untersuchung. Die Autorin versucht, eine Verbindung herzustellen zwischen »privater Besorgnis« und der »öffentlich-politischen Relevanz«, zwischen »Biographie« und »Geschichte« und ihre Erfahrung im Sinne von Mills in eine »soziologische Imagination« umzuwandeln.[6]

Das erste Kapitel dieser Einleitung, »Die soziologische Bedeutung der Verschleierung«, beschreibt die soziologische Bedeutung der politischen Debatte um die islamistische Verschleierung.

Im zweiten Kapitel, »Soziales Handeln, Konfliktualität und Selbstreflexivität«, werden die methodologischen Schwierigkeiten erörtert, die sich durch die Verschiebung der dominanten Narrative auf eine Betrachtungsweise ergeben, in deren Brennpunkt soziales Handeln und Bedeutung innerhalb eines höchst polarisierten und politisierten Kontexts liegt. Diese Schwierigkeiten sind zeitlich und örtlich nicht auf die Forschungssituation beschränkt; sie führen darüberhinaus zur allgemeineren Frage nach dem Standpunkt der Forschenden, zur Verbindung zwischen Intellektuellen und Wissen und enden schließlich in der alten sozialwissenschaftlichen Problematik der Verbindung zwischen Engagement und Analyse, zwischen sozialem Handeln und Struktur.

Das dritte Kapitel, »Schwaches Geschichtsbewußtsein und westliche Moderne«, befaßt sich noch einmal mit der türkischen Form der Modernisierung (deren Anfänge bei den osmanischen Eliten des 19. Jahrhunderts liegen und die 1923 zur Gründung des laizistischen Nationalstaats durch Mustafa Kemal Atatürk führten), um den gegenwärtigen Disput zwischen Islamisten und Modernisten aus einem historischen Blickwinkel zu erfassen. Dieser Teil untersucht noch einmal den transformativen Einfluß der Modernisierung auf die private und öffentliche Sphäre, auf die Beziehungen zwischen den Geschlechtern und auf das türkische Selbstverständnis. Er problematisiert das von den türkischen Reformeliten hochgehaltene Konzept der »universalen Zivilisation«, das mit der westeuropäischen Kultur synonym wurde.

Das vierte Kapitel, »Kemalistische Frauen als zivilisierende Kraft«, erörtert die Notwendigkeit, Frauen als Symbole und zentrale Akteure in diesem »Zivilisationsprojekt« ausfindig zu machen und zu untersuchen.

Im fünften Kapitel, »Islam is beautiful: die Suche nach dem neuen Unterschied«, wird die Bedeutung islamistischer Bewegungen – insbesondere die Verschleierung – im Hinblick auf die Faszination und Ablehnung diskutiert, die sie dem »Zivilisationsprojekt« entgegenbringt. Es beschreibt die Untrennbarkeit der muslimischen Identität, die geschlechtsspezifisch konstruiert ist, von den Wahrnehmungen und Strukturen der westlichen Moderne.

Das sechste Kapitel, »Authentizität versus ›Okzidentalismus‹«, untersucht die inhärente Kritik des Islamismus, die die körperliche und öffentliche Unsichtbarkeit der Frau fordert, an laizistischen Lebensformen.

Im letzten Kapitel, »Nach Veröffentlichung: Einmischung durch Nicht-Einmischung« gehe ich auf Reaktionen auf die Veröffentlichung des Buches in der Türkei ein. Es wird schließlich die Konfliktsituation der muslimischen Frauen erörtert, die einerseits im Sinne des Laizismus erzogen und ausgebildet sind und sich religiös-politisch engagieren und die andererseits den Prinzipien der islamischen Gemeinschaft anhängen. Während ersteres die Partizipation am öffentlichen Leben voraussetzt, bestraft letzteres die Individuation von Frauen, deren moralisches Verhalten die islamische Gemeinschaft und Authentizität markiert.

1. Die soziologische Bedeutung der Verschleierung

Die Verschleierung ist sowohl in islamischen als auch in westeuropäischen Ländern ein zentrales politisches Thema: es zeigt die Spannungen, die in den gesellschaftlichen Grundwerten stecken und umfaßt eine Bandbreite von anderen Themen, vom Laizismus des öffentlichen Raums etwa, oder den Stellenwert der Religion in der Erziehung, oder die Rechte des Individuums bis hin zu Multikulturalismus und Multikonfessionalismus.[7] Die Verschleierung muslimischer Studentinnen erscheint als kontroverses Thema, da sie das sichtbarste Zeichen von Religiosität und traditionellen Frauenrollen im modernen sozialen Kontext darstellt, z. B. an Universitäten, im städtischen Raum, bei politischen

Parteien und am industriellen Arbeitsplatz. Die Verschleierung wird gemeinhin als »kulturfeindliche« Macht angesehen und oft mit weiblicher Unterwürfigkeit identifiziert. Als solche wird sie als Phänomen gedeutet, das die krassen Gegensätze zwischen Religion und Moderne verwischt und die geltenden Vorstellungen von »Emanzipation« und »universellem Fortschritt« verletzt. Das Wiederaufleben islamistischer Bewegungen wird daher als Herausforderung an die westliche Moderne interpretiert, da diese ihrerseits auf einer eindimensionalen Vorstellung von Fortschritt aufzubauen scheint, die auf binären Gegensätzen zwischen Religion und Laizismus, privater und öffentlicher Sphäre, Partikularismus und Universalismus fußt. Auch verkörpert die sich verschleiernde Islamistin den Kampf zwischen zwei konkurrierenden Auffassungen von Individuum und Gesellschaft: der westlichen und der islamischen. Im metaphorischen Sinn ist es der verhüllte weibliche Körper, der die gegenwärtigen islamistischen Bewegungen neu aufleben läßt und sie vom Säkularisierungsprojekt absetzt.

Wir vertreten hier deshalb die These, daß die Verschleierungsfrage nicht nur ein weiteres Thema innerhalb der islamistischen Bewegungen darstellt, sondern im Gegenteil die Geschlechterfrage zur zentralen Frage für das muslimische Selbstverständnis und die inhärente Kritik am Westen macht. Verschleierung ist als diskursives Symbol daher ein wesentliches Instrument bei der Vermittlung politischer Inhalte. Demgemäß kann die Bedeutung der gegenwärtigen islamistischen Bewegungen unserer Ansicht nach nur im Hinblick auf ihr problematisches Verhältnis zur westlichen Moderne begriffen werden, ein Verhältnis, das durch den weiblichen Körper und die weibliche Stimme erst Gestalt annimmt und Sinn erhält. Der Islamismus wird so durch eine selektive Rekonstruktion von Identität geformt statt durch eine unwandelbare, d. h. ahistorische und kontextfrei bestimmte Identität. Daher läßt sich sagen, daß der Fragenkomplex Frau, Sitte und Sexualität von den heutigen islamistischen Bewegungen mehr als das Ergebnis einer bedenklichen Abhängigkeit von der Moderne als das der Loyalität gegenüber der islamischen Religion wahrgenommen und problematisiert wird.

In ihrer jetzigen Form handelt es sich bei der Verschleierung um ein politisches Statement des Islam im allgemeinen und eine Affirmation muslimischer weiblicher Identität im besonderen. In diesem Sinn unterscheidet sich der Schleier, beziehungsweise die Art des Kopftuchs, wie es die jungen Islamistinnen tragen, von der traditionellen Art der Kopfbedeckung der Muslimin, dem traditionellen Kopftuch.[8] Während letzteres in den Grenzen der Tradition bleibt, von einer Generation zur nächsten weitergegeben und unhinterfragt von den Frauen übernommen wird, handelt es sich bei ersterem um die aktive Wiederinbesitznahme durch die Frauen, die traditionelle Lebensbereiche hin zu modernen durchschreitet und einen politischen Kommentar darstellt. Verschleierung als Ausdruck einer bestimmten islamischen Erscheinung – also Kopfbedeckung und langes, weites Gewand – bezieht sich auf die politische Wiederinbesitznahme islamischer Religiosität und Lebensform und nicht auf deren Trivialisierung innerhalb der Traditionen. In dieser Hinsicht drückt Verschleierung nicht die passive Unterwerfung unter vorherrschende Normen der Gemeinschaft aus, sondern bekräftigt statt dessen das aktive Interesse an der Religionsausübung. Gebildete Frauen, die ursprünglich aus den unteren und mittleren Gesellschaftsschichten stammen, behaupten, den »wahren« Islam zu kennen und setzen sich so von den traditionellen, ungebildeten Frauen ab. Diese jungen Musliminnen lehnen vor allem das Modell ihrer Mütter ab, die religiöse Traditionen innerhalb ihres häuslichen Bereichs weiterführen und keinen Anspruch auf Wissen und Praxis erheben. Paradoxerweise verschaffen sich diese verschleierten Studentinnen, die ihren neuerworbenen Status und ihre gesellschaftliche Anerkennung dem Zugang zu weltlicher Bildung verdanken, auch durch den Anspruch auf islamisches Wissen und Politik eine gewisse gesellschaftliche Macht. Schleiertragende Studentinnen, als die neuen Vertreterinnen des Islam, erstreben und erwerben »symbolisches Kapital«[9] aus zweierlei Quellen: religiösen und weltlichen. Ihre kürzlich errungene Sichtbarkeit sowohl an Universitäten als auch innerhalb der islamistischen Bewegungen weist auf die weibliche Inbesitznahme dieses neuen symbolischen Kapitals und das Aufkommen eines neuen muslimischen intellektuellen Frauentyps hin.

Darüberhinaus symbolisiert die Partizipation von Frauen an islamistischen Bewegungen ein neues Gefühl der Zugehörigkeit und verkörpert eine neue Gemeinschaft von Gläubigen. Während sich die traditionelle Art der Körperbedeckung von einem muslimischen Land zum anderen in Form von »Volkstrachten« unterscheidet, ist die heutige islamistische Bekleidung in allen islamischen Ländern ähnlich: durch die symbolische Verschleierung wird eine gemeinsame weibliche Identität und muslimische Gemeinschaft (*umma*) neu aufgebaut und auf einer ländergreifenden Ebene neu erfunden.

Zusammenfassend kann gesagt werden, daß es sich bei der Verschleierung der muslimischen Frau nicht um einen reibungslosen, allmählichen und kontinuierlichen Prozeß handelt, der sich auf Traditionen gründet. Sie ist im Gegenteil das Ergebnis einer Neuinterpretation der islamischen Religion durch die neuen, urbanisierten sozialen Gruppen, die sich von traditionellen volkstümlichen Deutungen und Praktiken ablösen und die Religion politisieren, um sich als kollektive Identität gegen die Moderne zu behaupten. Die Verschleierung ist das hervorstechendste Merkmal der gegenwärtigen islamistischen Bewegung, die auf dieser zentralen Spannung zwischen Islamismus, Traditionalismus und Moderne beruht.

Der Unterschied zwischen den beiden muslimischen Frauentypen und die neue Bedeutung der Verschleierung tritt besonders eklatant in der »Kopftuchdebatte« hervor, die 1984 in der Türkei ausbrach.[10] Der Gebrauch des traditionellen Kopftuchs durch die unteren und mittleren Gesellschaftsschichten am Rande des modernen Stadtlebens findet kaum Beachtung und wird als traditionelles Überbleibsel betrachtet, während das Tragen der islamistischen Kleidung durch eine Gruppe von Studentinnen – ein Phänomen der Zeit nach 1983 – als Manipulationsinstrument des wachsenden islamistischen Fundamentalismus angesehen wird und in der Folge einen stark polarisierten politischen Streit zwischen Laizisten und Islamisten hervorgerufen hat.

Um die islamistische von der traditionellen Art der Kopfbedeckung zu unterscheiden, verleihen die türkischen Massenmedien der neuen Verschleierung der Frauen den Namen *türban*-Bewegung«.[11] Der Ausdruck *türban*, der für die neue Verschleierungsbewegung geprägt wurde, hat mehrere Bedeutungen und deutet darauf hin, daß diese Frauen durch ihre Partizipation an den islamistischen Bewegungen Grenzen durchbrechen. Der Ausdruck *türban* ist ursprünglich aus dem türkischen »tül(i)bend« und dem persischen »dülband« gebildet und bezeichnet eine muslimische Kopfbedeckung, bestehend aus einem langen, um den Kopf gewickelten Schal aus Leinen, Baumwolle oder Seide. Im modernen Türkisch wird allerdings das französische Wort für eine bestimmte modische Kopfbedeckung verwendet, das aus dem osmanischen Türkisch übernommen wurde. So trägt schon das Wort *türban* die Übertragung, Wechselbeziehung und gegenseitige Durchdringung von Ausdrücken und Praktiken zwischen der osmanischen und der westlichen Welt in sich. Daß die Verschleierungsbewegung der muslimischen Studentinnen als *türban*-Bewegung« bezeichnet wird, markiert ihre Distanzierung vom traditionellen Kopftuch, erinnert an Mode und deutet auf eine Veränderung hin, d.h. eine moderne Art der Inbesitznahme im Gegensatz zur Fortführung von Traditionen. Andererseits ist der *»türban«* auch ein religiöses Kleidungsstück für Männer, auf türkisch »sarık«, das an die Macht der islamischen *ulema* erinnert, nun aber auf die religiöse Politisierung von Frauen und ihre wachsende Geltung hinweist. Der Begriff *türban* zeigt also den hybriden und grenzüberschreitenden Charakter der islamistischen Verschleierung, der auf der Kräftedynamik zwischen Ost und West beruht, zwischen Traditionalismus und Moderne, zwischen Mann und Frau. Im Gegensatz zur islamischen Verschleierung oder dem islamischen Kopftuch, die immer eine einzige Bedeutung vermitteln – nämlich »Rückkehr zu Traditionen«, »Rückkehr zum Fundamentalismus«, »weibliche Unterwerfung« – und binäre Gegensätze vermitteln – nämlich den »grundsätzlichen Unterschied zwischen dem Islam und dem Westen«, die »Verwestlichung als Voraussetzung für die Emanzipation der Frau« -, ist *türban* Inbegriff einer Mischform, für den Grenzen und Gesetze überschreitenden Charakter des Islamismus im allgemeinen und der Partizipation der Frauen im besonderen.

2. Soziales Handeln, Konfliktualität und Selbstreflexivität

Die Theorien der Modernisierung haben uns gezwungen, symmetrische und lineare Entwicklungsspuren ausfindig zu machen, die beinahe unabhängig vom historischen und geographischen Kontext auftauchen. Heute hat sich der epistemologische Akzent von der evolutionären Argumentation und dem methodologischen Positivismus auf die Frage des sozialen Handelns und der daraus folgenden Analyse partikularistischer und kontextgebundener Interpretationen der Moderne und des Subjekts verlagert. Eine derartige Verschiebung hat bei der Untersuchung »nichtwestlicher« Länder unleugbar ein befreiendes Potential. Die Distanzierung von den universalistischen Haupt-Narrativen der Modernisierung und Emanzipation ermöglicht die Überprüfung subjektiver Sinnzusammenhänge, kultureller Identitäten und sozialer Konfliktpotentiale; kurz gesagt, sie hilft bei der Überprüfung spezifischer Ausprägungen im Spannungsfeld von Moderne und lokalem Gewebe.

Die Bewegung hin zu neuen Formen gegenseitiger Durchdringung und Vermischung von partikularistischen und universalistischen, lokalen und globalen Realitäten versetzt uns in einen Bereich, der von sozialwissenschaftlicher Sprache noch nicht bestimmt, besetzt und vermittelt ist. Dieser neue Standpunkt führt zur generellen Tendenz, alle möglichen verwirrenden Mischformen und Paradoxien aufzuzählen, entweder als engstirnige Zeichen einer »Pathologie der Rückwärtsgewandtheit« oder, im anderen Extrem, als kulturalistischen Essentialismus[12] oder einfach als postmodernen Relativismus. Das Problem der Konzeptualisierung macht nun jedoch neue Verbindungen zwischen empirischer und theoretischer Sprache nötig. Es erfordert auch beim Forschenden einen neuen Blickwinkel auf »lokalen« Kontext und Muttersprache. Der Bedeutungsverlust der Haupt-Narrative über Modernisierung und Emanzipation verändert die Rolle der Intellektuellen: aus Übermittlern und Verteidigern universaler Werte werden Übersetzer der hybriden, paradoxen, vielschichtigen sozialen Realitäten.[13] Und diese neue Aufmerksamkeit kann sich nur durch Vermittlung einer kontextgebundenen Sprache in soziologisches Bewußtsein übertragen.

Der türkische Originaltitel dieses Buches, *Modern Mahrem* (»Der moderne Mahrem«) artikuliert zum Beispiel die Schwierigkeiten beim Überschreiten kultureller Grenzen und Nationalsprachen: Der Begriff *mahrem* bezieht sich wörtlich auf das Intime, Häusliche, Geheime, den weiblichen Raum, alles, was dem fremden Blick verborgen bleibt; es bedeutet auch eigene Familie. Im Text beleuchtet das Konzept von *mahrem* die Schwierigkeit, diesen »privaten« Raum darzustellen, privat im modernen, westlichen Sinn. Das Konzept wird (mehr als eine bloße Frage der Übersetzung) zu einer analytischen Kategorie, einem Schlüssel zum Verständnis der Vorstellung von Intimität, Geschlechtertrennung und Moral in der muslimischen Gesellschaft. Die Übertragung des westlichen Konzepts der »Privatsphäre« auf *mahrem* hätte zur Unterdrückung der spezifischen Eigenart der häuslichen Sphäre im muslimischen Kontext geführt. Um diese Besonderheiten von innen heraus zu verstehen, müssen wir also unser soziologisches Bewußtsein und unsere Vorstellungskraft schärfen.

In ähnlicher Weise deutet der Ausdruck »modern« im wörtlichen Sinn auf die westliche Wertvorstellung von Individualismus, Laizismus und Gleichberechtigung als Ergebnis von Aufklärung, industrieller Revolution und pluralistischer Demokratie; im Türkischen gibt es dafür kein Synonym.[14] Trotzdem hat der Begriff in der türkischen Geschichte eigenes Leben und Bedeutung. Mehr noch als der Ausdruck »Moderne«, der sich auf das Bewußtsein der Gegenwart und den neuesten Entwicklungsstand bezieht, wird das Konzept der »Modernisierung« als Ausdruck des politischen Willens, »modern zu werden«, im historischen und politischen Wortschatz des Türkischen verwendet.

Letzteres kann als das andauernde Streben nach Überwindung des Entwicklungsrückstands gedeutet werden. Folglich ist das Konstrukt »westliche Moderne« ein wesentlicher Bestandteil des intellektuellen und politischen Lebens in der Türkei, das sich in ständigem Wandel dem jeweiligen ideologischen Klima anpaßt. Eine präzise Untersuchung von Geschichte, sozialem Handeln und sozialer Konfliktualität ist ohne Einbeziehung dieser Abhängigkeit von der Moderne nicht möglich. Die öffentlichen Narrative (Verwestlichung, Fortschritt, Frauenemanzipation), aber auch die entgegengesetzten Narrative oppositioneller Bewegungen (die Linke, der Islamismus) sind geprägt vom problematischen Verhältnis zur Moderne. Wenn wir soziales Handeln, ontologische Darstellungen, kollektive Identitäten und politische Konflikte verstehen und erklären wollen, müssen wir zuerst sehen, daß es notwendig ist, bereits auf der Ebene der individuellen und kollektiven Identitäten die lokalen Konstrukte der Moderne zu entschlüsseln. Anders ausgedrückt, die Moderne kann nicht als geographische Größe betrachtet werden, die außerhalb des türkischen Erfahrungsbereichs liegt, sondern muß vielmehr als Teil der historischen Erfahrung, des sozialen Umfelds und der Identität der sozialen Akteure erläutert werden. Es kommt darauf an, die Moderne in nicht-westlichen Umfeldern zu problematisieren, wie und welchen Anteil sie hat an öffentlichen Narrativen, an kollektiven Identitäten und sozialer Praxis.

Der türkische Titel »Der moderne Mahrem« prägt also zwei unterschiedliche und doch einander durchdringende zivilisatorische Kategorien: die private, und geheime, in der die Geschlechtszugehörigkeit eine Rolle spielt, und die öffentliche, universalistische und sichtbare. Er spielt auf die unaufgeforderte Begegnung und Interaktion zwischen Islam und

Moderne in der türkischen Geschichte an und zeigt insbesondere die kritische Beurteilung der Moderne durch die muslimische Frau und ihre verbotene Teilhabe an der öffentlichen Sphäre auf.

Dieses Buch unternimmt den Versuch, lokale Konstruktionen von Subjekt und Moderne, Mischformen und asymmetrische gesellschaftliche Realitäten als soziale Verhaltensformen herauszuarbeiten und zu interpretieren und nicht etwa als »Abarten« oder »Ausnahmen« im Sinne von Modernisierungstheorien. Im Gegenteil, anstatt diesem gesellschaftlichen Phänomen mit einer vorgefertigten sozialwissenschaftlichen Sprache zu begegnen und dadurch alle Besonderheiten von vornherein zu tilgen, werden gerade die Diskrepanzen zwischen Sozialtheorien und sozialem Handeln zum Ausgangspunkt der Untersuchung gemacht.

Islamistische Bewegungen im allgemeinen und die Verschleierung im besonderen lassen sich erklären, indem entweder den soziopolitischen Faktoren Vorrang gegeben wird oder aber einer wie auch immer gearteten Fundierung in der Religion selbst, von der man annimmt, daß sie sich einer Reihe von Wandlungsprozessen wie Reformierung oder Säkularisierung – wie sie sich im Westen vollzogen haben – sperrt. Der erste Standpunkt führt zu kausalen Erklärungen: als Gründe für den radikalen Islamismus werden wirtschaftliche Stagnation, politische Bevormundung, ländliche Abwanderung, soziale Unordnung in den Städten angeführt. Obwohl solche Ansätze das soziale Umfeld treffend beschreiben, in dem oppositionelle Bewegungen ihre Wurzeln haben, können sie doch nicht schlüssig erklären, wie und weshalb der Islam bei der Suche nach kultureller und politischer Selbstbehauptung einen derartigen Reiz ausübt. Die Ansätze, die sich vor allem auf die Fundierung im Islam beziehen, gehen dagegen von seiner Unveränderbarkeit aus und lösen die Religion dadurch aus ihrem historischen und politischen Kontext. Unter diesem Blickwinkel erscheinen Islamismus und Verschleierung als »abartig« oder »krankhaft«. Dabei klingt unterschwellig an, wenn Modernisierung und Säkularisierung erfolgreich wären, kämen solche »anormalen Reaktionen« gar nicht vor. Für den politischen sowie für den kulturellen Ansatz gilt, daß verschleierte Frauen eigentlich die Erweiterung eines generelleren Phänomens sind: entweder als Mitstreiterinnen der fundamentalistischen, politischen Bewegung oder als passive Vermittlerinnen traditioneller Werte.

Eine solche Analyse, die die Prädestiniertheit durch System und Struktur betont, geht der Frage nach dem sozialen Handeln und der Formierung des muslimischen Akteurs und seinem Beitrag zur (Re)Produktion dieser Ordnung aus dem Weg.

Innerhalb der Perspektive der Handlungssoziologie werden soziale Bewegungen nicht als Anomalitäten erklärt, sondern als Beiträge zur »Selbstproduktion der Gesellschaft« im Sinne von Alain Touraine.[15] Soziale Bewegungen sind Ausdruck für das Bemühen um Kontrolle über das Geschichtsbewußtsein, d.h. um die Kontrolle eines kulturellen Modells, das sich nicht vom Klassenkonflikt trennen läßt, durch den sich die Gesellschaft immer wieder neu formt.[16] Daher läßt sich die Frage nach dem handelndem Subjekt und nach Identität nicht vom Verständnis dafür trennen, wie sich die Gesellschaft einerseits reproduziert und andererseits wandelt.

Indem wir die Frau in den Mittelpunkt unserer Analyse stellen, gelangen wir zu neuen Erkenntnissen über die Dissonanz zwischen Islamismus und Moderne, die ein ganz neues Konfliktfeld eröffnet. Unsere Betrachtung wird sich nicht auf das Verständnis der islamistischen Frau als individuell Handelnde beschränken, d. h. auf die Darstellung und Lesart der Frauen von ihrer Lage und auf ihr Handeln, sondern um das Verständnis dafür erweitert, wie dieses soziale Handeln (ob ausgeprägt oder schwach) islamistische soziale Bewegungen beeinflußt. Analysiert wird also das Zusammenspiel zwischen geschlechtlicher Identität und politischer Ideologie an der Schnittstelle zwischen ideologischen Konfigurationen und alltäglichen Machtverhältnissen zwischen den Geschlechtern. Foucault hat es so ausgedrückt: der Körper ist der Ort, an dem alle Machtkämpfe ausgetragen werden, und funktioniert durch die Anordnung und Aufteilung des Raumes. Die Analyse von Macht nicht als von vornherein festgelegte Herrschaftsgewalt, als etwas, das jemandem gehört, sondern als »ein Set offener Strategien« wird es uns ermöglichen, die Bedeutung der Verschleierungsbewegung auf der subjektiven Ebene sozialer Akteure und ihrer sozialen Praxis zu untersuchen.[17] Daher wird Identität (als Islamistin und Frau) nicht als festgelegte Grundkategorie vorausgesetzt, sondern als allmählich erfolgte Konstruktion und Rekonstruktion sowie als Anpassung an die Machtverhältnisse. Die Bildung einer kollektiven Identität islamistischer Frauen kann also nur in ihrem Verhältnis zu laizistischen Frauen, zu islamistischen Männern oder auch zu anderen muslimischen Frauen erarbeitet werden. Werden die Darstellungen und Lesarten der Frauen von ihrer Lage in ihren historischen Kontext gestellt, dann kann auch die Fixiertheit von Identitäten überwunden werden.[18]

Die erneute Betrachtung des Verschleierungsthemas unter dem Gesichtspunkt soziales Handeln und soziale Praxis erfordert soziologische Ansätze und Methoden, die die Narrative der gesellschaftlichen Akteure in ihrer Bezogenheit und ihren Konflikten miteinander darstellen. Die Wahl der soziologischen Methode hängt daher wesentlich vom allgemeinen soziologischen Ansatz ab. In der vorliegenden Studie wurden sowohl ausführliche Interviews wie auch Gruppengespräche geführt, wobei letztere überwogen, da sie die Teilnehmer und Teilnehmerinnen zueinander in Beziehung stellen und ihre Selbstreflexivität verstärken. Die Gruppengespräche wurden nach den Grundsätzen der »soziologischen Intervention« geführt, die Alain Touraine als Methode der Handlungssoziologie erarbeitet hat.[19] Das Gespräch in der Gruppe zeigt die Narrative islamistischer Frauen in einer Beziehungssituation, d. h. sowohl in Beziehung zueinander und zu der Soziologin als auch in Beziehung zu Gegnern oder Vertretern der zum Gespräch eingeladenen Bewegung. Die Begegnung der ersten Gruppe mit einem einflußreichen, islamistischen Intellektuellen, der die Rechte der Frau als im Islam begründet verteidigte, und später mit einer laizistischen, westlich orientierten Feministin, verlagerte die Schwerpunkte der Debatte und veränderte das Selbstverständnis der Gruppe radikal. Die soziologische Intervention bietet die Möglichkeit, die Herausbildung einer kollektiven weiblichen Identität innerhalb sich verschiebender Grenzen zu analysieren, in ihrer Konfliktualität sowie ihrer Haltung gegenüber Machtverhältnissen. Bei der Begegnung miteinander, mit der Soziologin und den eingeladenen Außenstehenden entdecken die Gruppenmitglieder unterschiedliche Haltungen beieinander und kommen zu einem Gefühl für »Erinnerung« und »Geschichte«. Indem die Forschungssituation eine Distanz zu den Vorgaben kollektiven Handelns und kollektiver Identität schafft, erhöht sie auf der anderen Seite die Selbstreflexivität der Handelnden über vorgefaßte Meinungen hinaus. Die soziologische Intervention stellt die Produktion von Bedeutung und Wissen als interaktive Prozesse zwischen Akteuren und Analytikerin an erste Stelle. Die Bezeichung »Intervention« deutet auf die Notwendigkeit der Interaktion mit den Akteuren der Bewegung hin, um die verschiedenen Narrative, soziales Handeln und Konfliktualität in ihrer Bedeutung zu erfassen. In gewisser Hinsicht ist in den Forschungsprozeß auch ein »Überraschungsmoment« eingebaut, das den Akteuren die Möglichkeit zur Selbstanalyse schafft, was vielleicht unvorhergesehene Sinnzusammenhänge und Konflikte bewirkt, die wiederum neue Konzeptualisierungen erforderlich machen. Anders ausgedrückt, steht man in einer Forschungssituation Aspekten des untersuchten Gegenstandes gegenüber, die nicht ganz zusammenzupassen scheinen, unvereinbar mit dem zuvor entwickelten theoretischen Rahmen oder ganz einfach sinnlos sind. Diese Aspekte zu vernachlässigen, kann für das Verständnis der sozialen Dynamik hinderlich sein. In einem bestimmten Stadium des Forschungsprozesses ist die »Entmachtung« der forschenden Person nötig, d.h. man muß die Rigidität des theoretischen Rahmenwerks in bezug auf die erfahrungbare und daher formbare empirische Welt erkennen, damit neue Bedeutungsfelder der sozialen Handelns und sozialer Geschichte erforscht werden können.

Zusammenfassend läßt sich sagen, daß der Verlauf der soziologischen Analyse als Bewegung von einem beobachtbaren Vorgang auf der Mikroebene (Kopftuchdebatte) zu einem eingegrenzten Forschungsgegenstand (verschleierte islamistische Studentinnen) beschrieben werden kann, die ihrerseits die allgemeine Problematik des Islamismus und der Moderne über den weiblichen Blickwinkel hinaushebt. Das vorliegende Buch stellt dagegen das Problem zuerst in einen historischen Zusammenhang. Bei unserem Ansatz fungiert die historische Analyse nicht als Verdichtungsprozeß und kausale Erklärung heutiger Ereignisse. Im Gegenteil regt die herrschende Uneinigkeit zwischen Islamisten und Modernisten eine neue Lesart der Geschichte an, eine neue Lesart der spezifisch türkischen Form der Modernisierung. Dies wiederum führt uns zur Erforschung von Bereichen gesellschaftlichen Ausschlusses und gesellschaftlicher Vorherrschaft und der unterdrückten Repräsentation derjenigen, die als »rückständig«, »unzivilisiert« und »irrational« stigmatisiert werden: das heißt zur Erforschung des »verborgenen Gesichts der Moderne«.

3. Schwaches Geschichtsbewußtsein und westliche Moderne

Anders als die westliche Moderne, die von Kräften wie Industrialisierung, Produktion und Klassenkonflikten geprägt wurde, war die türkische Modernisierung das Ergebnis von Verwestlichung und Säkularisierung der Reformeliten, denen die Emanzipation der Frau von der traditionellen islamischen Lebensform den Weg ebnen sollte. In nahezu allen islamischen Ländern steht dank der historisch spezifischen Art der Modernisierung die Frauenfrage im Mittelpunkt bei der Entwicklung sowohl des Islamismus als auch der Moderne.

Das Modernisierungsprojekt nimmt in einem nicht-westlichen Kontext insofern einen anderen Verlauf, als es den politischen Willen aufzwingt, kulturelle Codes, Lebensstile und geschlechtliche Identitäten zu »verwestlichen«. Die Begriffe Verwestlichung und Europäisierung – unter den Reformern des 19. und 20. Jahrhunderts vor der später dann erfolgten Betonung struktureller und universeller Merkmale der Modernisierung weit verbreitet – zeigen klar, daß die Anleihen an Institutionen, Ideen und Sitten des Westens auf freiwilliger Basis beruhen. Die Geschichte des türkischen Modernisierungsprozesses, der fast eine zivilisatorische Umwälzung darstellt, kann als radikalstes Beispiel einer solchen kulturellen Verschiebung betrachtet werden. Indem sie versuchten Einfluß auf Lebensstil, Benehmen in der Öffentlichkeit, das Geschlechterverhalten, die Haltung zum Körper und auf die Alltagssitten der Menschen auszuüben, die zu einer Änderung ihrer Selbstverständnisses als Türken bereit waren, gingen die kemalistischen[20] Reformen weit über die Modernisierung des Staatsapparates und den Übergang vom Vielvölkergebilde des Osmanischen Reichs hin zu einem laizistischen, republikanischen Nationalstaat hinaus. In Anbetracht der gegenwärtigen Erneuerung islamistischer Bewegungen in der Türkei und anderswo ist es von entscheidender Bedeutung, zur Geschichte und zur neuerlichen Betrachtung dieses zivilisatorischen Wandels zurückzukehren, um die emotionalen und persönlichen »Systeme von Erzeugungsmustern« zu begreifen, die Bourdieu als Formen von »Habitus« beschreibt und die den Konfliktbereich zwischen den heutigen Islamisten und Modernisten kennzeichnen.

Da grundsätzlich westliche Erfahrung und Kultur den Begriff Zivilisation festlegen, zentrieren sich die Modernisierungsversuche in einem muslimischen Land um dieses Konzept. Sobald die westliche Geschichte – von der Renaissance über die Aufklärung bis hin zu Industrialisierung und dem heutigen Informationszeitalter – zum Innovationsfeld und Bezugspunkt der Moderne wird, verblassen die nicht-westlichen Erfahrungen und verlieren als epochemachende Kräfte ihre Bedeutung. Statt dessen werden sie als Überbleibsel ohne spezifische Bezeichnungen und nur in Bezug auf den »Westen« als »nicht-westlich«, als »der Rest« definiert, bzw. heute als »islamisch« und »grundlegend« anders als die westliche Zivilisation. Diese nicht-westlichen Gesellschaften, die am »Karneval des Wandels« nicht mehr teilnehmen können, sind davon ausgeschlossen als Träger von Geschichte und Wissen ausgeschlossen zu sein und am äußeren Rande der westlichen Zivilisation mit »verstümmelter Perspektive«[21] zurückgelassen worden. Dieser Ausschluß läßt eine Gesellschaft mit »schwachem Geschichtsbewußtsein« entstehen, d.h. mit der geringen Fähigkeit, die Moderne als gesellschaftliche »Selbstproduktion« zu gestalten, als eigenständige Entwicklung, die auf der Interaktion zwischen kulturellem Gewebe und sozialer Handlungsweise beruht. Schwaches Geschichtsbewußtsein ist das soziologische Äquivalent zur ökonomischen Definition der Entwicklungskluft zwischen den Kernländern und den übrigen, was wirtschaftliche und wissenschaftliche Produktion sowie kulturelle Kreativität betrifft. Mit »schwachem Geschichtsbewußtsein« werden die Auswirkungen dieses Nachhinkens auf die diskursiven Strukturen und Praktiken sozialen und politischen Handelns beschrieben. In Gesellschaften, in denen die Moderne nicht aus der eigenständigen Kultur und Entwicklung erwächst, wird Geschichte zu einem ständigen, vom Willen der politischen und intellektuellen Eliten geformten Streben nach Modernisierung und Verwestlichung (bzw. später dessen Ablehnung).

Anders ausgedrückt, bewirkt die Begegnung der orientalischen mit der westlichen Welt keinen gegenseitigen Austausch zwischen beiden Kulturen, sondern führt statt dessen zum Verfall der islamischen Identität. Der Begriff »Zivilisation« bezieht sich nicht auf die historische Relativität der jeweiligen Kultur, z.B. der »islamischen«, »arabischen« oder »französischen« Zivilisation, sondern festigt vielmehr die historische Überlegenheit des Westens als Träger der Moderne. Das Konzept der »Zivilisation« breitet sich über viele Bereiche aus: von Technologie, Weltanschauung und sittlichen Verhaltensregeln zu einer Vielzahl anderer Phänomene, die den Westen über andere gleichfalls existierende, jedoch »primitive« Gesellschaften hinausheben.[22] Mit anderen Worten: das Konzept der Zivilisation ist keinesfalls neutral und machtfrei; es schreibt vielmehr die Überlegenheit des Westens fest und attestiert speziell dem westlichen Kulturmodell seine Universalität. Im Gegensatz zum deutschen Begriff der »Kultur« und seiner Betonung nationaler Unterschiede hat das Zivilisationskonzept einen allgemeingültigen Anspruch – es spielt nationale Unterschiede herunter und betont statt dessen die vermeintlichen Gemeinsamkeiten der Völker. Besser gesagt: es drückt das Selbstbild der europäischen Oberschicht aus, die sich als »Vorreiter der expandierenden Zivilisation« sieht und somit als Gegenpol zur anderen Tendenz der Gesellschaft, dem Barbarismus. Es umfaßt die Idee des Fortschritts und bezieht sich auf etwas, das »ständig in Bewegung« sich vorwärtsbewegt. Es beschreibt nicht nur den tatsächlichen Entwicklungsstand (westlicher Länder), sondern beinhaltet auch ein Ideal, das (von den nicht-westlichen Ländern) erreicht werden soll. Die positivistische Ideologie, die dem zugrundeliegt, attestiert der westlichen Zivilisation Allgemeingültigkeit, d. h. jederzeit und überall Anwendung finden zu können. Das Hauptziel der Modernisierung, wie es türkische Modernisten klar und deutlich gefordert haben, ist, in den vom Westen vorgegebenen »Rang moderner Zivilisation zu kommen«.

4. Kemalistische Frauen als zivilisierende Kraft

Der Streit unter den osmanischen Eliten über die Möglichkeiten und Grenzen der Verwestlichung, der Ende des 19. Jahrhunderts ausgetragen wurde, zeigt die Tragweite der Verknüpfung von Modernisierung, kultureller Identität und Geschlecht. Während die osmanischen Befürworter der Verwestlichung behaupteten, nur die Befreiung der Frau von Religion und von traditionellen Bindungen könne den zivilisatorischen Prozeß in Gang setzen, mutmaßten die osmanischen konservativen Kräfte, daß die Verleihung solcher Freiheiten an Frauen unweigerlich zum Zusammenbruch der moralischen Strukturen der Gesellschaft führen würde. Der Schleier – für die Verfechter westlicher Lebensart ein Symbol für »Rückständigkeit« wegen der dadurch stattfindenden Trennung der Frauen und der Gesellschaft von »zivilisierten Wesen« und der

Welt – wurde für die Islamisten, die die weibliche Sexualität und gesellschaftliche Moral schützten, dagegen ein Symbol der »Tugend«.[23] In dieser Debatte triumphierten durch den Erfolg der kemalistischen Revolution von 1923 in der Türkei letztlich die Modernisten über die Konservativen.

Die Erforschung der islamischen Religion als konstituierendes Element der auf Geschlechtertrennung basierenden Gesellschaftsordnung ist ausschlaggebend für das Verständnis, wie und weshalb der Zivilisationsprozeß festgelegt und mit kulturellen geschlechtsspezifischen Codes versehen wurde. Der zentralste Gegensatz zwischen den beiden Zivilisationen, also der islamischen und der modernen/westlichen, läßt sich daher in der normativen Definition der Geschlechterbeziehungen, im religiöskulturellen Kodex von Ehre und Sitte, in der Ordnung der inneren und äußeren Sphären und in der Trennung zwischen Männern und Frauen festmachen.[24] Anders als die meisten Revolutionen, die die Eigenschaften des »idealen Menschen« neu definieren, feiert die kemalistische Revolution die »ideale Frau«. Bei der Herausbildung des kemalistischen Paradigmas[25] sind es die Frauen, die die Verwestlichung vorantreiben, den Säkularismus unterstützen und an der dramatischen Umwälzung der Zivilisation maßgeblich beteiligt sind.[26]

Die Grundzüge der türkischen Modernisierung lassen sich am besten anhand der Gleichsetzung von nationalem Fortschritt mit Frauenemanzipation begreifen. Mehr noch als die Einführung von Bürger- und Menschenrechten sind das Auftreten der Bürgerin in der Öffentlichkeit und die Rechte der Frau die Stützpfeiler der kemalistischen Reformbewegungen.[27] Diese kemalistischen Reformen, die die öffentliche Sichtbarkeit der Frau und die Vermischung der Geschlechter in der Gesellschaft zum Ziel hatten, stellten daher eine radikale Veränderung bei der Festlegung des privaten, bzw. öffentlichen Raums und der islamischen Moral dar, die auf weiblicher »Sittsamkeit« und »Unsichtbarkeit« beruht. In dem kemalistischen Projekt konstituiert sich durch die Sichtbarkeit der Frau und die gesellschaftliche Vermischung von Männern und Frauen die Existenz einer öffentlichen Sphäre. Das Ablegen des Schleiers, der Aufbau der Koedukation von Mädchen und Jungen, Bürgerrechte wie aktives und passives Wahlrecht für Frauen und schließlich die Abschaffung der Scharia, des islamischen Gesetzes, und die spätere Einführung des Schweizerischen Zivilrechts (1926) waren sämtlich Maßnahmen, die

die öffentliche Sichtbarkeit von Frauen als Bürgerinnen im neuen türkischen Nationalstaat garantieren sollten.

Daß Frauen in ihrer Körperlichkeit und öffentlichen Rolle als Identifikationsmodelle fungierten, ermöglichte erst die Säkularisierung des gesellschaftlichen Lebens in der Türkei. Bilder von unverschleierten Frauen, Frauen bei sportlichen Wettkämpfen, Pilotinnen, Geschäftsfrauen und Fotos von Männern und Frauen, die europäische Lebensstile »imitierten«, beschrieben die neuen, modernen Darstellungen des »gesellschaftlich angesehenen« Lebens in diesem Nationalstaat.[28] Romane, die in der türkischen Republik spielten und diesen neuen, »zivilisierten« Lebensstil in Dekor, Konsumgütern und Kleidung darstellten, zelebrierten die idealen Attribute und Rituale des »progressiven und zivilisierten« republikanischen Individuums: Teestuben, Diners, Bälle und Straßen wurden als öffentliche Räume für den gesellschaftlichen Umgang der Geschlechter miteinander definiert. Ehepaare, die Hand in Hand gingen, Männer und Frauen, die sich gegenseitig die Hand schüttelten, auf Bällen tanzten und zusammen speisten, reproduzierten die europäische Art der Begegnung zwischen Mann und Frau. Unter den verschiedenen Menschentypen der neuen Republik tauchte die zielstrebige, fleißige, berufstätige dem nationalen Fortschritt verschriebene Frau als Prüfstein auf zur Unterscheidung vom »oberflächlichen« und gekünstelten Anspruch europäisch zu sein.[29] Gegen das osmanische Weltbürgertum setzte die kemalistische Frau ihre Zielstrebigkeit, Sittsamkeit und Hingabe und machte sich die angeblich (vorislamischen) traditionell anatolischen Merkmale zu eigen – und wurde dadurch zur Verkörperung des nationalistischen Zivilisationsprojekts.

Zusammenfassend läßt sich behaupten, daß der Zivilisationsprozeß der Türkei und anderen nicht-westlichen Ländern neue ethische und ästhetische Werte für Selbstverständnis, körperliche Repräsentation, Geschlechterbeziehungen und Raumordnung aufoktroyierte. Er wirkte in den Köpfen und Körpern durch die Einführung der Bildung für Frauen und ihre körperliche und öffentliche Sichtbarkeit, und er führte das Prinzip der Gleichberechtigung und des gesellschaftlichen Umgangs der Geschlechter miteinander ein – zwei für die islamische Gesellschaftsauffassung und Lebenswelt, die in der Folge kolonisiert wurde, besonders problematische Konzepte. »Weibliche Sichtbarkeit, weibliche Mobilität und weibliche Stimme«[30] stecken immer noch im konkreten und im übertragenen Sinn das Feld ab für die Auseinandersetzung zwischen Modernisten und Islamisten in der Türkei und anderswo.

5. »Islam is beautiful«: die Suche nach dem neuen Unterschied

Einmal problematisiert, verliert das Zivilisationskonzept seinen wertfreien Status und bezieht sich statt dessen auf die Machtverhältnisse zwischen denen, die zivilisiertes Verhalten annehmen, und den »barbarischen, primitiven« Anderen. Im Zusammenhang mit der türkischen Modernisierung soll die Differenzierung zwischen »zivilisiert« und »unzivilisiert« im Folgenden eingehender betrachtet werden: »alafranga« (europäische) Gewohnheiten und Verhaltensweisen werden hochgelobt, während alles, was mit »alaturka« (türkischen) Gewohnheiten assoziiert wird, eine negative Bewertung erfährt. Es ist merkwürdig, daß die Türken derzeit ihre eigenen alltäglichen Gewohnheiten mit europäischen Augen betrachten und den fremdsprachlichen Ausdruck »alaturka« für eine Art ideales Selbst benutzen.[31]

Veränderungen in Lebensstil und ästhetischen Wertmaßstäben sind keine Nebensächlichkeiten, da sie ihrerseits die Verschiebung von der islamischen zur westlichen Zivilisation nachvollziehen, eine Verschiebung, in der Geschmack als sozialer Markierungspunkt kulturelle Unterscheidungsmerkmale und soziale Abstufungen zwischen den Schichten herstellt.[32] Kulturelle Codes und Lebensstile definieren daher die Eckpunkte in der Auseinandersetzung um die Macht zwischen den westlichen und den konservativen Eliten. Anstelle des Konzepts von sozialer Schicht, das die wirtschaftliche Deprivation in den Vordergrund stellt, ist es sinnvoller, die Klassifizierung von Schichten über den »Habitus« vorzunehmen, wozu auch Lebensstile zählen.[33] Man kann behaupten, daß Frauen aus der modernen kemalistischen Oberschicht, gebildet und beruflich erfolgreich und ihren Körper und Lebensstil »laizistisch« kultivierend, eine ganz bestimmte soziale Gruppe bilden. Die Definition von sozialen Unterschieden und sozialem Status, bei dem die islamische Lebenswelt ausgeklammert wird, stellt daher gesellschaftlich und politisch gesehen den Hauptstreitpunkt zwischen Laizisten und Islamisten dar. Unter allen muslimischen Erfahrungen kann die türkische im Hinblick auf diesen »epistemologischen Bruch«, in ihrer radikalen

Diskontinuität zwischen traditionellem Selbstverständnis und westlichen Strukturen als einzigartig betrachtet werden. Obwohl die Mehrheit der türkischen Bevölkerung sich mühelos Mischformen täglicher Religionsausübung, traditionellen Konservatismus und des Strebens nach Modernität schafft, stellen sich die modernen Eliten mit ihrem inhärenten Wertbezug auf binäre Gegensätze klar auf die »zivilisierte«, »emanzipierte«, »moderne« Seite. Kemalistische Frauen, die von den religiösen und kulturellen Einschränkungen der Privatsphäre befreit sind und ungehindert am öffentlichen Leben teilhaben, sehen sich daher vor eine radikale Wahl gestellt: sie müssen sich zwischen der westlichen und der islamischen Kultur entscheiden. Diese Wahl führt mit ihrer Polarität zu einer kognitiven Dissonanz zwischen dem Wertesystem der Eliten und dem der einfachen Bevölkerung und stellen somit die Frage nach konkurrierenden Legitimierungen.[34] Der darausfolgende Diskurs wird daher aus dem kemalistischen Machtkern heraus formuliert, gestützt und verteidigt vom Staatsapparat, entgegen allen »anderen« Formen von (islamistischer) Opposition.

Die herrschende islamistische Ideologie enthüllt diesen Machtkampf in besonders krasser Weise, indem sie die Gleichsetzung von »zivilisiert« gleich »westlich«, die von den modernistischen Eliten aufgestellt wurde, hinterfragt. Sie propagiert die Rückkehr der muslimischen Akteure auf den historischen Schauplatz und betont deren eigene religiöse Moral. Die islamistische Körperpolitik vermittelt ein deutliches Gefühl für das Individuum (*nefs*) und die Gesellschaft (*umma*), bei dem die Kontrolle über Sexualität durch die Verschleierung der Frau und die Geschlechtertrennung im öffentlichen Raum eine zentrale Stellung einnehmen. Die Verschleierung erweist sich somit als das augenfälligste Symbol dieser Islamisierung der Lebenswelt. Andere soziale Formen wie der Bart des Mannes, Tabus bezüglich Keuschheit, Promiskuität, Homosexualität, Alkoholkonsum etc. definieren das neue Bewußtsein des Muslim und der islamischen Lebensform.

So bringt sich durch die politische Radikalisierung des Islam die muslimische Identität in Erscheinung und sucht sich mittels einer modernen politischen Sprache zu legitimieren. Der Islamismus führt zu einer Verstärkung und Rekonsolidierung der muslimischen Identität in der modernen Welt. Muslimischer Glaube und Lebensstil werden zu einem Bezugspunkt für die Re-Ideologisierung scheinbar einfacher sozialer Themen wie der Verschleierung muslimischer Studentinnen, der Einrichtung von Gebetsräumen in öffentlichen Gebäuden, dem Bau einer Moschee im Zentrum von Istanbul, der Geschlechtertrennung in öffentlichen Verkehrsmitteln, der Zensur erotischer Kunst und der gesellschaftlichen Ächtung des Alkoholkonsums in Restaurants. All diese Aspekte zeigen die Problematisierung allgemeingültiger westlicher Zivilisationsnormen durch den Islamismus und seine Kritik an der »laizistischen Lebensform«.

Islamistische Bewegungen haben mit gegenwärtigen westlichen sozialen Bewegungen die kritische Empfindlichkeit gegenüber der aufgeklärten Moderne gemeinsam. Insofern ähneln sie den Bürgerrechts-, Frauen-, Umwelt- und ethnischen Bewegungen.[35] Alle demonstrieren die Kraft der (wegen Rasse, Geschlecht, Natur, ethnischer Zugehörigkeit und Religion) Unterdrückten, wenn sie von der modernen Industriegesellschaft herausgefordert werden, und alle rekapitulieren ihre unterdrückte und verdrängte Erinnerungs- und Identitätsbildung. Mit der Postmoderne teilen sie die Ausrichtung auf Identitätsbildung, das Partikulare und Lokale gegen die Uniformität eines abstrakten Universalismus. Der Islamismus – wie der Feminismus, der ebenfalls die universalistischen und emanzipatorischen Forderungen einer gewissen Kategorie von »menschlichem Wesen« in Frage stellt und statt dessen die Andersartigkeit von Frauen behauptet – problematisiert die Allgemeingültigkeit einer »Zivilisation«, die die islamische Andersartigkeit ausschließt. Während Frauen ihre Identität stärken, indem sie sich als Feministinnen bezeichnen, stärken Muslime die ihre, indem sie sich Islamisten nennen. Der Slogan der amerikanischen Bürgerrechtsbewegung »Black is beautiful« gilt gleichermaßen für alle neuen Protestbewegungen, da alle die Gleichsetzung von »Menschen« mit »weiß« und »westlich« ablehnen. Sie alle definieren ihre Identität, die Quelle ihrer Stärke und Identitätsbildung, im Gegensatz dazu über den »Unterschied«: als Frauen, als Schwarze, als Muslime. Ähnlich erhält das Motto »Islam ist schön« im islamischen Kontext seine Gültigkeit.

Islamistische Bewegungen machen einen Konfliktbereich sichtbar, dessen Begriffe durch unterschiedliche Diskurse und normative Werte von Individuum, Geschlechterverhältnissen und Lebensformen definiert werden. Genau in diesem Bereich befindet sich die Schnittstelle von Religion und Politik. Das Selbstverständnis des muslimischen Subjekts bezieht seine Bedeutung nur aus dem Religiösen, wobei die radikale Politik ihm Stärke verleiht und dies der ganzen Gesellschaft mitteilt. Ein Zugang zu dieser Problematik gelingt über Alain Touraines analytisches Rahmenwerk zum Kampf um Beherrschung des Geschichtsbewußtseins, d.h. um ein kulturelles Modell, das untrennbar mit dem Klassenkonflikt verbunden ist.[36] So formuliert, stellen die islamistischen Bewegungen nicht nur eine Reaktion auf die herrschende Situation der Unterdrückung aus, sondern stellen auch ein kulturelles Gegenmodell zur Modernisierung und ein neues Paradigma ihres Selbstverständnisses auf.

6. Authentizität versus »Okzidentalismus«

Das Streben nach Unterscheidung vom verwestlichten Individuum, nach einer »authentischen« islamischen Lebensform fördert sowohl die kritische Wachsamkeit gegenüber dem etablierten traditionellen Islam als auch gegenüber den heutigen Formen westlicher Modernität, die durch die Globalisierung von Kultur und Lebensstilen aufgezwungen werden.

Der Islamismus leistet stummen Widerstand gegen die westliche Moderne, gegen deren vier Grundprinzipien und Veränderungskräfte: Laizismus, Gleichberechtigung, Individualismus und dem Zwang zum Geständnis (im Sinne von Foucault). Als wesentlichste Erfahrung westlicher Moderne (und die dem muslimischen Kontext fremdeste) kann man das Eindringen des Laizismus in neue Lebensbereiche und die Erweiterung des Gleichheitsprinzips auf neue soziale Beziehungen herausgreifen und interpretieren.[37] Das Gleichheitsprinzip verleiht einem kontinuierlichen gesellschaftlichen Bestreben Legitimität, das darauf abzielt, alle sozialen Unterschiede zu überwinden, die sonst als unüberbrückbar und natürlich akzeptiert werden. So definiert die Gleichheit von Bürgern, Rassen, Nationen, Arbeitern und – letztlich – zwischen den Geschlechtern den historischen, fortschreitenden Weg der westlichen Gesellschaften. Und indem immer mehr Lebensbereiche gesellschaftlich und historisch durchgeformt und ihrer transzendenten, natürlichen Definitionen entledigt werden, verstärkt sich auch der Säkularisierungsprozeß. Dieses Zusammenwirken von Laizismus und Gleichheit wird als größte Errungenschaft des modernen westlichen Individuums betrachtet, das als geistiges und körperliches Wesen die Selbstreflexivität in den Mittelpunkt stellt.

Die Semiologie der Pflege des Körpers zeigt beim säkularisierten Individuum eine andere Wahrnehmung von Subjekt und Körper als beim religiösen. Beim modernen Menschen befreit sich der Körper zusehens vom Zugriff natürlicher und transzendenter Deutungen und tritt in den Strudel der Säkularisierung ein; er dringt zu jenem Bereich durch, in dem die menschliche Vernunft ihre Willenskraft aufbietet, um den menschlichen Körper durch Wissenschaft und Aufklärung zu bezwingen und zu beherrschen. Gentechnik und künstliche Fortpflanzung sind zwei Beispiele derartiger hochwissenschaftlicher Einflußnahme. Auch die Angst vor Cholesterin, das Rauchtabu und die Fitneßbesessenheit zeigen den magischen Stellenwert des Begriffs »Gesundheit« bei der Definition neuer Lebensgewohnheiten, die vom wissenschaftlichen (mehr als vom erotischen) Verlangen nach Körperbeherrschung geprägt sind. Die Formung des Körpers, Fitneß, Schlankheit, Magerkeit und Energie werden zu Idealen des modernen Individuums, das die Einebnung der Unterschiede zwischen den Geschlechtern (Austauschbarkeit der Rollen und Perspektiven) und Altersgruppen (ewige Jugend) erlebt, die schließlich ihr Extrem erreichen, wenn Lebensformen an die Stelle von Lebenszyklen treten.[38] Diskurs und Praxis des Islamismus verstärken und hierarchisieren dagegen peinlich genau die Unterschiede zwischen Geschlechtern (Schleier für Frauen, Bart für Männer) und Generationen (Jungfrau, Ehefrau, Mutter). Das Verwischen jeglicher Grenzen zwischen weiblicher und männlicher Rolle, insbesondere die Vermännlichung der körperlichen Erscheinung von Frauen, wird als Verstoß gegen geltende Regeln angesehen. In diesem Zusammenhang ist die Verschleierung ein Wesensmerkmal von Weiblichkeit, von weiblicher Sittsamkeit und Tugend. Der islamische Körper trägt eine andere Bedeutung in sich, da er die Hingabe an die religiösen Sakramente ausdrückt und sich durch Waschungen, Fasten und Gebet einem Rhythmus und einer Reinigung unterzieht. Doch nicht nur der Körper, auch das geistige Wesen (*nefs*) wird im Islam durch die Unterwerfung unter den göttlichen Willen beherrscht und gereinigt. Dieser Vergleich zeigt allerdings nicht bloß den Unterschied zwischen weltlicher und religiöser Wahrnehmung des Subjekts, das sich ja auf alle Religionen anwenden ließe, sondern ist in unserem Kontext eine Angelegenheit der Zivilisation. Die Genealogie der jeweiligen Stellung von Subjekt und Körper im Westen und im Islam kann ebenfalls helfen, den fast zwangsläufigen Widerstand der heutigen Islamisierungsbewegung gegenüber Laizismus und Gleichheit zu erklären. Subjekt und Gemeinschaft im Islam werden in ihren konfliktreichen Machtverhältnissen durch die Prämissen des modernen Individuums neu geschaffen; die islamische Identität sucht nach »Authentizität«, nach einer Möglichkeit, sich durch die Definition ihrer essentiellen Wurzeln von der westlichen Identität abzugrenzen.[39]

Ein weiterer bemerkenswerter Drang westlicher Gesellschaften ist der des »Bekennens«, »die Wahrheit über die Sexualität zu sagen«, wie es Michel Foucault nennen würde. Nach seinen Worten kann die Entstehung der westlichen Moderne nur durch diesen Drang begriffen werden, der sich aus alten religiösen Praktiken ableitet; er birgt das Verlangen in sich, intimste Erfahrungen, Sehnsüchte, Sorgen und Schuldgefühle öffentlich und in Gegenwart einer Autorität zu bekennen, die dann urteilen, bestrafen, vergeben oder trösten soll.[40] Dies erklärt, weshalb alles in der persönlichen, privaten Sphäre Verwurzelte am schwierigsten auszudrücken ist, und alles Verbotene, sobald es gestanden ist, öffentlich, politisch und allgemein bekannt wird. In gewissem Sinn trägt das Motto der feministischen Bewegung »Das Private ist politisch« zu dieser Entwicklung einer Transparenz der öffentlichen Sphäre bei, indem es sich auf den Prozeß richtet, durch den private Herrschaftsbeziehungen in Machtverhältnisse umgewandelt werden. Abtreibungsrecht, sexuelle Belästigung, Vergewaltigung bei Verabredungen – durch diese neuen Begriffe zeigt sich die Bewegung vom Privaten zum Öffentlichen hin. Talk-Shows, öffentlichkeitswirksame Strafprozesse stehen z. B. in Amerika oft im Mittelpunkt der öffentlichen Diskussion und deuten auf diesen Drang zum »Bekennen«, in private Beziehungen einzudringen, um die Wahrheit über sexuelle Belästigung, Vergewaltigung und Verbrechen aufzudecken.

Im Gegensatz zur modernen westlichen Überzeugung, daß absolute Wahrheit eine Angelegenheit nicht der Gemeinschaft, sondern des individuellen Gewissens sei.[41], verleiht der Islam der Gemeinschaft das Privileg, das Individum, das sich Gott anheimgibt, durchs Leben zu geleiten. Die Verschleierung symbolisiert die verbotene, intime Sphäre und die Begrenzung des Individuum und seiner Sexualität auf das Private; auf diese Weise widersteht es der Enthüllung vor der Öffentlichkeit.[42] [43]

Der muslimische Mensch arbeitet also an sich und strebt nach »Authentizität« durch seine Weigerung, sich der westlichen Moderne anzupassen, und durch seine Wiederentdeckung von Religion und Erinnerung, die vom modernen säkularen Rationalismus und Universalismus oftmals unterdrückt werden. Der Islam als Lebensform bietet dem Subjekt einen neuen Fixpunkt, schafft ihm dadurch eine »imaginierte politische Gemeinschaft« und stärkt die sozialen Bindungen zwischen Individuen, die einander zwar nicht kennen, sich jedoch nach intensiver schichtenübergreifender Bindung sehnen.[44] Der Islamismus funktioniert als imaginierte Gemeinschaft, die durch den Bereich des Heiligen und in ihm zusammengeschweißt und gestärkt wird.[45] Die islamische Lebensform als selektive Religionsstruktur im Angesicht der Moderne zieht die Grenzen dieser »imaginierten Gemeinschaft« neu, indem sie der Trivialisierung der Lebensstile – durch den Einfluß der Warenlogik und des genußsüchtigen Individualismus, den Merkmalen der modernen Zeit – widersteht.

7. Weibliche Persönlichkeit oder islamische Gemeinschaft

Die Suche nach Unterscheidung, Authentizität und Identität hat, wenngleich sie zunächst für die Identitätsbildung notwendig ist, allerdings ihre Grenzen. Zum Beispiel kann die Frage, wer darüber entscheidet, was wirklich islamisch und wer ein echter Muslim ist, zu kategorischen Definitionen und sich gegenseitig ausschließenden Standpunkten führen und dadurch die »imaginierte Gemeinschaft« in »repressive Eingesperrtheit« verwandeln. Die »Rückkehr der Unterdrückten« kann selbst repressiv sein. Die totalitäre Tendenz kann schnell durch die Suche nach einer »totalen« islamischen Identität entflammt werden, frei von den »korrupten und dominanten« Einwirkungen der westlichen Moderne. Je mehr diese Beziehung zwischen dem »reinen« Subjekt und der »totalen« Gemeinschaft sich verstärkt, desto eher verwandeln sich islamische Verhaltensweisen in eine aufgestülpte Lebensform, die Verschleierung zu einem Symbol des Zwangs und die Frauen zu Aufseherinnen über die muslimische Identität und Gemeinschaft. Dies würde die Kontrolle der öffentlichen Sphäre, die Aufhebung individueller Wahl der Lebensform und die Monopolisierung des kulturellen Kodes zur Folge haben, kurz: die islamistische Kolonisierung des Subjekts.

Anders gesagt, resultiert die totalitäre Dimension aus der Utopie einer einzigen Identität einer Gemeinschaft. Frauen sind insofern der Prüfstein dieser islamischen Ordnung, als sie mit ihrem Körper und ihrer Sexualität das Bindeglied zwischen Identität und Gemeinschaft darstellen[46]. Die Integrität der islamischen Gemeinschaft wird daher an der politisch festgelegten, weiblichen Moral und Identität gemessen und durch sie abgesichert (etwa durch den Zwang des Schleiertragens, eingeschränkte Sichtbarkeit in der Öffentlichkeit und beschränkten Kontakt zwischen den Geschlechtern). Auf diese Weise untermauern traditionelle Geschlechterrollen und -identität die islamischen Autoritätsstrukturen.

Die umfassende Anwendung der islamischen Utopie, d.h. die Festigung der drei Stützen des Islam, der drei D's, türkisch: »din, dünya ve devlet«, also Glaube/Religion, Lebenswelt und Staat[47] würde zu totalitaristischen Strukturen von Identität, Religion und Staat führen. Diese utopische Dimension stellt eines der wesentlichen Merkmale islamistischer Bewegungen dar und unterscheidet sie von anderen »modernen gesellschaftlichen Bewegungen«. Nur die (Selbst)beschränkung des Islamismus auf das politische Projekt und das Entstehen eines eigenständigen zivilen islamischen Gesellschaftsmodells wird Vielfalt und Pluralismus gestatten. Die Geschlechterfrage wird wiederum der Maßstab, der Eckpfeiler des islamischen Pluralismus sein.

Insofern hängt die Richtung, die die islamistischen Bewegungen einschlagen werden, wesentlich von der Entwicklung und Anerkennung weiblicher Identität und weiblichen Handelns ab. Paradoxerweise kann islamistische Politik die weibliche Individualität und Sichtbarkeit zwar einschränken, andererseits kann die Politisierung von Frauen innerhalb der islamistischen Bewegungen aber die Identität der muslimischen Frauen stärken. Musliminnen können auf zweierlei Art Macht erlangen: durch den Islamismus ihre »militiante«, »missionarische« politische Identität und durch ihre laizistische Erziehung die »professionelle«, »intellektuelle« Legitimität. Die Sichtbarkeit der modernen Muslimin, die offen, kämpferisch und gebildet ist, führt zu einer Bedeutungsverschiebung des Schleiers, der ja im landläufigen Sinn die traditionell unterwürfige, häusliche Rolle der Muslimin evoziert. Auf die moderne Verschleierung wird die öffentliche und kollektive Bestätigung der Frauen übertragen, die mit Hilfe des Islamismus nach Anerkennung ihrer muslimischen

Identität streben. Der Islamismus als »Politik der Anerkennung«[48] verleiht den Frauen Macht, indem er ihnen die intellektuellen und politischen Instrumente an die Hand gibt, mit denen sie ihr unterdrücktes Anderssein durch die Gleichsetzung von »zivilisiert« und »westlich« anprangern. Er stärkt sie, indem er ihnen eine kollektive Identität verleiht. Darüberhinaus bietet die islamistische Politik den Frauen eine Reihe von Chancen zur »Selbstverwirklichung« und fördert ihre Sichtbarkeit im öffentlichen und beruflichen Bereich, wo sie als Redakteurinnen und Journalistinnen arbeiten, an politischen Versammlungen teilnehmen, sich zu Fürsprecherinnen der islamistischen Partei machen, Bestseller schreiben und Filme drehen, all das inspiriert von der neuen Sprache des Islamismus. Und so entwickelt sich aus dem Islamismus allmählich eine islamische Frauenelite.

Die Partizipation von Frauen am Islamismus hat jedoch auch unbeabsichtigte Folgen: eine stillschweigende allmähliche Entwicklung der Frau zu einem eigenständigen Wesen findet statt. Sobald Frauen durch ihre öffentliche und berufliche Sichtbarkeit stark werden, entwickeln und verfolgen sie ihre persönlichen Lebensstrategien und sehen sich gezwungen, die islamistische Ideologie zu kritisieren, sobald sie sich deren Primat von der weiblichen Identitätsfestschreibung auf Ehefrau und Mutter in Erinnerung rufen. Das Verlassen der *mahrem*-Sphäre zwingt Frauen, die traditionellen Geschlechterrollen und männlichen Definitionen dessen, was »erlaubt« bzw. »unerlaubt« ist, zu hinterfragen und dadurch die Machtverhältnisse zwischen dem muslimischen Mann und der muslimischen Frau aufzudecken. Indem sie an der »vorgeschobenen Beschützerhaltung« muslimischer Männer Kritik üben, fordern schleiertragende Frauen ihr Recht auf »eigene Persönlichkeit«, d.h. auf »ein eigenes Leben« und provozieren dadurch den Umsturz festgelegter islamischer Geschlechteridentitäten.

In diesem Buch möchte ich versuchen, die Widersprüchlichkeiten, Zwiespältigkeiten und Spannungen aufzuzeigen, die sich zwischen der Politisierung des Islam und der Herausbildung der Frau zu einem eigenständigen Wesen, zwischen der islamistischen Utopie und den persönlichen Lebensstrategien von Frauen, zwischen der Suche nach Authentizität und lokaler Moderne auftun.

8. Nach Veröffentlichung: Einmischung durch Nicht-Einmischung

Unterschiedliche Lesarten und Reaktionen auf ein Buch können oft Zusammenhänge schaffen und besser über das Thema informieren als das Buch selbst. Und die politische Nicht-Einmischung durch bloßes wissenschaftliches Engagement der Autorin kann am Ende doch eine größere »Einmischung« und Stellungnahme bedeuten.

Im Vorwort zur türkischen Ausgabe dieses Buches formulierte ich meine feste Absicht, nicht in der – damals sehr hitzigen – politischen Debatte und Polarisierung Stellung zu beziehen, die Islamisten und Laizisten über die »Kopftuchfrage« führten. Auch schrieb ich, daß ich mich weigerte, zur Erklärung des Phänomens der Verschleierung laizistische, feministische, islamistische oder linke Blickwinkel zu übernehmen (wodurch ich wahrscheinlich eine beträchtliche Anzahl von Befürwortern verlor). Ich versuchte, meinen Standpunkt als Soziologin mit dem Ausdruck »analytische Distanz« zu beschreiben, also eine Distanz, die nicht durch die objektive Außenposition der wissenschaftlich-positivistischen Argumentation gerechtfertigt wird, sondern durch die soziologische Analyse, die sich selbst von ihrer Bezogenheit auf das Handeln ableitet. Ich distanzierte mich von der zwanghaft politischen Argumentation, indem ich mein beschränktes Forschungsgebiet eine ästhetische Interpretation nannte, die den Standpunkt des handelnden Subjekts durch soziologische Einfühlung zu verstehen sucht (d.h. ohne durch Sympathie oder Abneigung von der Ideologie der Akteure vereinnahmt zu werden) und nicht als moralische Bestätigung allgemeiner Grundsätze (wodurch ich wahrscheinlich ebenfalls Ansehen einbüßte). Die Metapher, die ich dabei benutzte, erinnerte eher an Kunsthandwerker als an Wissenschaftler: wie der Diamantenschleifer einen edlen Stein bearbeitet, um dessen Glanz zu erhöhen, so arbeitet die Forscherin mit den vielschichtigen sozialen Realitäten, um Undurchsichtiges transparent zu machen.

Ich weiß nicht, ob meine Studie zur Klärung und zum Verständnis der islamistischen Verschleierung beigetragen hat, sicher ist jedoch, daß ich nach Meinung radikaler Laizisten für das politische Erstarken des Islamismus und seine wachsende intellektuelle Legitimierung mitverantwortlich war, indem ich diese Kräfte einfach untersuchte, ohne sie gleich zu verurteilen. Andererseits habe ich das Thema auch nach Meinung radikaler Islamisten nicht ganz richtig dargestellt, denn ich hatte die zukünftige »Entwicklung« nicht miteinbezogen, sondern eine synchronale Analyse der Begegnung mit der Moderne unternommen, was in ihren Augen einen Anachronismus zu ihrer islamischen Utopie darstellt.

Durch meine Ablehnung des Haupt-Narrativs des Kemalismus über Modernisierung, Säkularisierung und Emanzipation von Frau, Gesellschaft und Staat einerseits und die Tatsache, daß ich mich nicht mit den Gegen-Narrativen des Islamismus, der Linken oder des Neofeminismus solidarisierte, fand ich mich plötzlich außen vor. Die Kategorie des »Intellektuellen«, wie sie in der türkischen Erfahrung vornehmlich dargestellt wird, erfordert politisches Engagement entweder als kritische oder als affirmative Haltung gegenüber dem Staat. Meine selbstauferlegte Beschränkung als Soziologin auf politisches »Nicht-Engagement« bedeutet daher, als Intellektuelle aus der Gemeinschaft ausgestoßen zu werden, die sich durch kollektive Identität und eine favorisierte und dominante Geschichtsdarstellung definiert (und an dieser Stelle erwartet mich nun die postmoderne Trivialisierung).

Die Verschiebung der Rolle des Intellektuellen weg von der Beschreibung allgemeingültiger und rationaler Gesetze der Veränderung hin zur Interpretation emotionalen und interesseorientierten sozialen Handelns und der Untersuchung mehrdeutiger, paradoxer, vielschichtiger und polymorpher gruppenspezifischer Handlungsweisen, findet im hochpolitisierten türkischen Kontext nur schwer Anerkennung als das Bemühen, Akteure, Subjektivität und nicht-westliche Partikularismen vorzustellen. Dies wird aber auch nicht als postmoderne Verspieltheit und Relativität angesehen und kritisiert. In einigen Rezensionen bekam ich zwar das Etikett »postmodern« verpaßt, wurde im großen und ganzen jedoch durchaus ernsthaft behandelt. Das mag daran liegen, daß das Eintreten für Partikularismen und die Untersuchung von Handlungsweisen, insbesondere des Islamismus, fast als gleichbedeutend mit »reaktionär« und »fundamentalistisch« gil.t[9]. Wenn man intellektuelle und klassenbedingte Grenzen überschreitet, vor allem, wenn man von innen heraus über Islam und Frauen arbeitet, wird die Frage des intellektuellen Engagements beinahe zu einer Frage von »Unreinheit«.

Die unterschiedlichen Lesarten des Buches bei verschiedenen Segmenten türkischer Intellektueller und gesellschaftlicher Gruppen bieten ein Echo, daß zu einem besseren Verständnis der islamistischen Verschleierungsbewegung und der Machtverhältnisse, in denen sie entsteht und steht, führen. Im allgemeinen waren die türkischen Leser – im Gegensatz zur den französischen[50] – nicht sehr empfänglich für die Vielschichtigkeiten und lehnten daher fast alle Doppelbedeutungen, Querverweise und Mischformen ab. Sowohl für die Islamisten wie für die Modernisten konnte es nur eines geben: entweder den Islam oder die Moderne, entweder islamische Frauen oder den Feminismus.[51] Ich selbst wurde als Nebenprodukt dieser sich gegenseitig ausschließenden Wirklichkeiten, insbesondere der Moderne und des Laizismus, sowohl von den Islamisten als auch den Kemalisten »verkannt« (bei einer Art Kreuzverhör in einem Fernsehinterview), wobei erstere meine äußerc Erscheinung (unverschleiert und für den islamistischen Geschmack nicht sehr sittsam) nicht mit dem Inhalt meiner Äußerungen verbinden wollten und letztere sich in ihrer Erwartung getäuscht sahen, von mir eine mutige politische Absage an den Islamismus zu hören zu bekommen. Beide Gruppen brachten ihre Verärgerung und ihre Kritik in anonymen Briefen zum Ausdruck.

Auf den ersten Blick fielen Buch und Autorin also unfreiwillig der Polarisierung zwischen Islamisten und Laizisten zum Opfer. Anschuldigungen wie »unterschwellige Botschaften«, »Verschwörungstheorien« verstellten und vereitelten alle anderen Ansätze, Analysen und Möglichkeiten der Fragestellung. Allmählich eröffnete meine hartnäckige Haltung der Nicht-Einmischung in die anhaltende Polemik in gewisser Beziehung jedoch ganz neuen Raum für Dialog und Interaktion.

Zwei Anekdoten über zwei ganz unterschiedliche Frauentypen können weiteren Aufschluß geben. In der einen geht es um die hochangesehene Romanschriftstellerin Adalet Ağaoğlu, in der anderen um eine anonyme Gruppe verschleierter Studentinnen. Adalet Ağaoğlu erzählte mir, sie habe das Buch nach dem dritten Kapitel aus der Hand gelegt, in dem kemalistische Frauen beschrieben werden, die am öffentlichen Leben partizipieren, allerdings auf Kosten ihrer Individualität und Sexualität. Um das darin begründete Spannungsverhältnis zu betonen, endet dieses Kapitel mit einem Hinweis auf Ağaoğlus Roman *Sich sterben legen*, in dem die kemalistische, »emanzipierte« Heldin Selbstmord begeht, als sie sich ihrer sexuellen Wünsche bewußt wird. Die Autorin fragte mich, ob ich durch die Erwähnung ihres Romans andeuten wollte, Frauen wie sie hätten überhaupt nichts mehr zu sagen. Ihre Kritik zwang mich dazu, mir eine sehr zentrale Frage bewußt zu machen, die ich eigentlich schon als erledigt betrachtet hatte, der das Buch selbst aber nicht entkommen konnte. Der Selbstmord einer kemalistischen Frau am Ende eines Kapitels und das unverhoffte Hereinstürzen verschleierter Frauen im folgenden Kapitel, diese Kluft, die fehlende Kontinuität, das Schweigen zwischen diesen beiden Kapiteln – all das deutete auf eine Umkehrung der Situation hin, zumindest im Sinn einer paradigmatischen Verschiebung des Selbstverständnisses.

Die erwähnten verschleierten muslimischen Studentinnen waren tatsächlich höchst absorbiert von ihrem neu erworbenen Selbstverständnis. Auf ihre Einladung hin nahm ich an einer Podiumsdiskussion zum Thema »Modernisierung, Frauen und Islam« teil, die von der theologischen Fakultät der Universität von Marmara veranstaltet wurde. Das Publikum bestand aus etwa dreihundert Studenten und Studentinnen, von denen etwa die Hälfte islamisch gekleidet war und gemeinsam in den vordersten Reihen des Tagungsraumes saß. Ich saß oben bei den männlichen Diskussionsteilnehmern, wechselte jedoch Blicke mit den Studentinnen, wobei ich mich fragte, ob unter den völlig unterschiedlichen körperlichen Statements zwischen uns wirklich eine gemeinsame Sprache existierte. Ich fragte mich, ob ich etwas zu sagen hatte, das Gehör finden würde, oder ob ich nicht völlig falsch orientiert war, fehlgeleitet durch meine Forschungen. Der Haupttenor bei den islamistischen Kommentatoren (auch Professoren) lautete, der Islam anerkenne die völlige Gleichberechtigung von Mann und Frau. Daraufhin wurde ich von den Studentinnen gefragt, ob Männer eigentlich die Rechte der Frauen verteidigen und für die Frauen sprechen sollten. Indem sie mein Buch zitierten, stellten sie mir eine Reihe von Fragen, etwa: Wie läßt sich Häuslichkeit mit persönlichen beruflichen Ambitionen vereinbaren? oder: Wie kann Frau ihre weibliche Eigenart in der männlich dominierten öffentlichen Sphäre bewahren? – Fragen, bei denen ich verwirrt denken mußte, daß sie in der Entwicklung ihrer Identität dem Buch weit voraus waren. Außerdem stellten sie nicht nur das Buch, sondern auch seine Verfasserin in den Dienst ihres Selbstbehauptungskampfes, den sie mit ihren männlichen Kommilitonen führten. Nach der Diskussion kam eine Gruppe von Studentinnen auf mich zu und stellte sich spielerisch als »der moderne Mahrem« vor; ich erfuhr, daß sie im Studentenclub der theologischen Fakultät mit ihren männlichen Kommilitonen eine lange

Debatte darüber geführt hatten, ob bei der Podiumsdiskussion Geschlechtertrennung erfolgen sollte. Den Studentinnen, die sich für eine weibliche Diskussionsteilnehmerin starkgemacht hatten, gelang es auch, ihre eigene Anwesenheit durchzusetzen und eine Diskussion für »alle« zu veranstalten. Ich wurde als Werkzeug zur Überwindung von Grenzen benutzt und damit selbst zum Bindeglied. Die Haltung der Nicht-Einmischung führte unbeabsichtigt zu einer Art »Aufmischung«.

Der Dialog und die gegenseitige Anerkennung unterschiedlicher sozialer Akteure ist nur dann möglich, wenn die Mauern der Nichkommunizierbarkeit durch Entmystifizierung und Nicht-Verteufelung des »Anderen« eingerissen werden. Indem das Buch zur Verringerung der Distanz zwischen den verschiedenen Positionen beitrug, leistet es hoffentlich auch einen Beitrag dazu, die Denkkategorien der Debatte zu verändern und Beziehungen gegenseitigen Austauschs zwischen Islamisten, Laizisten und Feministinnen aufzubauen.

I. Die Frauenfrage als Prüfstein der Verwestlichung

In der Türkei hat sich die gegenwärtige Stellung der Frau während des historischen Entwicklungsprozesses der Modernisierung geformt. Die Frau nimmt im Denken der Modernisierung, das sich am Vorbild des westlichen Universalismus und in Abgrenzung zu islamischen Traditionen orientiert, einen zentralen Platz ein. In den Augen der Modernisten waren die Loslösung der Frau aus den islamischen Traditionen und ihre Emanzipation *conditio sine qua non*, um den Universalismus zu erreichen. Während also die einen die Befreiung der Frau verteidigten, schauten konservative Bewegungen teils sorgenvoll und skeptisch, teils feindlich auf den Verfall der Bräuche, die die gesellschaftliche Stellung der Frau betreffen, und auf die beginnende Liberalisierung.

Deshalb läßt sich heute die Modernisierungsgeschichte der Türkei im Rückblick stark vereinfacht als die Kampfgeschichte zwischen zwei Kulturmodellen oder zweier Strömungen deuten: der westlichen Bewegung und der islamistischen Bewegung. Natürlicherweise haben sich diese Gedankenrichtungen angesichts sich verändernder historischer Herausforderungen inhaltlich gewandelt. Man kann nicht sagen, daß die Reformen des Tanzimats[1] dieselben sind wie die der republikanischen Verwestlichungsperiode. Wir können jetzt nur ganz allgemein feststellen, daß die Verwestlichungsbewegungen, die für »Fortschritt« und Reform eintreten, das westliche Kulturmodell als universelle Referenz betrachten, während die islamistische Bewegung die »Rettung« darin sieht, den Islam als Ganzes »von neuem« in der ganzen Gesellschaft an die Macht zu bringen.[2]

In dieser Auseinandersetzung zwischen den Gegensätzen Islam – Westen, Tradition – Moderne, Verschiedenartigkeit – Gleichheit, *mahrem* (der Privatsphäre, dem Tabubereich) – *namahrem* (des außerhalb der Privatsphäre Liegenden) ist die Stellung der Frau – vielleicht mehr als jedes andere – zentrales Thema. Während für die westlich Orientierten die »Gleichheit der Geschlechter« und die Befreiung der Frau sowie ihre Teilnahme am öffentlichen Leben für die gesellschaftliche Entwicklung eine Notwendigkeit ist, ist für die Islamisten das Herauslösen der Frau aus der Privatsphäre, dem *mahrem*, und den Tabus ein Unterfangen, das die gesellschaftlichen Gesetze mißachtet und einem Sittenverfall Tür und Tor öffnet. Der Gegensatz zwischen den beiden Strömungen, der sich aus den jeweiligen Ansichten über die Stellung der Frau in der Gesellschaft ableitet, scheint unversöhnlich.[3]

1. Das Bewußtsein von zivilisatorischem Fortschritt und die muslimische Frau

Die Stellung der Frau in der Gesellschaft wurde mit den ersten Modernisierungsbestrebungen in der Tanzimatszeit, d.h. mit der Hinwendung zum westlichen Gesellschaftsmodell, Gegenstand der Diskussion. In diesem Zeitraum beginnt das Dilemma Orient – Okzident, im Rahmen der Trennung der Zivilisation in materielle und geistige Begriffe Form anzunehmen. Das Problem für die Denker dieser Zeit war, in welcher Hinsicht der Islam diesen Reformen Unterstützung gewähren könnte und in welchen Aspekten er mit ihnen unvereinbar wäre. Man suchte eine Antwort auf die Frage, ob es einen gemeinsamen Bezugspunkt von Orient und Okzident gebe. Dieses Dilemma läßt sich in jener Zeit bei allen Gruppierungen feststellen, die sich über die Zukunft der osmanischen Gesellschaft Gedanken machten. Während der gesamten Zeitspanne vom Tanzimat (1839) bis zur Zweiten Verfassung, dem Beginn der *Mesrutiyet*-Zeit, der Phase der sogenannten Zweiten konstitutionellen Monarchie (1908-1922)[4], wurde die Stellung der Frau innerhalb dieses Rahmens diskutiert. Jene, die auf der Universalität der westlichen Zivilisation bestanden, kritisierten – vor allem in literarischen Werken – die Praxis der arrangierten Heirat, die Polygamie, die Geschlechtertrennung, und sie verteidigten das Recht der Frau auf Bildungsfreiheit und romantische Liebe. Diejenigen jedoch, die die Folgen dieser vom Westen inspirierten Reformen als Bedrohung der vorherrschenden kulturellen Identität wahrnahmen, beharrten auf der Notwendigkeit, die traditionelle Stellung der Frau zu schützen.

So schälen sich zwei kulturelle und gesellschaftliche Entwürfe in der Modernisierung der osmanischen Gesellschaft heraus, beide von westlichen Ideen beeinflußt. Der erste Entwurf will die Zukunft auf der Basis der Vergangenheit formen; es ist eine Einstellung, die die Bewahrung des vergangenen kulturellen und ethischen Erbes für nötig erachtet und die Einwirkung der westlichen Zivilisation auf ihre technischen, administrativen und materiellen Seiten begrenzen will. Dem zweiten Entwurf liegt die Ansicht zugrunde, daß die Zivilisation ein Ganzes sei und die Tradition geändert (oder auch anders ausgelegt) werden müsse, um mit der Zeit zu gehen. So wie die Erziehung und Befreiung der Frau für die Reformisten eine Vorbedingung ist, um den Stand der Zivilisation zu erreichen, so müssen für die Traditionalisten, um ethische Werte und die Moral zu schützen, die Beziehungen zwischen Mann und Frau den Gesetzen der Scharia entsprechend geregelt sein. Die Auseinandersetzungen in diesem Zeitraum zeigten zum ersten Mal in aller Offenheit, daß der strittige Punkt für diese beiden verschiedenen Weltanschauungen in der Bewertung der Frau liegt. [5]

Ein Vertreter der traditionellen Richtung, Mahmut Esat Bozkurt (1892 – 1943), kritisiert die reformistischen Intellektuellen, die in der Scharia und der Polygamie die Ursache der Rückständigkeit sehen. Er hebt hervor, daß diese Tradition von einer in der Natur des Menschen befindlichen Neigung herrühre, d.h. ein Naturgesetz sei, das von der Scharia nur legalisiert worden sei.[6] Mahmut Esat, der die Polygamie als übereinstimmend mit dem Naturgesetz verteidigt, und sie für eine nützliche Einrichtung der Gesellschaft hält, da sie die Prostitution verhindere, stellte ausdrücklich fest, daß die Überlegenheit der islamischen Zivilisation gegenüber der christlichen in den moralischen Geboten zu suchen sei.[7]

Nach Mahmut Esat hat »jede Zivilisation eine geistige[8] und eine materielle Seite. Die geistige ist ihre Moral. Die materielle Seite umfaßt von der Nähmaschine bis zur Eisenbahn und den Kriegsschiffen alles, kurz, alle heute vorhandenen Werke der industriellen Produktion.«[9] Nach dieser Einteilung besteht die geistige Seite aus moralischem Gewinn, die materielle hingegen umfaßt industrielle Errungenschaften und alle Produkte der Industrie. Nach Esat ist es möglich, die orientalische Zivilisation im Bereich der Ethik zu bewahren, sich aber gleichzeitig die materielle Seite der westlichen Zivilisation anzueignen. Diese konservative Ansicht, die so die materiellen Seiten der Zivilisation von den geistigen trennt, hält es für möglich, die westliche Technik zu übernehmen, unter der Bedingung »den eigenen Glauben, die eigene Moral, die eigene Seele« zu bewahren. So akzeptieren die Konservativen zwar in einem begrenzten Ausmaß die Verwestlichung, sind sich jedoch darin einig, daß man in geistiger Hinsicht vom Westen nichts übernehmen dürfe.[10]

Dagegen bestehen die westlich Orientierten darauf, daß die westliche

Zivilisation mit ihren guten wie mit ihren schlechten Seiten eine Ganzheit darstelle und die Modernisierung nicht auf kulturelle Eigenart, sondern auf universale Werte gegründet werden müsse. Diese Ansicht besteht auf der Ganzheit einer Zivilisation und hält die Trennung zwischen kulturellem und wissenschaftlichem Wissen für falsch. Einer der Vertreter dieser Richtung, Şemsettin Sami, stellt die These auf, daß »der Westen die materielle Zivilisation niemals hätte verwirklichen können, wenn er tatsächlich kulturell unterlegen sei«.[11]

Şemsettin Sami behandelte, wie auch spätere westlich Gesinnte und die Intellektuellen der Republik, die Rechte und die Erziehung der Frau im Rahmen des Zivilisationsprojekts. »Der Stand einer Gesellschaft hängt immer zusammen mit der Stellung der Frau«, schreibt Sami, denn mit »der Erziehung der Frau wird die ganze Menschheit erzogen«.[12] Wenn die Hälfte des osmanischen Volkes, nämlich die Frauen, ungebildet, faul und ohne Erziehung bleiben, kann die Gesellschaft nicht vorwärtskommen und die Zivilisation verwirklichen. Wenn jedoch den Frauen Wissen und richtige Moral beigebracht wird, lehren sie diese auch die Kinder, die sie gebären und erziehen. Es zeigt sich, daß die Rechte der Frauen auf Erziehung zum einen durch die Lobpreisung ihrer Mutterpflichten erhöht, zum andern im Namen der Zivilisation verteidigt werden.

Şemsettin Sami, der, ungewöhnlich für seine Zeit, die Frauenfrage ganz ins Zentrum rückt, bestimmt die Stellung der Frau nicht wie die Konservativen auf der Grundlage der Natur, sondern ging von gesellschaftlichen Gegebenheiten aus, insbesondere vom Recht der Frau auf Erziehung und Bildung. In seinem Buch *Frauen* (Kadınlar) beharrt er darauf, daß die geistigen Fähigkeiten von Mann und Frau gleichwertig seien. Er vertrat die Ansicht, daß der menschlichen Gesellschaft, indem sie vom Verstand der Frauen keinen Gebrauch mache, die potentiellen Leistungen der Frauen entgingen. Ja, er führt sogar eine Reihe von Berufsfeldern auf, in denen seiner Meinung nach Frauen besser als Männer seien, etwa Schneiderei, Medizin, Geschäftsverhandlungen, Buchführung.[13] Sami versucht als einer der Vertreter der Reformbewegung entsprechend der Gedankenrichtung der Tanzimatszeit nachzuweisen, daß die Probleme aus der falschen Auslegung des Islam erwüchsen, der Islam selbst jedoch kein Hindernis für die Ausbreitung der Zivilisation darstelle. Die zu jener Zeit umstrittensten Themen wie Polygamie, Verschleierung, Eintritt der Frau in den öffentlichen Raum und Scheidungsrecht stünden nicht in direkter Beziehung zum islamischen Glauben. Die Probleme leiteten sich vielmehr aus einer Unkenntnis »der wirklichen Empfehlungen und Verbote des Islam« ab. Das Verbot des Auftretens in der Öffentlichkeit oder die Sklaverei der Frauen hätten schon vor dem Islam bestanden, die islamische Religion habe diese Art gesellschaftlicher Traditionen nur gemildert. Auch wenn sie die Sklaverei nicht aufheben konnte, habe sie diese aber auch nicht gutgeheißen, im Gegenteil: »Wer einen Sklaven freigibt, vollbringt eine gute Tat ersten Ranges, und es gereicht ihm zum Segen.« Außerdem hindere das Tragen des Schleiers die im Koran erwähnten Frauen nicht, jede Art von Arbeit auszuführen: Sie nehmen an Sitzungen teil, geben ihre Stimme ab, ja, sie zögen sogar mit in den Krieg. Auch die Polygamie sei nicht vom Islam erfunden worden, doch trotz des expliziten Hinweises im Koran, es sei »besser, sich mit einer Frau zu begnügen«, habe man sich nicht an die Beschränkung gehalten, sondern die Erlaubnis, mehrere Frauen nehmen zu dürfen, mißbraucht.[14]

Die in bezug auf die Auslegung des Islam vorhandenen Unterschiede zwischen den Traditionalisten und den westlich Orientierten hinsichtlich der Stellung der Frau kamen in der Polemik zwischen der ersten Schriftstellerin dieser Periode, Fatma Aliye, und dem Traditionalisten Mahmut Esat noch deutlicher zum Ausdruck.[15] Fatma Aliye, eine der ersten von der Erziehung im Konak[16] geprägten intellektuellen Frauen, greift die These von Mahmut Esat zur Polygamie mit dem Hinweis auf den Koran an, in dem festgeschrieben sei, daß ein Mann nur mit einer einzigen Frau verheiratet sein soll.[17] Nach Fatma Aliye sei man allerdings im Laufe der Zeit von den Regeln, die der Islam aufgestellt habe, abgekommen, denn der Islam an sich sei nicht gegen die Rechte der Frau und kein Hindernis für eine zivilisatorische Entwicklung.

Während dieser ganzen Periode wurden die Stellung der Frau in der Gesellschaft und ihre Pflichten vor allem im Hinblick auf Ausmaß und Grenzen der Verwestlichung diskutiert. Schriftsteller der Zeit wie Namık Kemal (1840-1888) und Ahmet Mithat (1844-1912) dachten in Begriffen wie »Orient und Okzident« und »alaturka und alafranga« über die Verschiedenartigkeit der östlichen und der westlichen Welt nach und betonten, es sei unausweichlich, sich dem Westen zuzuwenden, doch müsse man zwischen den guten (d.h. den materiellen) und den schlechten (d.h. den geistigen) Seiten der westlichen Zivilisation unterscheiden. Allgemein wurde betont, daß der Islam kein Hindernis auf dem Weg zum Fortschritt darstelle. So hat beispielsweise Namık Kemal, der das Denken dieser Zeit entscheidend prägte, der »weder ein vorbehaltsloser Anhänger der Scharia noch des Ostens, noch ein bedingungsloser Westler« war, immer wieder sowohl auf die »Gefahren des Konservativismus der Rückwärtsgewandten« als auch auf die »Gefahr der Imitation auf Seiten der »Modernisten« hingewiesen.[18]

Der Gedanke, daß die neuen Rechte, die die Modernisierung der Frau einbrächten, nicht eigentlich im Gegensatz zur Praxis in der Frühzeit des Islam standen, und daß jede Neuheit, die vom Westen übernommen wird, im Islam ursprünglich vorhanden war, zeigt in diesem Zeitabschnitt die Annäherung der westlich Orientierten an *asr saada*, den Mythos vom »Goldenen Zeitalter«, worunter man das 7. Jahrhundert verstand, das als Zeitalter der Glückseligkeit galt.[19] Die gesamte Zeit über suchten die Befürworter der Verwestlichung deren Legitimierung im Islam selbst. Ahmet Midhat Efendi und Namık Kemal fühlten sich sogar aufgerufen, den Islam zu verteidigen, da dieser den geistigen Werten besondere Bedeutung beimesse und hinsichtlich der Erziehung von anständigen und sittsamen Menschen als Vorreiter der Zivilisation gelten könne.[20]

Wie Jale Parla behauptet, hat das Tanzimat im osmanischen kulturellen Leben keine Mischkultur zwischen den Normen des Orients und des Okzidents geschaffen, es hat jedoch »unter dem Schirm einer dominanten islamischen Kultur«, »durch Überlieferung, Koranvers und Hadith erhärtet«, eine Wendung zum Westen diskutiert, »deren Grenzen scharf abgesteckt waren«.[21]

Parla erwähnt, daß bei den Schriftstellern Tanzimatszeit, die als das Fundament der sittlichen und kulturellen Erneuerungsbewegungen angesehen werden, sich eine geheime Sehnsucht nach einer »Vater-Autorität« feststellen lasse.[22] Laut Parla bemühten sich die Philosophen des Tanzimats, auf gesellschaftlicher Ebene einen die Ethik des Orients schützenden Sultan und auf familiärer Ebene einen starken Vater wiederzubeleben.[23] Die größte Gefahr, diese Vater-Autorität zu erschüttern, ginge nicht von der aus dem Westen kommenden Naturwissenschaft und Technik aus. Was die jungen Männer vor allem von der islamischen Kultur loslöse, sei vielmehr die sinnliche Wollust, d.h. »keine geistige Liebe«, sondern eine sentimentale Lust, die sie »hinter teuflischen Frauen herlaufen« lasse.[24] Die Moral des Islam aufzugeben und sich dem Westen zuzuwenden sei gleichbedeutend mit dem Wecken der Geschlechtlichkeit. Doch den Tabubereich um die Frau, den *mahrem*, zu schützen, müsse Grundprinzip sein. In diesem Zusammenhang schreibt Namık Kemal: »Ob man mit dem Teufel tanzt oder flirtet, macht keinen Unterschied.« Und: »Wenn Eure Vorstellung von Zivilisation darin besteht, daß Eure Frauen frei auf der Straße herumlaufen und in gesellschaftlichen Versammlungen tanzen, so läuft das unserer Sitte zuwider. So etwas lehnen wir ab, wir lehnen es ab, tausendmal lehnen wir so etwas ab.« Die Grenzen der Hinwendung zum Westen sind durch die Grenzen zwischen den Beziehungen der Geschlechter bestimmt.[25]

Die Bedeutung, die dem Tabubereich um die Frau, dem *mahrem*, beigemessen wird, äußert sich in Vorschriften für die Frauen nicht nur in gesellschaftlicher Hinsicht, sondern auch darin, daß sie körperlich nicht sichtbar sein sollen. So durften die Angaben in den Personalausweisen, in denen die äußere Erscheinung der Männer beschrieben wurde – Alter, Größe, Augenfarbe, Schnurrbart, Bart u.ä. – für Frauen nur in Form des Namens und Alters niedergeschrieben werden, und dies auch nur von Familienangehörigen.[26] Das Zivilrecht nimmt die in dem bis 1926 in Kraft gewesenen türkischen bürgerlichen Gesetzbuch (*mecelle*) vorhandenen Verordnungen zum Schutze des *mahrem* der Frau als Vorbild. Es war verboten, daß die den Frauen zustehenden Orte wie Küche, Brunnen und Innenhöfe vom Nachbarhaus aus eingesehen werden konnten. Ein Nachbar, der diese Räumlichkeiten einsehen konnte, mußte, um dies zu verhindern, eine Mauer ziehen oder eine Holzwand errichten und den verursachten »Schaden« ersetzen.[27]

Seit Beginn der Tanzimatszeit versuchte man, die Kriterien der Verwestlichung zu bestimmen. Dabei wurde der *mahrem* der Frauen und damit die Grenzen des Zusammenseins zwischen den Geschlechtern zur Streitfrage. Anders ausgedrückt entwickelt sich die Hinwendung zum Westen in Verbindung mit dem »Zivilisations«bewußtsein, den Beziehungen zwischen den Geschlechtern sowie der Organisation des Raums und der Lebensweise. Die Grenzen zwischen *mahrem* und *namahrem*, zwischen innerhalb und außerhalb des Hauses, erfahren in dieser Zeit einen gewaltigen Umbruch. Vor allem das Leben der Frau beginnt sich zu ändern. Die unter Sultan Abdülhamid II. (1876-1909) von der Zensur verschont gebliebenen Mode- und Salonjournale räumen der Haar- und Hautpflege, der Anwendung von Kosmetika ungewöhnlich viel Platz ein, verschleierte Frauen nehmen an schwedischen Gymnastikkursen teil, die Studentinnen der Kunstakademie üben an nackten Modellen griechischer Statuen, deren Lenden mit Tüchern verhüllt sind.[28]

Mit der Tanzimatszeit wird die westliche Lebensweise zum Symbol der Öffnung und der wachsenden Vergesellschaftung der Frau. Die Frauen bilden sich, legen ihren Schleier ab, werden in der Öffentlichkeit sichtbar, treiben Gymnastik und tanzen, lassen sich fotografieren, etc. Der *mahrem*, der Tabubereich um die Frau, ihre Abgeschlossenheit von der Öffentlichkeit beginnt sich fundamental zu verändern. Daß sich die verschiedenen Ansichten der westlich Orientierten und der Konservativen gerade auf das Thema Frau konzentrierten, hing mit der beginnenden Öffnung der bisher gültigen Abgeschlossenheit der Frau zusammen. Die Grenze zwischen dem Bereich des *mahrem* und des *namahrem*, durch den Körper der Frau markiert, wirkt in der Darstellung gesellschaftlicher Entwürfe weiter. Deshalb trifft man in den ideologischen Kämpfen der nach 1980 in die Öffentlichkeit tretenden islamistischen Bewegungen nicht zufällig auf dieselben symbolischen Ausdrucksformen wie zum Beispiel die Verschleierung. Eine weitere Parallele zwischen der Tanzimatszeit und den gegenwärtigen islamistischen Bewegungen ist die Betonung der Rückkehr zu den wahren Quellen des Islam, zu der Vorstellung vom »Goldenen Zeitalter«, der Utopie vom Zeitalter der Glückseligkeit.

So kam schon in der Tanzimatszeit zum Ausdruck, daß die wichtigsten Unterschiede zwischen der orientalischen und der okzidentalen Welt in der Gesellschaftsstruktur von *mahrem* und *namahrem*, in dem, was als privat und was als öffentlich bezeichnet wurde, zu suchen sind. In dieser Zeit sehen wir zum ersten Mal, daß der Geist der Verwestlichung Gestalt annimmt in Form des »Zivilisierungsprojekts«, das eine radikale Umwälzung der traditionellen gesellschaftlichen Organisation und Lebensweise zur Folge hat.

2. Der westliche Begriff von Gleichheit, die islamische Moral und die alttürkische, turanistische Tradition

In der Zweiten konstitutionellen Phase zwischen 1908 und 1919 wird trotz der sich auflösenden osmanischen Herrschaft ein Reichtum an Gedanken sichtbar, von Tezer Taşkıran als eine »Periode großer Hoffnung«, von Ziya Gökalp als »neues Leben« bezeichnet. Gedanken über die osmanische Staatszugehörigkeit und die Gleichberechtigung der Frau sind an der Tagesordnung. Auf dem in diesem Zeitabschnitt entstandenen und sich herauskristallisierten Gedankengut ruhen die Fundamente der kemalistischen Reformen.

Die drei wichtigen Denkrichtungen, die islamistische, die westliche und die turanistische, definieren ihre ideologischen Grundlagen zur »Wiederbelebung« des osmanischen Reiches ähnlich. Sie unterscheiden sich jedoch in ihrer Haltung zur Streitfrage der Frauenrechte.[29] Im Grunde sind innerhalb dieses Zeitraums alle reformistischen Bewegungen auf der Seite des Fortschritts, im Mittelpunkt steht für sie das westliche Modell. Selbst von den islamistischen Gruppen läßt sich nicht behaupten, sie seien von Grund auf gegen Modernisierung und Fortschritt gewesen. Für sie war die zentrale Frage, inwieweit sich die Verwestlichung mit der islamischen Kultur vertrage und inwieweit nicht. So bewertet İsmail Kara die islamistische Bewegung in der konstitutionellen Verfassungsperiode nicht als Opposition gegen die Verwestlichung, sondern als Vereinnahmung der Verwestlichung zur Schaffung einer islamischen Identität.[30] Gemeinsam waren der islamistischen, der westlichen und der turanistischen Richtung fortschrittliche und westlich orientierte Reformabsichten. Wichtige Unterschiede dagegen gab es in der Frage der Identität, besonders was Begriffsbestimmungen von Identität und Zivilisation betraf, auf welche Werte man sich stützen solle – auf den westlichen Universalismus, auf islamische oder auf alt-türkische, also turanistische Werte. Anstatt sich mit der Modernisierung als einem weltweiten Prozeß zu beschäftigen, will diese Untersuchung deswegen mehr auf die Problematik von Zivilisation und Identität eingehen – und damit direkt auf die Frage nach der Stellung der Frau. Denn die Beziehungen zwischen Mann und Frau, das Aufzeigen der privaten, inneren und der öffentlichen, äußeren Welten sowie deren Organisationsformen sind die Grundkoordinaten der kulturellen Identität.

So bestimmte die Frauenfrage weiterhin die Grenzen der Modernisierung der ideologischen Strömungen der Zeit, d.h. das Ausmaß der Ausrichtung auf das Kulturmodell des Westens. Denn das Leben im *mahrem* und die durch religiöse Gebote geregelten geschlechtlichen Beziehungen, die dem Kulturmodell des Westens Widerstand leisteten, sind die am stärksten verwurzelten eigenen kulturellen Besonderheiten. Die westlich Orientierten sehen die islamischen Traditionen als ein Hindernis auf dem Weg in die Zivilisation und proklamieren die Notwendigkeit der Befreiung der Frau aus diesen traditionellen Ketten, die Islamisten hingegen werfen ihnen vor, den Westen blind nachzuahmen und kämpfen für den Erhalt der Existenz einer muslimischen Gesellschaft und damit für die Eingebundenheit in die Scharia. Die Turanisten hingegen begrenzen die moralische Identität nicht auf die islamische Religion, sie suchen ein Modell für die ideale Gesellschaft auch in der vorislamischen Vergangenheit der türkischen Gesellschaft.

2.1. Der westliche Begriff von Gleichheit: die Frau ist ein menschliches Wesen

Die in jenem Zeitabschnitt radikal westlich orientierte Geistesströmung begann den Zivilisationsbegriff unabhängig von Religion und Tradition zu bestimmen. Nach dieser Richtung, die sich an rationalistischen und positivistischen Ideen orientierte, ist die Zivilisation weder das Werk des Islam noch des Christentums, sondern vor allem das Produkt neuer universeller und humanistischer Werte. Die Bemühungen, die westliche Zivilisation in Gutes und Schlechtes zu teilen, bedeuten für diese Denker nichts anderes, als in verdeckter Weise gegen den Westen zu sein.[31] So ist für Abdullah Cevdet (1869-1932) die westliche Zivilisation »ein aus Rosen und Dornen bestehendes Ganzes« und muß als Ganzes angenommen werden.

Den radikal westlich Orientierten zufolge stellen die islamischen Traditionen Hindernisse auf dem Weg in die Zivilisation dar. Abdullah Cevdet, einer der Gründer der »Gesellschaft für Einheit und Fortschritt« (İttihat ve Terakki Cemiyeti), macht für die Rückständigkeit der Muslime und den Niedergang des osmanischen Reiches religiöse Gebote wie den Gesichtsschleier, die Polygamie und »entartete Traditionen« verantwortlich.[32]

Tevfik Fikret (1867-1915), radikalster Kritiker der Traditionalisten und der religiösen Ethik, bringt dies in seinen Gedichten zum Ausdruck. Er verlangt anstelle der religiösen eine humanistische Ethik, eine Loslösung von den Traditionen, vollkommene Gedankenfreiheit. Er kämpft für die Notwendigkeit, den Menschen zum Mitglied der gesamten menschlichen Gemeinschaft zu erziehen. So schreibt er, einem die Menschheit versklavenden »absoluten Gott« stehe das »Recht der Vernunft« gegenüber. Die Vernunft suche das Rechte, und Tevfik Fikrets Glaube an die Kraft der Vernunft, die Welt zu verändern, sei grenzenlos.[33] Tevfik Fikrets westlicher Radikalismus beruht auf seinem Bestreben, die Ethik von Traditionen und Religion loszulösen.[34] Die Rechte der Frau sieht er im Rahmen der allgemeinen Menschenrechte verankert. Folgende Verse gelten sogar als Maxime des Kampfes für die Rechte der Frau:

»Nicht Schande und Schmach ist das natürliche Los der Frau.
Lebt die Frau in Not und Elend, ist die Menschheit erniedrigt.«[35]

Salahaddin Asım behauptet in seinem Buch *Die Degeneration der türkischen Frauenwürde oder: ihre Verweiblichung* (Türk Kadınlığının Tereddisi yahud Karılaşmak) ganz offen, die religiösen Traditionen würden Frauen nicht als Menschen, sondern als »Weibchen« und von der »Zivilisation« ausgeschlossen erachten.[36] Asım kritisiert, daß die Frauen den religiösen Gesetzen entsprechend nur als Ehefrau und Mutter lebten und damit von gesellschaftlichen Funktionen ausgeschlossen seien. Die Funktion der Frauen, nur der männlichen Lust und der Fortpflanzung zu dienen, und für nichts anderes zu gebrauchen zu sein, bezeichnet er als »Verweiblichung«. Er verficht das Lösen der Frau aus ihrer Geschlechtsrolle und hält es für notwendig, daß sie den Status eines »menschlichen Wesens« erreiche. Asım erachtet die Religion als den größten Wirkungsfaktor in der von ihm als »soziale Krankheit« bezeichneten Entwicklung der Rolle der türkischen Frau. Die Hauptursache für die ungenügende Entwicklung der Gesellschaft und das mangelnde Maß an Zivilisation bei den osmanischen Türken sieht er in der Verschleierung. Die Beziehungen zwischen Mann und Frau und alle moralischen Gesetze seien auf sie gebaut. Dies sei das wichtigste und charakteristischste Element, schreibt Asım, das die Türken von den Prinzipien des

Westens und der Christenheit trenne. In dem Kapitel über die Verschleierung besteht er darauf, daß das Thema aus der Sicht der Soziologie auf die gesellschaftliche Struktur behandelt werden müsse. In Gesellschaften, in denen die Frau als »Weibchen« eingestuft werde und außer ihren geschlechtlichen Pflichten keine anderen Aufgaben erfüllen müsse, habe man zur Verschleierung des Körpers gegriffen. Doch bestehe dazu in den heutigen Gesellschaften, in denen der Frau eine unabhängige Persönlichkeit zugestanden werde, keine Notwendigkeit mehr. Er ist davon überzeugt, »die Verschleierung sei »sowohl Ursache als auch Folge ihrer Einstufung als pures Lustobjekt«, und sie sei »dadurch vom zivilisierten Leben ausgeschlossen«.[37]

Salahaddin Asım kritisiert die Überbewertung der Rolle der türkischen und muslimischen Frauen als Ehefrau und Mutter in aller Schärfe und hebt vor allem hervor, daß die Frau weder als »Sklavin und Weibchen des Mannes«, noch als »Amme und Säugemutter der Kinder« ein zivilisierter Mensch und ein unabhängiges Mitglied der Gesellschaft sein könne.[38] Er besteht darauf, daß die Frau nur durch die Teilnahme am gesellschaftlichen Leben den Rang eines zivilisierten Menschen erreichen könne, daß ihre Freiheit gebunden sei an ihre Vergesellschaftung und an das Recht, eine gesellschaftliche Funktion zu besitzen. Damit tritt Asım in eine Art feministischen Diskurs ein. Er erkannte als erster die Frau als Individuum an. Indem er die Zusammenhänge zwischen der Verschleierung und der Vorherrschaft des Mannes aufzeigt, stellt er fest, daß die Verschleierung die »Persönlichkeit der Frau« vernichtet habe, daß ihr keine »eigene Ehre« zugesprochen werde und daß sie »von der Gesellschaft und der Zivilisation« im Namen des Mannes und zu seinen Gunsten »ausgeschlossen« sei. Da das öffentliche Gewissen noch immer nicht die Persönlichkeitsrechte der Frau als Individuum anerkenne, hält man sie »durch ihre Ehre gefangen«. Die Verschleierung entspringe der Besitzgier und sinnlichen Lust des Mannes. Nach Asım müsse die Frau die Protektion des Mannes abschütteln, und mit ihrer Individualisierung würde auch die Verschleierung verschwinden.[39]

Die westlich Orientierten stellen zwischen der Anerkennung der Rechte der Frau und dem gesellschaftlichen Fortschritt eine deutliche Wechselwirkung fest. So schreibt der gemäßigte Celal Nuri İleri (1881-1938) in seinem Buch *Unsere Frauen* (Kadınlarımız): »Wenn wir die Türken zivilisieren wollen, müssen wir mit den Rechten der Frau beginnen ... Mit einer solchen Operation können wir nicht beim Heer oder der Flotte beginnen. In den Schulen anzufangen ist auch nicht das Richtige. Als erstes müssen wir unsere Frauen verändern, damit diese die Kinder, und diese wiederum, wenn sie erwachsen sind, den Staat und die Nation verbessern. Wenn man ein Haus baut, beginnt man nicht mit dem Dach. Zuerst wird das Fundament gelegt. Und die Frau ist das wichtigste Fundament des menschlichen Gebäudes.«[40]

Durch die westlichen Ideen gewinnen Themen wie der gesellschaftliche Fortschritt, zivilisiertes Leben, die Erziehung der Frau und ihre Loslösung von den islamischen Traditionen an Klarheit. Die Freiheit der Frau ist für diese Denker gleichbedeutend mit dem Erlangen ihrer Existenz als menschliches Wesen, doch die Frauen erreichen nicht nur selbst diesen Rang, sondern durch sie wird auch die Gesellschaft zivilisiert. Die Gleichstellung der Geschlechter ist für diese Denker eine notwendige Voraussetzung für das Entstehen einer modernen Familie. Damit diese Gleichstellung zustande kommt, müssen die Familien ihre Kinder, egal ob Junge oder Mädchen, gleichberechtigt erziehen. Halil Hamit Paşa schreibt in seinem Buch *Vollkommene Gleichheit in der Welt der Frau* (Kadınlık Aleminde Tam Eşitlik): »Damit Ihre Kinder positiv über die Frau denken, muß ihnen eine Erziehung zuteil werden, durch die Ihre Söhne alle Frauenfeinde hassen. Ihre Töchter müssen ihre Rechte kennen und Kraft in sich finden, um von ihnen Gebrauch zu machen«.[41] Hamit ist der erste, der den Frauen als natürliches Recht auch politische Rechte zugesteht: »Es besteht auch Bedarf an weiblichen Parlamentsabgeordneten!« Erst wenn in Politik und Verwaltung (z.B. im Parlament) Frauen wie Männer vertreten sind, beginnt für ihn das »humane Zeitalter«. Denn Humanismus bedeute in erster Linie gleiche Rechte für alle.

Im Lichte der humanistischen Ideale glaubte man, mit der Verwirklichung des Gleichheitsgedankens, d.h. mit der Menschwerdung der Frau, trete auch das ganze Land in den Kreis der Zivilisationen ein. Anders als ihre Vorgänger in der Tanzimatszeit sahen die Modernisten als Essenz der westlichen Zivilisation nicht ihre technischen Erfindungen, sondern ihre kulturelle Struktur an. Positivismus und Humanismus, die der westlichen Zivilisation eine universelle Dimension verschafften, haben auch die Werke der westlich Orientierten beeinflußten. Die rationalistische westliche Zivilisation, die unabhängig vom Christentum definiert wurde, konnte in ihren Augen überall und zu jeder Zeit angewandt werden: Sie eröffne mit ihren freiheitlichen und rationalistischen Grundsätzen der ganzen Menschheit den Zugang zur Zivilisation. Die islamischen Traditionen hingegen stellten für die Übernahme der westlichen Zivilisation und für die gesellschaftliche Entwicklung ein Hindernis dar. Die Loslösung aus den Traditionen bedeute die Befreiung der Frauen, die wiederum den Weg zur Zivilisation öffnen würde. Die Verschleierung als ein Symbol islamischer Tradition aufzugeben, bedeute für die Frau die Befreiung und damit den Rang eines menschlichen Wesens zu erreichen. Es war einer der Grundgedanken des Verwestlichungsprojekts, die Frauen aus dem *mahrem*, der Begrenzung auf ihre Geschlechtsrolle und auf das Haus, zu lösen und sie durch Erziehung und Bildung am gesellschaftlichen Leben zu beteiligen.

Wenn wir uns an die Bedeutung erinnern, die der Erziehung der Frau in der Republik Atatürks beigemessen wurde, in der die Männer die Befreiung der Frau sogar ermutigen sollten, und an die Bemühungen, die Frauen am gesellschaftlichen Leben zu beteiligen, so zeigt sich deutlich, daß die westlich Orientierten in dieser Zeit die Grundlagen für die Verknüpfung der Frauenrechte mit dem kemalistischen Zivilisationsprojekt schufen.

2.2. Die islamische Moral: Verschleierung gegen sinnliche Lust

Während die westlich Orientierten den gesellschaftlichen Fortschritt mit der Einstufung der Frau als eigenständiges menschliches Wesen in Verbindung brachten, betonte die islamistische Bewegung, daß ohne die sittliche Reinheit der Frauen und ohne ihr Festhalten an den religiösen Geboten sich die »Gemeinschaft« auflöse und das soziale Leben zugrunde gehe.

Nach dieser islamistischen Ansicht ist der Fortbestand des osmanischen Reiches an die allgemeine und strenge Anwendung der Scharia gebunden. Ein Austausch mit der modernen Zivilisation sei erst dann möglich, wenn die islamische Ethik zu ihrem eigentlichen Ursprung zurückgekehrt sei. Aber auch dann dürfe sich dieser Austausch nur auf einen technisch-wissenschaftlichen Rahmen beschränken.

Die Islamisten, die wegen der in ihren Augen unseligen Auswirkungen der Revolution von 1908 auf das Verhalten der Frauen beunruhigt waren, machten gegen sämtliche Versuche zur Liberalisierung der Rechte der Frau Front. Der Großwesir Said Halim Paşa (1863-1921), der die westlich Orientierten auf Französisch in seinen Schriften kritisierte, behauptete, daß wenn zwischen der Zivilisation und der Freiheit der Frau überhaupt eine Beziehung bestehe, diese nur negativ sein könne: »Keine Zivilisation nahm je mit der Freiheit der Frau ihren Anfang. Im Gegenteil zeigt sich in der Geschichte immer wieder unleugbar die Tatsache, daß alle Zivilisationen, in denen die Frauen gänzlich frei waren, dem Untergang geweiht waren.«[42]

Darin, daß Frauen sich entschleiern, ihre Freiheit erlangen, sich mit Männern in der Öffentlichkeit treffen und wie westliche Frauen zu leben beginnen, in all dem sieht Said Halim »eine Gefahr für die Gesellschaft«. Er unterscheidet die politischen von den gesellschaftlichen Freiheiten und behauptet, die türkischen Frauen strebten nicht die politischen, sondern lediglich die gesellschaftlichen Freiheiten an. Für ihn wollen die Befürworter der Freiheit der Frau als Grundprinzip »die Aufhebung des Harems und, wie in den westlichen Gesellschaften, eine freie Beziehung und Verbindung zwischen Mann und Frau schaffen«, so daß die Freiheit der Frau anstelle einer sittlich und ethisch hochstehenden Gesellschaft einer Gesellschaft mit verdorbenem Lebenswandel den Weg bereiten würde.[43]

Der Schriftsteller geht so weit, die Gründung eines »Vereins zum Schutze der Gesellschaft« vorzuschlagen, der aus Männern und Frauen bestehen solle, die in der Gesellschaft entsprechende Überwachungspflichten zu übernehmen hätten.[44] Die Dualität des »sittlich hochstehenden Islam« und der »heruntergekommenen westlichen Zivilisation« betonen die Islamisten besonders durch die Bedeutung, die sie der Moral beimessen. Gegen »Weinschenken, Freudenhäuser, Tanz, Bars, Theater und andere elende Einrichtungen« ziehen sie zu Felde und sehen einzig in der islamischen Religion einen Hemmschuh gegen das Überhandnehmen dieser »verdorbenen Zivilisation«.[45] In ihren Augen kann nur die islamische Moral, die die gesellschaftlichen Regeln schützt, eine Barriere gegen die Freiheit bringende westliche Zivilisation errichten.

Musa Kazım (1821-1890) geht sogar so weit, zur Rettung der Gesellschaft den Staat zum Handeln aufzufordern, damit religiöse Gebote treu eingehalten und diejenigen, die sie nicht befolgten, bestraft werden könnten. Er kritisiert den mit der Verfassung eingeführten Freiheitsbegriff und vertritt die Ansicht, daß die Freiheiten nicht nur durch staatliche Gesetze, sondern auch mithilfe religiöser Gebote begrenzt werden müßten, wobei das Gebot der Verschleierung an erster Stelle stehe. Er äußert sein Bedauern darüber, daß die Frauen, die im Grunde für die Ordnung und Moral der religiösen Gemeinde verantwortlich seien, anfingen, sich nicht mehr zu verschleiern: »Leider kann man feststellen, daß nach der Bekanntgabe unseres Grundgesetzes an vielen Orten das Gebot der Verschleierung mißachtet wird, und das Gerücht geht um (und Gott möge uns davor schützen), daß diese Übertretung unweigerlich ein großes Durcheinander (*fitna*) unter den Muslimen heraufbeschwören wird«.[46]

Musa Kazım, der die Verschleierung zum Gebot der Scharia erhebt, hält dieses Gebot für erforderlich gegen die zwischen Mann und Frau herrschende fleischliche Lust. Die muslimischen Frauen »haben sich mit einem Kleid zu bedecken, das die Lust nicht erregt und dürfen sich lüsternen Blicken von Fremden nicht aussetzen«. Nach Kazım habe »der Schöpfer die Frau einzig deshalb geschaffen, damit sie Kinder gebärt und diese erzieht«.[47] Wenn Frauen außerhalb des Hauses arbeiteten, setzten sie seiner Ansicht nach das Glück der Familie aufs Spiel; außerdem bedeute dies, die Frauen zu vermännlichen.[48]

Demzufolge gab es nach der islamistischen Auffassung neben den Grenzen, die das positive, säkulare Recht den Freiheiten setzte, noch eine weitere Grenze durch die Gebote und Verbote der Scharia. Das Gebot der Verschleierung fiel unter diese religiösen Beschränkungen. Seine Nichtbefolgung verursachte ein gesellschaftliches Durcheinander und bedeutete gleichzeitig eine Beleidigung der Religion. Die Islamisten verlangten sogar, daß die Gebote der Scharia im Grundgesetz verankert werden sollten. Da das Grundgesetz, wie sie behaupteten, als offizielle Staatsreligion im Osmanischen Staat den Islam anerkannt habe, würde dem Grundgesetz auch die Aufgabe zufallen, den religiösen Geboten Gehorsam zu verschaffen und ihre Einhaltung zu überwachen.[49]

Die Polygamie ist den Islamisten zufolge ganz legal, denn sie sei ein Naturgesetz und diene dem Nutzen der Familie. Jede Erleichterung der Scheidung von Frauen bedeutet für Musa Kazım, die Familie dem Untergang preiszugeben.[50]

Es löste Unruhe unter den Islamisten aus, daß Frauen Dinge taten wie bei öffentlichen Diskussionen das Wort zu ergreifen, die Kultur Europas kennenlernen zu wollen, sich freier zu kleiden. Diese Freiheiten waren für sie Anzeichen der Auflösung der Sitten, ja gar der »Prostitution, Obszönität und Unmoral«.

Den verwestlichten, freien, zudem unverschleierten Frauen, die in der Gesellschaft mit Männern sprachen, stellten sie in ihren Schriften den Typus der ernsten und tugendhaften moslemischen Frau gegenüber. Manche Islamisten akzeptierten das Recht der jungen Frauen auf Bildung, wenn sie nicht Französisch, Klavier- und Gesangsunterricht, sondern eine religiöse Erziehung umfaßte. Mehmet Tahir (1861-1924) schreibt in seinem Buch *Die Frauen der Meşrutiyet-Zeit* (Meşrutiyet Hanımları)[4] über die Degeneration der türkischen Frau unter westlichem Einfluß: »Anstelle des großen Ernstes, der früher unsere Frauen auszeichnete, gibt es heute nur noch die Liebe zur Mode, zu Spitzen, Bändern und engen Röcken«.[51]

Die Islamisten, einig in der Ansicht, die Gesellschaft gegen den »Sittenverfall« des Westens schützen zu müssen, kritisieren die Nachahmung westlicher Bräuche aufs schärfste. Für sie bedeutet diese Nachahmung eine unnötige Änderung der Zivilisation, die die Fundamente einer auf religiösen Traditionen gegründeten Gesellschaft erschüttern würde. Einer der gemäßigten Islamisten, Mehmet Akif (1873-1936) lehnt es ab, die Nachahmung des Westens bis hin zu Traditionen und Lebensweise zu betreiben: »Die Nachahmung der Religion, der Gebräuche, der Kleidung, der Begrüßung, der Rede, kurz gesagt von allem, bedeutet die Nachahmung von Menschen einer anderen Nation; sie ist nicht möglich, bringt keine soziale Gemeinschaft hervor, demzufolge ist sie nicht lebensfähig.«[52]

In bezug auf den Einfluß des Westens denken die Islamisten als erstes daran, daß er der islamischen Erziehung der Frauen entgegensteht, daß die Beziehungen zwischen Mann und Frau ins Licht der Öffentlichkeit geraten und daß die Gesellschaft dadurch degeneriert.

Derviş Vahdeti, der die Jungtürken beschuldigt, ihre Pflichten als Wächter der Scharia nicht erfüllt zu haben, führt als Beispiel für die Ausbreitung europäischer Sitten die »allmähliche Abschaffung der Verschleierung« an, oder die »Eröffnung von dem Islam nicht gemäßen Einrichtungen wie Weinstuben und Bordells« nach dem Motto: ›Dies vermittelt den Muslimen nichts ihnen Gemäßes‹.[53]

So, wie für die westlich Orientierten Voraussetzung für den Weg in die Zivilisation ist, daß die Frau sich nicht mehr verschleiert, sich in der Öffenlichkeit bewegen kann, kurz: frei ist, so garantiert nach der Moralauffassung der Islamisten die Frau gerade durch die Art, wie sie sich kleidet und durch ihr Verhalten den Schutz der Gemeinschaft und die Bewahrung der Traditionen. Für beide Strömungen ist grundlegend, wie die geschlechtliche Identität der Frau und ihre gesellschaftliche Stellung definiert werden. Diese politische Debatte zur Frauenfrage zeigt, daß die unversöhnlichsten Unterschiede zwischen der westlichen Zivilisation und dem östlichen Islam den verschiedenen Ausformungen gesellschaftlicher Gruppierungen und der Vorstellung von der Verschiedenheit der Geschlechter entspringt. Der weibliche Körper, die Unsichtbarkeit der Frau bilden die Grenze zwischen dem Innen und Außen, dem Privaten und dem Öffentlichen, dem Verbotenen und dem Erlaubten. Die Stellung der Frau kann anhand der Spannweite dieses Bereichs zwischen Erlaubtem und Verbotenem definiert werden und zeigt an, in welchen Zivilisationskreis man eintritt.

2.3. Die alttürkische, turanistische Tradition: das Idealbild von der türkischen Frau

Die an alttürkischen Idealen orientierte turanistische Bewegung wollte eine Brücke zwischen der westlichen Zivilisation und den nationalen kulturellen Traditionen schlagen, um die Kluft zwischen dem islamischen und dem westlichen Diskurs zu überwinden. Ihr wichtigster Vertreter war Ziya Gökalp (1876-1924). Er entwickelte eine Synthese von Türkisierung, Islamisierung und westlicher Modernisierung und bemühte sich, die Modernisierung auf die Wurzeln nationaler Traditionen aufzupfropfen.[54] Gökalp unterscheidet sich von den Islamisten, indem er Traditionen nicht auf religiöse begrenzt, andererseits vertritt er anders als die westlich Orientierten die Meinung, daß man die nationale Kultur, sofern man von ihr in ausreichendem Maße Besitz ergreift, mit der Zivilisation in Einklang bringen könne. Damit schuf er einen neuen Begriff der Verwestlichung. Indem er das Problem der Verwestlichung aus dem Dilemma traditionelle Kultur versus universale Zivilisation löste, behandelte er es im Kontext Nation und Nationalstaat.

Gökalp kritisiert sowohl die Nachahmer des Westens als auch die konservativen Islamisten und entwickelt demgegenüber die Idee einer nationalen Kultur. Diese allein könne die nationale Identität bewahren und den gesellschaftlichen Fortschritt garantieren. Sein Begriff von Nation ist kulturell bestimmt, und so stellt sie sowohl eine Öffnung zur universalen Zivilisation dar als auch einen Schutz für die kulturellen Eigenarten.

Ziya Gökalp unterscheidet zwischen Kultur und Zivilisation: »Gesellschaften, die sich sowohl in kultureller als auch in religiöser Hinsicht fremd sind, können in der Zivilisation sogar Gemeinsamkeiten entfalten.«[55] Um in den Stand der Zivilisation zu kommen, ist es für ihn sogar eine unabdingbare Voraussetzung, daß die verschiedenen Gesellschaften ihren eigenen Charakter bewahren. Wenn man sich also Europas Rationalismus und Wissen aneignen wolle, müsse man gleichzeitig die türkische Kultur schützen. Diese beiden Welten stünden sich nicht gegenüber, sie könnten sich vielmehr gegenseitig befruchten. So würde sich die Türkei in dem Ausmaße verwestlichen, in dem sie ihre eigene Kultur und die zeitgenössische Zivilisation vereinige. Gökalp denkt, sich auf Jean-Jaques Rousseau beziehend, daß ebenso wie die Natur vor der Zivilisation geschützt werden müsse, die türkische Kultur in ihren Ursprüngen nicht von der westlichen Zivilisation zerstört werden dürfe.[56]

Sein Ziel war vor allem, die türkische Kultur von den schädlichen Einflüssen des Islam, der arabischen und der iranischen Kultur zu befreien und sie neu zu bestimmen. Um eine nationale türkische Kultur schaffen zu können, hielt er es für nötig, zu den Quellen zurückzukehren und die vorislamische Zeit wieder zu beleben. Um die Zukunft gestalten zu können, müsse man sich der Vergangenheit zuwenden, und diese Ansicht Gökalps kommt in seinen Äußerungen über die Frau am deutlichsten Ausdruck. Denn seiner Ansicht nach hatte die türkische Frau in der vorislamischen Zeit den gleichen Status wie der Mann. Dieser Status in der Vergangenheit erleichtere der türkischen Frau nicht nur die Anpassung an die Zivilisation, er befreie sie auch von der Notwendigkeit, die westliche Frau und deren Modell der Familie nachzuahmen.

Gökalp verteidigte die Gleichheit zwischen Mann und Frau in der vorislamischen türkischen Gesellschaft und ging sogar so weit zu behaupten, daß »das wesentlichste Charakteristikum der alten Türken der Feminismus« gewesen sei.[57] In primitiven Systemen äußere sich das religiöse Leben in zwei verschiedenen Formen: in der Magie und in der Religion. Auf dieser Stufe seien beide gleichrangig, aber vollkommen voneinander getrennt.

Bei den alten Türken wird die von der Frau beherrschte Welt der Magie als Schamanismus bezeichnet. Gökalp schreibt, daß die türkischen Schamanen, um die Größe ihrer Zauberkraft zu beweisen, sich den Frauen anzugleichen suchten, ihre Kleidung trugen, sich das Haar wachsen ließen, die Stimme erhöhten, den Bart rasierten, sogar schwanger wurden und Kinder gebaren. Im Gegensatz dazu manifestiert sich die Religion (Toyonismus) in der geheiligten Kraft des Mannes. Da beide Systeme gleichberechtigt nebeneinander existierten, erklärt sich nach Gökalp, warum in der vorislamischen türkischen Gesellschaft Mann und Frau rechtlich gleich gestellt waren. Und da bei jeder sozialen Handlung Toyonismus wie Schamanismus gleichermaßen berücksichtigt werden mußten, war das Miteinander von Frauen und Männern bei Versammlungen selbstverständlich. Die Frauen waren nicht gezwungen, sich zu verschleiern. In der vorislamischen Gesellschaft waren die Frauen, so Gökalp, »frei und emanzipiert«. Sie waren »Amazonen«, und Fähigkeiten und Werte wie Reitkunst, Kampfestüchtigkeit, Tapferkeit galten für den Mann wie für die Frau. Frauen konnten Herrscherinnen, Burgwächterinnen oder Gesandte sein. Nach Gökalp habe unter den alten Stämmen keiner wie der türkische Stamm dem weiblichen Geschlecht Rechte eingeräumt und Ehrerbietung erwiesen; daß in anderen Gesellschaften Ungleichheit zwischen den Geschlechtern herrschte, liege daran, daß sie der Magie keinen Wert beigemessen hätten.

Gökalp bezeichnet Religionen, die zwischen Magie und Religion scharf trennen, als asketische. Sie ordnen die Frau als zweitklassig, als Paria ein. Die Religion der alten Türken dagegen sei keine asketische, sondern eine ekstatische gewesen, in der Magie und Weiblichkeit von zentraler Bedeutung waren. Erst mit der Islamisierung habe die Stellung der Frau in der türkischen Gesellschaft diese Herabwürdigung erfahren, im Laufe der Jahrhunderte vor allem unter arabischem und iranischem Einfluß. Indem Gökalp zwischen einem »reinen« und einem »degenerierten« Islam unterscheidet, kann er den Koran im Hinblick auf die Frauenrechte in einem bestimmten Maße sogar verteidigen. Er behauptet, alte türkische Bräuche und die auf der Gleichheit der Geschlechter beruhende Familienstruktur seien erst durch den »degenerierten« Islam zerstört worden seien. Die im osmanischen Konak praktizierte Trennung von Männern und Frauen in Harem und Selamlık spiegle die herabgesetzte Stellung der Frau wider.[58]

Nach Ziya Gökalp entstand erst in der von geistiger Verunsicherung und der Erschütterung des kollektiven osmanischen Wertesystems gekennzeichneten Tanzimatszeit, ein neues Lebens- und Weltverständnis. In dieser Zeit trat eine positivistische Weltanschauung an die Stelle einer dogmatischen. Man begehrte auf gegen die religiöse Rechtsordnung von Familien- und Arbeitsleben im Rahmen der Scharia, Frauen tauchten in der Öffentlichkeit auf, gebildet und arbeitend, mit dem Aufkommen des Demokratie-Gedankens geriet die absolute Autorität des Sultans ins Wanken, alles deutete auf eine tiefgreifende Veränderung hin.

Die Magie gewinne, so Gökalp, wieder an Einfluß, allerdings unter anderem Namen, nämlich dem der Zivilisation, die eine Evolution des alten magischen Zustandes darstelle. Die Magie sei wie die Zivilisation nicht national, sondern international. Beide verfolgten utilitaristische Ziele und stünden einer asketischen Religion oder einer solchen Ethik entgegen. Beide gewährten Mann und Frau den gleichen Status.

Gökalp zufolge bedeutet die Ausbreitung der zeitgenössischen westlichen Kultur, daß die Frauen wieder wie in alt-türkischer Zeit gleichberechtigt würden. Die Vergangenheit der Türken biete den Gleichheitsbestrebungen der osmanischen Frauen ein historisches Fundament und legitimiere diese.

Gökalp glaubt, die türkische Nation habe bereits das gesamte Potential der Zivilisation »in ihrem unverdorbenen Ursprung« in sich getragen. Nicht erst die turanistische Bewegung in diesem Jahrhundert habe die beiden Ideale – Feminismus und Populismus – hervorgebracht, es habe diese bereits im alten vorislamischen türkischen Leben gegeben. Er geht sogar noch weiter: »In Zukunft wird die objektive Geschichtsforschung anerkennen müssen, daß Demokratie und Feminismus Schöpfungen der Türken sind.«[59] Nicht nur stünden die alten türkischen Traditionen ganz im Einklang mit der westlichen Zivilisation, Gökalp erklärt die Türken sogar zu den Begründern dieser Zivilisation. Die türkische Nation brauche nur zurück in ihre Vergangenheit zu blicken, um in die zeitgenössische Zivilisation einzutreten, während andere Nationen, um dasselbe zu erreichen, sich erst von ihrer Vergangenheit trennen müßten.[60]

3. Sichtbarkeit und Emanzipation

In der Zweiten konstitutionellen Phase 1909-1918 nimmt die Frau zwar mehr und mehr am öffentlichen Leben teil und wird vor allem in den Städten sichtbar, doch organisiert sich zunehmend auch die Abwehr gegenüber dieser Öffnung. Indem die Frauen sich bildeten, Lohnarbeit nachgingen, Vereine gründeten, sich modisch kleideten, verletzten sie zugleich die Symbole ihrer privaten Welt: Geschlechtertrennung, Nicht-Auftreten in der Öffentlichkeit, Verschleierung. Je mehr die Frauen aus dem abgeschlossenen privaten Leben heraustraten, desto mehr sah sich der Staat gefordert, das öffentlich gewordene Leben der Frau zu ordnen. Man erließ ein Gesetz nach dem anderen und traf sogar polizeiliche Maßnahmen.[61]

Die Unterschiede in der Erziehung von Jungen und Mädchen wurden aufgehoben, Studenten und Studentinnen nahmen gemeinsam an Universitätsvorlesungen teil, zum ersten Mal wirkten muslimische Frauen am Istanbul-Theater mit.[62] In diesen Jahren entwickelten die Frauen ein reges Vereinsleben, sie gründeten neben karitativen Vereinen auch solche für die Gleichberechtigung von Frau und Mann (z.B. Müdafaa-i Hukuk-ı Nisvan) und Vereine zur Förderung der Berufstätigkeit von Frauen (Osmanlı Kadınları Çalıştırma Cemiyet-i İslamiyesi).[63] Ersterer kämpfte sogar gegen die Telefongesellschaft, die keine Arbeiterinnen einstellen wollte, oder setzte sich für eine Frau ein, der man das Betreten eines Flugzeugs verweigert hatte.[64]

Die Probleme, die aus dem Sichtbarwerden der Frau in der Öffentlichkeit erwuchsen, standen im Zentrum politischer Debatten. Die Begrenzungen in der Begegnung der Geschlechter setzten sich im städtischen Alltagsleben fort. In städtischen öffentlichen Verkehrsmitteln, in Kinos, Theatern, Lokalen, sogar in den in Istanbul neu eingeführten Straßenbahnen wurden gesonderte Abteile für Frauen eingerichtet.[65] Doch es war nicht zu übersehen, daß die Bräuche sich änderten. Der Schleier wurde der europäischen Mode angepaßt, manche Frauen gingen sehr frei mit dem Gesichtsschleier um, sie gingen in Begleitung ihrer Männer auf die Straße, fuhren in offenen Droschken und sprachen sogar auf der Straße mit Männern. Gegen diese »Europäisierung« der Frauen verhärtete sich das Verhalten der Konservativen, sie begannen, diese Frauen zu belästigen; Geistliche spuckten Unverschleierten ins Gesicht, das Steinewerfen auf diese Droschken wurde zur religiösen Pflicht erhoben.[66] In der Stadt Aydın ging die Obrigkeit so weit, daß ein Mann, der in der Öffentlichkeit mit einer Frau sprach, zur Zahlung von hundert Kuruş verpflichtet wurde, während man die Frau einer Prügelstrafe (*falaka*) aussetzte.[67] Im September 1917 brachte die Polizei in Istanbul Anschläge mit dem folgenden Text an, der den Aufruhr, den die Frauen in der Öffentlichkeit auslösten, erahnen läßt: »In den letzten Monaten sind in den Straßen der Hauptstadt schändliche Moden festzustellen. Alle muslimischen Frauen werden aufgefordert, ihre Röcke zu verlängern, keine Korsetts zu tragen und sich mit einem dichten Umhang zu bekleiden. Damit diesem Befehl Folge geleistet werden kann, wird eine angemessene Frist von zwei Tagen eingeräumt.«[68] Doch diese Verordnung, die die »Europäisierung« aufzuhalten versuchte, blieb wirkungslos und mußte durch eine neue Bekanntmachung zurückgenommen werden: »Die Polizeidirektion wurde von alten rückständigen Frauen, die einen Beamten niedrigeren Ranges beeinflußt hatten, dazu gebracht zu befehlen, daß die Frauen zur alten Mode zurückkehren müßten. Wir bedauern diese Verordnung und erklären sie hiermit für ungültig.«[69]

Vor allem die städtischen Frauen ließen die Traditionen des gesellschaftlichen Lebens im Harem hinter sich und gewannen durch die neue Kleidung, Vergnügungen, Bildung und Arbeitsteilung real und gesellschaftlich an Sichtbarkeit. Die neue, sich emanzipierende und »europäisierende« Frau geriet in Konflikt mit den Kreisen, die die alte Stellung der Frau bewahren wollten, und brachte die auf den Westen hin ausgerichtete Regierung der Jungtürken oft in Schwierigkeiten.

Zum Abschluß der Betrachtung der vorkemalistischen Zeit hier einige erhellende Beobachtungen der Prinzessin Seniha Sultan. Sie beschreibt ihrer französischen Freundin in geistreicher Weise die Schwierigkeiten, die die vom Westen übernommenen Neuerungen in ihrer muslimischen Gesellschaft verursachen: »Sie wünschen, daß ich Ihnen unser heutiges Haremleben, d.h. die seit der Revolution von uns durchlebte Veränderung, die Modernisierung, die neue Lebensform bis in die kleinsten Feinheiten vermittle. Auch wollen Sie über die feministische Bewegung in der Türkei Näheres erfahren. Ich benutze Ihre Worte, denn sie verwenden Wörter, die ich selbst nur ganz selten gebrauche. Würde ich nicht zugeben, daß ich Schwierigkeiten habe, die Bedeutung einiger davon zu verstehen, würde ich lügen.«[70] Seniha schreibt in ihren

Briefen, daß trotz der Erwartungen, die man in die Revolution der Jungtürken gesetzt habe, sich Gewohnheiten und Bräuche im Hinblick auf Frauen mitnichten verändert hätten: »Ach, auch Sie denken, daß einen Tag nach dem Sturz Abdülhamids die türkische Frau bereits viel gewonnen habe! Von wegen Veränderung, meine Liebe! ... Und was die türkischen Feministinnen angeht, so müssen Sie leider noch lange davon träumen, liebe Schwester.«[71] Sie stellt sogar fest, daß man in der Frauenfrage eher weiter zurück sei als zu Abdülhamids Zeit: »Ja, meine liebe Schwester, ich kann es nicht vergessen. Es ist noch kein Jahr vergangen, als Sie mir davon sprachen, daß der Feminismus in der Türkei früher oder später Fuß fassen würde... Wissen Sie, wo wir heute stehen? Hier: Eine Muslimin darf keinen offenen Wagen benutzen, selbst wenn sie sich mit drei Schleiern verhüllt. Die Landauer haben oben geschlossen zu sein, ebenso die Fenster und Vorhänge. So etwas gab es zu Abdülhamids Zeit nicht.«[72] Sie fährt fort, den angeblichen Feminismus der Jungtürken zu verspotten: »Meine kleine Dienerin Fatma kam gerade angelaufen und brachte mir eine wirklich feministische Nachricht. Selim Beys Schwester – Sie kennen Selim Bey, er war Minister im alten Regime – wurde vom Kriegsgericht zu drei Jahren Gefängnis verurteilt. Begründung: Sie hat auf dem Bazar ihren Schleier hochgehoben und einen Schluck Wein getrunken ... Und, was habe ich gesagt? Was für ein Fortschritt auf dem Weg zur Freiheit!«[73]

4. Verschleierung und Moderne

Mit der Hinwendung zum Westen und der »Verwestlichungsbewegung« rückte in den politischen Machtkämpfen um Fortschritt oder Rückschritt die Frauenfrage in den Brennpunkt. An der Frauenfrage läßt sich festmachen, daß die Begegnung von Ost und West über Staats- und Verwaltungsformen wie etwa der Diskussion um Konstitutionalismus versus Despotismus hinaus sich in Fragen des alltäglichen Lebens abspielt. Indem die Verwestlichung die Räume von Mann und Frau und ihre Beziehungen von neuem regelt, löst sie das von islamischen Traditionen geprägte Gesellschaftsgefüge auf.

Während die östliche islamische Welt im Vergleich zur rationalistischen Welt des Westens zurückblieb ist, begriff sie gleichzeitig ihre eigene Geschichte im Lichte der westlichen Erfahrung. Seit der Tanzimatszeit prägte die Vorstellung von der Überlegenheit des Westens das osmanische Bewußtsein entscheidend. Alle politischen Strömungen (islamische, westliche und turanistische) maßen ihre Vorstellungen in westlichen Werten. Die westliche Welt aber war mehr ein Produkt des Ostens denn Wirklichkeit. Der Osten reflektierte seine eigene Identität im Spiegel dieses Westens von neuem. In dem Maße, wie sich in den Augen des Orients die Überlegenheit des Westens verfestigte, ging ihm seine eigene Identität und Geschichte verloren. Paradoxerweise rüstet er sich jetzt dem Westen gegenüber durch die zwanghafte Suche nach der verlorenen Identität auf. Wie Daryush Shayegan es ausdrückt, war sein »Bewußtsein verletzt«. Gesellschaften, die sich in ihrer eigenen Geschichte nicht wiedererkennen, entfremden sich von ihren eigenen Werken im Namen des »Fortschrittsideals« eigentlich von der Gegenwart.[74] Diese Gesellschaften versuchen, die Geschichte, die sie an ihre eigene Rückständigkeit erinnert, abzustreifen und Wege in Richtung Fortschritt zu suchen – die einen im Glauben an ein »Goldenes Zeitalter« in der Vergangenheit, die anderen im Glauben an eine Zukunft mit westlicher Zivilisation. Idealisiert wird entweder Vergangenheit oder Zukunft, die gelebte Gegenwart aber ist Mühe und Anstrengung. In Gesellschaften mit geschwächtem Geschichtsbewußtsein ist der Hang zur zeitgenössischen Modernität Ausdruck der Ungleichzeitigkeit. Modernität wird eigentlich nicht als Zeitgenossenschaft deklariert, sondern als Ziel, um das Niveau der westlichen Moderne zu erreichen. Die Sprache spiegelt dies wider: Anstelle von Moderne tritt Modernisierung, statt Zeitgenosse sein, zeitgenössisch werden und sich verwestlichen. Dabei gründen die westliche Moderne und der Glaube an den Fortschritt geradezu in einer Fetischisierung des Begriffs Gegenwart. Eine Flucht in die Zukunft bei gleichzeitigem Bruch mit der Vergangenheit sind Eigenschaften von Gesellschaften mit schwachem Geschichtsbewußtsein.[75]

Auch die islamistischen Bewegungen entwickeln sich nicht unabhängig von der Vorstellung der Überlegenheit des Westens, von der Idee des Fortschritts und vom Problem der Entfremdung. İsmail Kara schreibt, die Islamisten hätten aufgrund der materiellen und technischen Überlegenheit der westlichen Welt »ihren Glauben in ihre Fähigkeit, sich selbst genügen zu können, verloren«. Anstatt sich ihrer eigenen Vergangenheit, den Quellen des Islam, zuzuwenden und eine Erneuerung aus sich selbst anzustreben, hätten sie ihre ganze Hoffnung »in die Idee des Fortschritts, dem Produkt des Evolutionsgedankens« *(tecdid)* gelegt.[76] Kara bestätigt sogar, daß die Islamisten gegenüber der westlichen Zivilisation in die Defensive geraten seien, wie es in Formulierungen wie den folgenden zum Ausdruck kommt: Der Islam behindere den Fortschritt nicht, die Muslime interpretierten den Islam falsch, also läge der Fehler nicht im Islam, sondern bei den Muslimen. Der Islam und die westliche Zivilisation seien nicht weit voneinander entfernt, da der Islam der Schutzherr der Zivilisation schlechthin sei. Man müsse ohnehin von den technischen Errungenschaften der westlichen Zivilisation profitieren, denn »die Weisheit ist ein dem Muslim verlorengegangenes Gut; er nimmt sie, wo er sie findet«.[77]

Nur hat in der Praxis die Hinwendung zum westlichen Kulturmodell im gesellschaftlichen Körper tiefe Wunden geschlagen; das auf dem Privaten und der Hierarchie gegründete islamische Beziehungsnetz wurde durch die Grundsätze des westlichen Modells von Freiheit und Gleichheit zerrissen. Wenn wir mit Tocqueville die Essenz und die Dynamik des westlichen Kulturmodells im Grundsatz der Gleichheit sehen, können wir seine Wirkung besser verstehen. Die Entwicklung der westlichen Gesellschaften beruht auf dem Ideal der Gleichheit der Rassen, der Bürger eines Staates, der Klassen und der Geschlechter. Dies bedeutet noch nicht, daß im gesellschaftlichen Leben eine vollkommene Gleichheit erreicht worden wäre. Wichtig jedoch ist, daß die historische Dynamik durch das Gleichheitsprinzip wirkt. Nach Tocqueville nährt sich die Demokratie mehr noch als von der Gleichheit selbst von der »Passion der Gleichheit«, von der Gleichheitsideologie.[78] Mit anderen Worten: Die Gesellschaft versucht, durch die Utopie von Gleichheit über sich hinaus zu wachsen, sich zu verändern. Der Gedanke von der Gleichheit von Mann und Frau und der Gedanke, daß auch Frauen als menschliche Wesen anzusehen sind, sind die konsequente Weiterführung des Gleichheitsgedankens.[79]

Der zweite Grundsatz des westlichen Kulturmodells fußt auf der liberalen Philosophie, daß das private Leben mehr an das Licht der Öffentlichkeit gebracht werden müsse. In den westlichen Gesellschaften wird das, was bisher die intime Angelegenheit einer Person, einer Familie war, mehr und mehr zum öffentlichen Thema gemacht. Über die wachsende Transparenz hinaus setzt, wie Foucault es bezeichnet, das

Diskurs-Werden der Sexualität keine Restriktion in Gang, sondern einen Mechanismus wachsender Aufreizung.[80] Nach Foucault gründet die westliche Zivilisation auf dem Bekennen, dem »Geständnis«, und drängt danach, die unaussprechlichsten Sachverhalte wie Gerechtigkeit, Medizin, Familie, Beziehungen, das tägliche Leben in offenster Weise auszusprechen. Schuld, Krankheiten, Sünden, Wünsche, Probleme werden eingestanden.[81]

Die islamische Kultur dagegen, die den Bereich des Privaten dadurch abgrenzt, daß sie die Frau unsichtbar macht, erlaubt es nicht, Themen aus diesem Bereich zur Sprache zu bringen. Sie gründet sich auf das »Geheimnis«; sie ist eine »Gesellschaft der Unsagbarkeiten«. In dieser Hinsicht ist sie antiliberal. Es ist in ihr nicht möglich, die »Moral«, die die gesellschaftliche Struktur schützt, zu hinterfragen, denn sie wurzelt im religiösen Glauben. Die Verschleierung der Frau, die das Verbotene und den Bereich des Privaten symbolisiert, drückt den Unterschied zwischen der Organisationsform der Lebensbereiche in den islamischen und westlichen Gesellschaften aus und verkörpert ihre Gegensätzlichkeit.

Deshalb war es der Prüfstein für die Wendung zum Westen hin, die Frau aus der privaten in die öffentliche Sphäre zu bringen, sie dazu zu bewegen, ihre verschlossene, geheime Welt zu verlassen. Die Frau ist also für die einen Gradmesser für die Zugehörigkeit zur Zivilisation, für die anderen Hüterin der Gemeinschaft der Gläubigen. Für die westlich Orientierten ist die Verschleierung der Frau ein Hindernis für die Modernisierung, für die Islamisten dagegen eine Barriere gegen die Degeneration. Obwohl die Islamisten die technischen Errungenschaften der westlichen Zivilisation akzeptieren, sind sie gegen die Übernahme »ihrer Sitten, ihrer Moralvorstellungen, ihres Lebensstils«. Ihre gesellschaftliche Moral ist durch religiöse Gebote festgelegt und darauf gegründet, daß die Geschlechtlichkeit der Frau kontrolliert wird. Nach diesen Vorstellungen wird die soziale Ordnung in dem Maße geschaffen und erhalten, in dem die Frau ihre Keuschheit, ihre Tugend, ihre Treue auf sexuellem Gebiet verteidigt. Die Geschlechtlichkeit und Verführbarkeit der Frau wird als Bedrohung für die gesellschaftliche Ordnung der Sexualität empfunden. Die Frau soll für die Augen eines Mannes unsichtbar sein, d.h. verschleiert, und sich nicht am gleichen Ort befinden mit Männern, die nicht zur Familie gehören.

Wir können die islamistische Ansicht wie folgt zusammenfassen: Die

Verschleierung ist eine soziale Notwendigkeit. Die Tugend der Frau verhält sich proportional zum Abstand, den sie gegenüber möglichen Übergriffen einhält. Dazu gibt es keinen sichereren Weg als die Verschleierung. Sie ist der beste Garant ihrer Unabhängigkeit, eine unüberwindbare Sperrmauer gegen Übergriffe der Männer auf die Freiheit der Frau. Ein Blick kann den Verdacht erwecken, daß eine Verführungsabsicht vorliegt, und kann sinnliche Begierde erregen. Ein solcher begehrender Blick führt zum Verstoß gegen das Verbotene. Wenn die Kleidung der Frau die Formen ihres Körpers verrät, darf man nicht hinsehen. Das Auftreten der Frau in der Öffentlichkeit unterliegt genauen Bestimmungen. Das Zusammensein von Männern und Frauen ist verboten, weil es potentiell die Unzucht fördert. Da es wahrscheinlich ist, eine Sünde zu begehen und schuldig zu werden, ist es für einen Mann und eine Frau, die nicht in Familienverhältnissen zueinander stehen, unerlaubt, sich allein in einem Raum zu begegnen. Nur wenn die Frau so alt ist, daß keine Begierde mehr aufkommt, ist der Händedruck gestattet.[82]

Im Gegensatz dazu verlangen die westlich Orientierten ein »neues Leben«. Der in der Zweiten konstitutionellen Phase verwirklichten »politischen Revolution« sollte auch eine »gesellschaftliche« folgen.[83] Das wichtigste Kriterium dieses »neuen Lebens« ist das Aufgeben der traditionellen Lebensform der Frauen und die gleichzeitige Beteiligung der Frau am sozialen Leben. Wenn wir uns der Worte erinnern, die in dieser Zeit über die Frauen gesagt wurden, so sehen wir, wie die Frauen zum Kriterium der Zivilisierung und zur Speerspitze des »neuen Lebens« wurden. In den Diskussionen dieser Zeit werden Parolen wie die folgenden laut: Im Zeitalter der Freiheit könne man nicht mehr die Hälfte der Bevölkerung einsperren; es sei notwendig, daß die Frauen arbeitend am gesellschaftlichen Leben teilnehmen (»Die Frau kann physisch und psychisch am sozialen Kampf teilnehmen!«); die Zukunft der Gesellschaft hängt von fortschrittlichen Frauen ab (»Die körperliche und geistige Entwicklung der Frau ist der Garant für die Zukunft!«). Die westlich Orientierten bringen deutlich zum Ausdruck, daß die Frau Gradmesser des Zivilisationsniveaus ist und daß die »Modernisierung« nur durch die Emanzipation der Frau zustandekommt.[84]

Wie der Schriftsteller Peyami Safa (1899-1961) es ausdrückt, ist »die Verwestlichung eine Sehnsucht nach Fortschritt, die aus der Wahrnehmung ziviler Bedürfnisse im Gegensatz zur religiösen Intoleranz entstanden ist«.[85] Das Fortschrittsideal greift das auf der Unsichtbarkeit der Frau beruhende konservative Gesellschaftsverständnis an. In seiner Veröffentlichung *Der Traum eines westlich Orientierten* (Bir garbcının rüyası) beschreibt er eine zivilisierte, von religiösem Fanatismus befreite Welt, in der sich die Frauen kleiden wie sie wollen, und Polizisten, religiöse Fanatiker und Kutscher keinen Einfluß mehr auf die Kleidung der Frauen haben. Die Männer müssen den Frauen als den größten Wohltätern des Vaterlandes Achtung und Respekt erweisen: Frauen und junge Mädchen sollen sich nicht mehr vor Männern verstecken müssen; der arrangierten Heirat wird ein Ende bereitet.[86]

Die Grenzen der Modernisierung wurden immer wieder von neuem gezogen. Nach Taner Timur verhielten sich die Osmanen, ohne sich selbst zu reflektieren, einige Zeit wie ihre westlichen Vorbilder; doch während sie sich bemühten, sich westlich zu verhalten und westlich zu denken, empfanden sie gleichzeitig dem Westen gegenüber eine Antipathie.[87] Peyami Safa weist darauf hin, daß der kosmopolitische Geist der Europäisierung immer kritisiert worden sei, daß sich die Turanisten an den nationalen, die Islamisten an den religiösen Zipfel des Traditionsrocks klammerten, und die, die etwas verändern wollten, als Anhänger des Tanzimats beschuldigt wurden.[88]

Seit dem Tanzimat idealisierten die Modernisten den Westen, der für sie die Welt der Freiheit, Schönheit, Kunst verkörperte. Diesem wollten sie sich angleichen. Für die Jugend der neuen Generation war Europa der Lebenstraum.[89] Gleichzeitig aber wurde die Passion der Verwestlichung auch zum Gegenstand des Spottes. Man empfand die sich nach dem Westen sehnenden Intellektuellen als dem Volk entfremdet und kritisierte ihre Entwurzelung. Ahmet Mithat Efendi (1844-1914), der die ungeprüfte Übernahme der westlichen Kultur kritisiert und als erster in seinen Romanen den Typus des »Snobs alafranga« kreierte, beschimpfte die Modernisten als »dekadent«.[90] Nach Celal Nuri (1881-1938), der sich ebenfalls gegen die Nachahmung des Westens auflehnt, sei die europäische Erziehung »vor allem jungen türkischen Mädchen aus der obersten Schicht angedreht worden«. Diese »fränkische«, französisierende Erziehung werde unmethodisch, ohne Regeln, ohne stufenweise Entwicklung angewandt und bringe ein gesellschaftliches Monster hervor.[91]

Sogar Salahaddin Asım, einer der bedingungslosen Kämpfer für die westliche Zivilisation, scheut sich nicht, die feinen Damen der oberen

Schicht anzugreifen, die glaubten, in europäischem Stil zu leben. In einem Kapitel seines oben erwähnten Buches mit der Überschrift »Das Leben der feinen Dame und die Verweiblichung« schreibt er, die Frauen dieser sozialen Schicht, fern jeglicher geistiger Aktivität, wüßten nichts anderes zu tun als zu schwätzen und angenehm zu leben. »Bei uns versteht man unter einem angenehmen Leben, sich reichlich zu schmücken, gut und etwas zu viel zu essen, mit Pferd und Wagen auszufahren, einen Ausflug nach Fener[92] zu machen, im Sommer in den Sommerhäusern herumzudösen, ein Piano oder eine Geige zu besitzen, auf denen man herumklimpert, geschmückte und mit pompösen Möbeln ausgestattete Zimmer zu haben, mit anderen Worten: eine stümperhafte Vornehmheit.« Asım beschreibt die sich nach dem Westen sehnende Elite als oberflächlich, äußerlich, untauglich und faul. Diese Frauen, die sich nach europäischer Freiheit sehnen, »wollen in der Gesellschaft wie ein Mann leben, doch anstelle des Rechtes auf Arbeit möchten sie eines auf Vergnügen und auf Unzucht«. Laut Asım besteht das europäische Leben dieser vornehmen Frauen hauptsächlich in der Verfeinerung ihrer »Verweiblichung« und der einzige Unterschied zwischen ihnen und den anderen türkischen Frauen liege darin, daß erstere in ihrem täglichen Leben eher kosmopolitisch, die anderen eher national geprägt seien.[93]

Anstelle der moralischen Bestimmungen der Religion, die aus der Sicht der Islamisten die Gemeinschaft der Gläubigen schützen, trat bei den westlich Orientierten die Erziehung zu Höflichkeit und guten Manieren. Die Normen der Religionsgemeinschaft widerstrebten dem »kosmopolitischen Geist« der Europäisierung. Şerif Mardin weist darauf hin, daß der übersteigert verwestlichte Typus des Bihruz Bey in dem Roman von Recaizade Mahmut Ekrem (1847-1914), *Autoliebe* (Araba Sevdası) eine Schlüsselfigur sei, durch die sich die »antikosmopolitischen« Strömungen in der türkischen Geschichte verstehen ließen. Der verwöhnte Generalssohn, der den Westen anbetet, fast unerzogen, dieser Typus eines Snob, verkörpert die Oberflächlichkeit und das Lächerliche dieser kosmopolitischen Schicht. Nach Mardin kommen in der Antipathie, auf die die Bihruz-Figur stieß, die sich gegen eine übertriebene Verwestlichung wehrenden, traditionellen Normen der Glaubensgemeinschaft zum Ausdruck. Sogar die republikanische Ideologie besitze trotz aller radikalen Verwestlichungstendenzen mit ihren populistischen und nationalistischen Diskursen antikosmopolitische Eigenschaften.[94]

Schließlich versucht die turanistische Strömung als Wegbereiter des Kemalismus die extremen Positionen der Verwestlicher und der Islamisten in bezug auf die Modernisierung die Begriffe »nationale Identität« und »nationale Sitten« einzuschränken. Ziya Gökalp schreibt, die türkische Identität stelle »die eigentliche Stütze des Islam und des Osmanischen gegenüber dem Kosmopolitischen« dar, die Moral der Tanzimatszeit habe ausgedient, und er schlägt eine »neue Erziehung für ein neues Leben« vor.[95] So nahm das Zivilisationsprojekt immer mehr einen nationalen Charakter an, und populistische und nationale Themen verdrängten die elitär-kosmopolitische Sicht der Verwestlichung der Osmanen.

Auf der Suche nach einer nationalen Identität gründeten die Turanisten das »neue Leben« auf der »nationalen Familie« und der »nationalen Erziehung«. In Ziya Gökalps berühmtem Ausruf »Mein Land sei so glücklich wie mein Zuhause!« wird deutlich, wie die Ideale von Familie und Nation als deckungsgleich angesehen werden. Die auf traditionellen Beziehungen beruhende und beinahe als Naturphänomen anerkannte Institution der Familie ist das Ziel dieser neuen Ideale und damit den Veränderungen unterworfen. »Wir Türken kennen das Familienleben nicht. Der Mensch sollte zuerst an seine Nation, dann aber sogleich an seine Familie denken, er soll nach seinem Vaterland am meisten für seine Familie arbeiten.«[96] Gökalp bezieht in einem moralischen Appell die Familie in den neuen Kreis der nationalen Ideale ein. Die bis zu dieser Zeit dem privaten Bereich vorbehaltene Familie wird öffentlich und im Lichte nationaler Normen neubestimmt, worauf schon Zafer Toprak hinwies.[97] Mit der Familie kommt auch die Frau aus dem Dunkel. Ihre Vergesellschaftung wird zur nationalen Aufgabe. Die Tugend der Frau wird durch ihre Emanzipation nicht gefährdet, wenn diese für einen edlen Zweck wie für die nationale Familie, die Nation geschieht. Die Frau ist weder eine den Westen konsumierende Zierpuppe, noch ein ständiges Verführungsobjekt. Sie befreit sich von ihrer geschlechtsbeladenen Identität und nimmt ihren Platz ein »für die Nation«, an der Seite des »Volkes«, als »Weggefährtin« des Mannes. Gereinigt von der Vorstellung ihrer geschlechtsbeladenen Identität erreicht sie den Rang eines »nützlichen Menschen«. Mit der Vergesellschaftung der Frau, ihrem Auftreten in der Öffentlichkeit, wird keine sinnliche Lust mehr assoziiert, sondern der Typus einer gebildeten, für das Vaterland tätigen Frau.

Dieses neue Frauenbild fand die stärkste Verkörperung sowohl in den

Werken als auch im Leben von Halide Edip Adıvar (1882-1964). Die Frauengestalten in ihrem unter dem Einfluß des Nationalismus geschriebenen letzten Roman *Das neue Turan* (Yeni Turan) sind von den osmanischen Frauen des Konaks weit entfernt, sie sind dem Volke nahe. Sie tragen derbe Schuhe, dunkelgraue Mäntel, ihre Haare bedecken sie mit einem weißen Tuch, sie schleppen ihre Arbeitstaschen und arbeiten für ihr Land. Die Frauen in *Das neue Turan* von Halide Edip Adıvar sind nicht mehr die »Zierde des Hauses«, das »Ziel männlicher Leidenschaft«, sie sind Lehrerinnen, Krankenschwestern, »ernste«, »charakterstarke«, »nützliche, fleißige Mitglieder der Gesellschaft«, »den Männern eine ehrliche Kameradin, den Kindern und dem ganzen Land eine Mutter, eine Erzieherin«.[98]

Halide Edip Adıvar ist Wegbereiterin des Typus der kemalistischen Frau: Die Frau aus dem Volk, die Mutter des Landes, die Kameradin, ernsthaft sich bemühend, dem Lande zu nützen, auf politischem Gebiet ihren Platz neben den Männern einzunehmen, aber dennoch nichts an ihrer liebevollen Güte einbüßend. Halide Edip bestimmt in *Das neue Turan* den Typus ihrer Heldinnen wie folgt: »In ihrem Blick war nichts, das einen Mann oder eine Frau an das Geschlecht erinnerte.« Dieser Typ Frau ist nicht einmal besonders schön, aber stark und kämpft als Teil der Nation für das Wohl des Volkes. Mit ihrem Eintritt in die Gesellschaft kommt sie dem Volk nah. Sie bewahrt ein schlichtes Äußeres, das einen beinahe ihre Weiblichkeit vergessen läßt. Diese idealistischen und tugendhaften Frauen sind Vorläuferinnen des Idealtypus der republikanischen Frau.

II. Der Kemalismus: Das Zivilisationsprojekt

Der Kemalismus hat den Übergang vom islamischen Imperium zum laizistischen Nationalstaat verwirklicht. Er ist über die Veränderung der Staatsform hinaus der deutlichste Ausdruck des Zivilisationswechsels, der seit dem Tanzimat in das alltägliche Familienleben hineinwirkte.[1]

Ziya Gökalp nach waren die Türken, die mit diesem Wechsel in einen »laizistischen Zivilisationskreis« eintraten, gezwungen, sich in drei verschiedenen Abschnitten ihrer Geschichte drei verschiedenen »Zivilisationskreisen« anzupassen. Als sie noch in Stammesverbänden lebten, waren sie Teil der fernöstlichen Zivilisation, im Osmanischen Reich Teil der orientalischen Zivilisation und nach der Gründung des türkischen Nationalstaats Teil der westlichen Zivilisation.[2] Der Übergang zur westlichen Zivilisation veränderte den Rhythmus des täglichen Lebens, die Gewohnheiten in der Bekleidung, sogar den Gebrauch der Wohnräume. Nach Peyami Safa nahm der Zwiespalt, in dem sich die türkische Identität zwischen islamischem Orient und christlichem Okzident befand, groteske Formen an: das Wandkissen liegt in erbittertem Streit mit dem europäischen Sofa, das türkische Oberhemd ohne Kragen mit dem französischen Herrenhemd, selbst Haushaltsgeräte wurden Gegenstand der Auseinandersetzung.[3] Diesem Dilemma habe erst der Kemalismus ein Ende gesetzt.

In der frühen Republikszeit wählten viele Schriftsteller den Dualismus zwischen Orient und Okzident zum Thema und suchten seine Auswirkungen auf die Türken und ihre Geschichte zu erfassen. Ahmet Hamdi Tanpınar (1901-1962) schreibt: »Zwar bewegten wir uns aus eigenem Antrieb in Richtung Westen – dieser Antrieb schöpfte seine Kraft aus der historischen Notwendigkeit -, sobald aber unsere Vergangenheit aus uns zu sprechen begann, war es nicht mehr möglich, die Ohren vor dieser Stimme zu verschließen.« Das Zusammentreffen dieser beiden verschiedenen Welten bezeichnet Tanpınar als »eine Tragödie für die heutige türkische Seele . Er bewertet die Hinwendung zum Westen nicht nur als einen Streit zwischen Alt und Neu. Vielmehr spielte er sich in unserem Inneren ab, eine »uns innewohnende Krankheit, deren Auslöser der Zivilisationswechsel ist«, eine Art Psychose. Tanpınar stellt fest, daß die Kontinuität zwischen Vergangenheit und Gegenwart seit dem Tanzimat abgebrochen sei. Diese Vergangenheit habe sich in viele halb tote, halb lebendige Formen des Lebens verwandelt. Tanpınar hofft, daß »das Leben in diesem Knoten zwischen den einander nicht verstehenden Welten mit der Republik ein Ende haben wird«, damit die Kette der Kontinuität wieder zusammenwächst.[4]

Das bei den Osmanen seit dem Tanzimat bestehende Orient-Okzident-Problem hat man durch die Republikgründung mit der Schaffung einer neuen Nation, einer modernen Zivilisation und Zukunft zu überwinden versucht. Der damalige Istanbuler Korrespondent der Zeitung *Les Temps*, Paul Gentizon, schreibt: »Die türkische Republik hat die Nabelschnur, die sie mit Asiens Traditionen verband, durchgeschnitten, sich das Bewußtsein und das Ideal westlicher Zivilisation von Grund auf angeeignet und vom Osten endgültig Abschied genommen«.

Zu diesem Zwecke versuchte das kemalistische Zivilisationsprojekt über die Veränderung der Staatsform hinaus auch in die Lebensform, die Verhaltensweisen, in die täglichen Gewohnheiten einzugreifen. Für den Historiker Paul Dumont hatten die Türken, indem sie sich die westliche Lebensweise aneigneten, eine schwere Prüfung abzulegen: »Die orientalische Kleidung, den Turban, den Fes, die Pluderhose, die Pantoffeln, den dünnen Gesichtsschleier müssen sie ablegen; auch der Vielweiberei müssen sie abschwören; das arabische Alphabet müssen sie aufgeben und darauf verzichten, damit magische Zaubersprüche zu verfassen, auch, mit der Sonne die Zeit zu messen; von Derwischzeremonien sollen sie sich nun fernhalten; alles müssen sie verändern: die Gewichts- und Längenmaße, ihre Lebensformen, ihre Denkweisen, ihre Wahrnehmung von Problemen«.[5]

Obwohl der Zivilisationsbegriff einen weiten Bereich umfaßt, vom technologischen Standard bis zu den Eß- und Trinkgewohnheiten, ist er, wie Norbert Elias betont, Ausdruck westlichen Bewußtseins, für Nationalgefühl im Westes schlechthin. Er verkörpert den vom Westen in den letzten zwei, drei Jahrhunderten zurückgelegten Weg und ist ein Ausdruck seiner Überlegenheit. Dieses Konzept drückt gegenüber »primitiven«, aber zeitgenössischen Gesellschaften aus, was den Stolz des Westens ausmacht, seine Erfahrung einzigartig werden läßt und seine Eigenart hervorhebt: seine Technologie, seine Umgangsformen, seine wissenschaftlichen Kenntnisse, seine Weltanschauung und anderes mehr.[6] Kurz gesagt, der Begriff »Zivilisation« beschreibt die Vorrangstellung der westlichen Welt, er schreibt seinem Kulturmodell universale Ausmaße zu.

Nur versteht man darunter nicht nur einen einzigen Sachverhalt, wenn man von der Kultur, der Zivilisation des Westens spricht. Nach Elias hat vor allem in der deutschen Geschichte die durch französische und englische Erfahrungen geformte Identität von Zivilisation und Kultur eine andere Deutung erfahren: Im Deutschen gewinnen die nationalen Ausmaße der Kultur an Gewicht. Der deutsche »Kultur«begriff beruht auf dem sich selbst Eigenen und hält daher nationale Unterschiede für wichtig. Dem entgegengesetzt ist der französische und englische »Zivilisations«begriff von eher universalem Charakter und betont nicht die Unterschiede zwischen den Völkern und Ländern. Die Zivilisation ist ein Ideal, das angestrebt werden muß. Sie wird nicht durch die Vergangenheit, sondern durch die Zukunft definiert. Sie ist fortschrittsorientiert. Die französische und englische Auffasssung von der »Zivilisation« hat Formen menschlichen Verhaltens zum Thema. Darum versteht man unter einer »kultivierten«, gebildeten Person jemanden, der den Grad der Zivilisiertheit erreicht hat. Das heißt, der Mensch wird nach seinem sozialen Verhalten, seinem Grad an Verstädterung, seinen Wohnverhältnissen, seinen sprachlichen Fähigkeiten, seiner Art, sich zu kleiden, seinem Benehmen, seiner Art des Begrüßens eingeschätzt. Mit anderen Worten, wenn man von einer »kultivierten« Person spricht, denkt man nicht an deren kulturelle Werke, sondern daran, inwieweit sie mit den Regeln des sozialen Verhaltens und des guten Benehmens übereinstimmen. Norbert Elias behauptet, daß sich hinter dem Unterschied zwischen dem französischen »Zivilisations-« und dem deutschen »Kultur«begriff die Beziehungen der sozialen Klassen zu der der Regierung verbergen. So seien die deutsche mittelständische Intelligenz und das sich formierende Bürgertum im Gegensatz zu England und Frankreich nie von der adeligen Oberschicht aufgenommen worden. Und dem französisch sprechenden Adel gegenüber, der sich nicht nur an der französischen Sprache, der Literatur orientierte, sondern auch an Verhaltensweisen, verteidigten die bürgerlichen deutschen Intellektuellen die deutsche Sprache und ihre nationale Eigenart. In ihren Augen vertrat die deutsche Kultur »Tiefe« und »wirkliche Tugend« gegenüber der Vorliebe für »Zeremonie«, »Oberflächlichkeit« und »Snobismus«, die die deutschen Bürger mit der französischen Kultur identifizierten. So gesehen bringt der deutsche Nationalismus nach Elias die neuen Ideale der aufstrebenden mittelständischen Schicht und des Bürgertums gegenüber dem Hof zum Ausdruck. Mit ihrem allmählichen Aufstieg in die herrschende Schicht wurden die charakteristischen Eigenarten dieser sozialen Klassen zu nationalen Besonderheiten der Deutschen.[7]

Unserer Ansicht nach übernahm die kemalistische Bewegung in ihrem Zivilisationsbegriff beide Bedeutungen des Kulturbegriffs, sowohl die französisch-englische als auch die deutsche. Nach Peyami Safa »gründet die Revolution Atatürks auf zwei unveränderlichen Prinzipien: dem Nationalismus und der Zivilisierung«.[8] Der Zivilisationsbegriff als Kompaß der Verwestlichung zeigt auf Frankreich. Dem französischen Geschmack gemäße Kleidung und Lebensweise hatte seit dem Tanzimat das Interesse der Osmanen erregt. Schon vor der Gründung der Republik hatte es Karikaturen gegeben, die die Unterschiede zwischen »Zivilisation« und »Barbarei« thematisierten. Ebenso wurden Kleidung und Hauseinrichtung zur Zielscheibe der Humoristen: Der türkische Divan, die lange, dünne Tabakspfeife, die ledernen Überschuhe wurden zu »Symbolen der Barbarei«; hingegen galten das Korsett, die Krinoline, die Melone, der Stock, der Tisch und ein französisches Grammatikbuch als »Zivilisationsgegenstände« und zeigten die Richtung der sich wandelnden Lebens- und Kleidungsweisen an.[9] So tritt anstelle der seit Jahrhunderten gebrauchten, bortenbesetzten Weste und dem langen, schwarzen Talar der sogenannte Gehrock, eine lange Jacke nach europäischem Schnitt; die Pluderhose oder der Potur, eine Art Bauernhose, wurde durch die europäische Herrenhose ersetzt: kurz, die ganze europäische Mode, die bereits seit Mahmut II. (1808-1839) am Hof zu finden ist. Im Krimkrieg (1853-1856) zwang Sultan Abdülmecit (1839-1861) sogar alle Beamten, französische Hosen zu tragen – ein Vorfall, der später in dem bekannten Volkslied »Kâtibim« besungen wurde.[10] Abdülmecid befahl auch als erster Sultan den Frauen in seinem Harem, anläßlich einer Beschneidungsfeier europäische Korsetts zu tragen.[11] Mit der Republiksgründung vertrat der alafranga-Stil als Bestandteil der offiziellen Ideologie nicht nur eine bestimmte Mode, sondern auch andere erstrebenswerte Symbole der Zivilisation. Heute gelten das Tragen einer Krawatte, das Rasieren des Bartes, der Theaterbesuch, mit der Gabel zu essen, Gymnastik zu betreiben, als Ehepaar auf der Straße Arm in Arm zu gehen, auf Bällen zu tanzen, sich mit Handschlag zu begrüßen, auf der Straße einen

Hut zu tragen, mit dem Schreiben links zu beginnen, als Verhaltensnormen, die den fortschrittlichen, zivilisierten, idealen Menschen der Republik kennzeichnen. Weil auf die Nachahmung des Westens seit dem Tanzimat so viel Mühe aufgewendet worden sei, meint Cevdet Kudret in einem Aufsatz, sei diese in der türkischen Literatur zur Zielscheibe des Spottes geworden. Trotz der noch im heutigen Türkisch existierenden Etiketten (wie Dandy, chic, zivilisiert, Snob, Popstyle) ist inzwischen vieles, was einmal als »alafranga« bezeichnet wurde, Teil unseres Lebens geworden, wurde von den Städten in die Dörfer getragen, so daß das Leben »alafranga« das Leben »alaturka« beinah besiegt hat.[12]

Die offizielle Ideologie der Republik sieht die Utopie der Teilnahme an der westlichen Zivilisation nicht getrennt von der Lebens- und Bekleidungsart: »Das republikanische türkische Volk, das von sich sagt: ›Ich bin zivilisiert‹, muß sich im Familienleben, in seiner Lebensweise, in seinem ganzen Äußeren als zivilisiert erweisen.« So der Republikgründer Mustafa Kemal Atatürk. Atatürk selbst wies seiner Garderobe großen Wert bei, man denke nur an die Photos, die ihn in Golfkleidung zeigen. Er ging sogar so weit, ein Hutgesetz zu erlassen. »Eine zivilisierte und internationale Bekleidung ist eine unserem Volke gemäße. An den Füßen Halbschuhe oder Stiefel, an den Beinen Hosen, am Leib Hemd, Krawatte, Weste und Jacke, und dies alles vervollständigend, auf dem Kopf eine Bedeckung mit Rand als Sonnenschutz. Diese wird ›Hut‹ genannt.«[13]

Mustafa Kemal wies darauf hin, daß die westliche Kleidung »international« sei und »universalen« Charakter habe, womit er schon auf die mögliche ablehnende Reaktion des Volkes einging. Er ging sogar noch weiter und behauptete, daß die osmanischen Bekleidungstraditionen, z.B. der Fes und der Talar (*cübbe*), sich von nicht-muslimischen, ja sogar von Bräuchen »feindlicher« Völker herleiteten: »Wenn der Fes, eine griechische Kopfbedeckung, erlaubt ist, warum dann nicht auch der Hut? Ich möchte euch und das ganze Volk noch einmal daran erinnern: Wann, wie und warum habt ihr denn den Talar getragen, diese traditionelle Kleidung der byzantinischen Priester und der jüdischen Rabbiner?«[14]

Aber so sehr auch behauptet wird, die traditionelle Bekleidung wurzele nicht im Islam, die Bedeutung, die dem Wechsel in der Kleidung beigemessen wurde, zeigt deutlich, daß Fes und Schleier die »religiöse und überlieferte Kultur« repräsentieren.[15] Mustafa Kemal durchschnitt mit der »Hutreform« 1925 das Band, das die Türken mit der osmanischen Tradition verband. Ernest Jackh, ein Beobachter dieser Zeit, stellt ebenfalls fest, daß Atatürk mit der Abschaffung des Fes die Türken vom Osmanischen getrennt habe.[16] Das Auslöschen der nationalen Unterschiede und die Übernahme des Huts als dem Symbol westlicher Zivilisation anstelle des Fes, der die osmanische Tradition verkörperte, bereitete auch die Aufhebung der Verschleierung der Frau vor. Die Türken, die mit dem Wechsel vom Fes zum Hut die osmanische Identität ablegten, durchbrachen mit der Abschaffung der Verschleierung der Frau den *mahrem*, den durch die Scharia begrenzten intimen Lebensbereich der Frau und damit die geistliche Autorität.

Mustafa Kemal ermutigte das gesellige Zusammensein von Männern und Frauen persönlich. Auf einem Ball zum Jahrestag der Ausrufung der Republik, zu dem auch Vertreter des diplomatischen Corps geladen waren, forderte er, als er sah, daß die Damen sich schüchtern zurückhielten, zum Tanz auf: »Freunde, ich glaube, daß ein Türke in Offiziersuniform, wenn er zum Tanz bittet, nirgends auf der ganzen Welt auf Ablehnung stößt. Ich befehle jetzt: Verteilen Sie sich sofort im Saal. Vorwärts, marsch, marsch zum Tanz!«[17]

Mustafa Kemal Atatürk wollte die »orientalische« Mentalität bis zuletzt bekämpfen, und sei sie auch nur noch in einer einzigen Person verkörpert. Nach Tarık Zafer Tunaya war er ein »unvergleichlicher Kämpfer für den Zivilisationsgedanken«. Er wollte die seit dem Tanzimat vorhandene Gegensätzlichkeit von Kultur und Zivilisation in der Republik zugunsten der Zivilisation lösen. Darum setzte er den Vorschlägen zu einer islamischen Renaissance das Konzept einer »nationalen Renaissance« entgegen.[18]

Der der osmanischen kosmopolitischen Elite entgegengesetzte Nationalismus aber beruht auf dem anatolischen Populismus. Im Grunde zeigt er – wie Elias dies für den deutschen Nationalismus herausgearbeitet hat – das Eindringen des neuen, aufsteigenden Mittelstandes in die Regierung. So wie das Konzept der Zivilisation im Kampf zwischen Ost und West der Überlegenheit des Westens entsprach, so symbolisiert der Nationalismus seinerseits im Kampf zwischen den politischen Klassen den Sieg der neuen bürokratischen Elite gegenüber dem Hof. Wie İdris Küçükömer es ausdrückt, handelt es sich dabei um die Machtübernahme einer bürokratischen Tradition, die innerhalb der Einheits-und Fortschrittspartei den »rechten Flügel« gebildet habe. Sie habe ihren Platz innerhalb einer an der »westlichen Zivilisation orientierten, laizistischen Strömung«.[19] Der kemalistische Nationalismus ermöglichte der unteren osmanischen Militär- und Beamtenschicht gegenüber dem osmanischen Kosmopolitismus und der höfischen Elite den sozialen Aufstieg. Diese neu entstandene Schicht stellt heute die bürokratische Mittelschicht. Der Befreiungskrieg kam Mustafa Kemal zu Hilfe. Durch ihn wurde Anatolien aufgewertet. So sehr er auch gegen den Hof war, setzte er dennoch dessen Verwestlichungspolitik fort. Im Unterschied zum deutschen bürgerlichen Nationalismus und analog zum englischen und französischen Modell baute das kemalistische Zivilisationsmodell nicht auf den Eigentümlichkeiten nationaler und regionaler Kulturen auf. Der bürokratische Elitismus wurde mit dem anatolischen Populismus in einem Diskurs verbunden. So stellt François Georgeon die These auf, daß sich anstelle der Gedanken von Yusuf Akçura, der dem bürgerlichen Nationalismus näher stand, der »populistische« und »romantische« Nationalismus Ziya Gökalps durchsetzte, da dieser Nationalismus den Sehnsüchten des Kleinbürgertums und den bürokratischen Tendenzen der türkischen Gesellschaft mehr entsprach.[20] Insofern nährte sich der türkische Nationalismus mehr von den Erklärungen des Populismus als von der Originalität türkischer Kulturschöpfungen: »In Richtung Volk«, »zum Volk gehen« ist das Ziel der nationalistischen Bewegung. »Die Nation erhöhen« ist identisch mit »das Volk erhöhen«.[21]

Das Zivilisationsideal als Verwestlichung zu definieren und die Wurzeln der nationalistischen Ideologie gleichzeitig in Anatolien zu suchen, trägt einen Widerspruch in sich. Das Zivilisationsprojekt setzte sich das Ziel, sich vom alaturka-Verhalten und den Traditionen zu lösen, wobei der Begriff »alaturka« den fremden Blick auf die Türkei ausdrückt und nicht den eigenen. Aber wie harmoniert dies mit der nationalistischen Ideologie, die ihre Legitimität in Anatolien sucht?

Das Zivilisationsprojekt abstrahiert in gewissem Sinne die nationalistische Ideologie von den Wurzeln der Kultur. Der türkische Nationalismus sollte, wie Ziya Gökalp es ausdrückt, ganz von islamischen Einwirkungen gereinigt werden. Seine Wurzeln werden aus der reinen und imaginären türkischen Kultur der Vergangenheit herzuleiten versucht. Man bemüht sich einerseits, diese imaginäre Kultur, die vergessene türkische Identität im Gegensatz zur osmanischen, für das kollektive Gedächtnis von neuem zu entdecken, andererseits die Anpassungsfähigkeit der Türken an die westliche Zivilisation aufzuzeigen. Die Funktion dieses Projektes ist, den osmanischen Parteigängern die Existenz einer türkischen Nation zu beweisen, und gleichzeitig dem Westen zu beweisen, daß die Türkei mit in den Kreis der zivilisierten Nationen gehört. Sowohl Gökalps Ausspruch: »Der wichtigste Leitgedanke der Türken ist der Feminismus«, als auch Mustafa Kemals Behauptung, daß aufgrund der »Sonnensprachentheorie« und der türkischen »Geschichtsthese«, die türkische Sprache und Geschichte als Wurzel aller asiatischen Sprachen und Völker anzusehen sei, sollten zeigen, daß es zwischen dem türkischen »Goldenen Zeitalter« und der heutigen westlichen Zivilisation keinen wesentlichen Unterschied gab. Der türkische Nationalismus sucht ein Fundament für die Unterscheidung der aufsteigenden neuen Bürokratie in Abgrenzung zur osmanischen sowie eine Basis für die beabsichtigte Identifizierung mit dem Westen. Nachdem die osmanische Identität für den kemalistischen Nationalismus mit der Zeit kein Problem mehr darstellte, beschränkte man sich darauf, die 1920 im Nationalpakt gezogenen Landesgrenzen, die heutigen Grenzen der Türkei, zu verteidigen. In diesem Pakt wurde für Gebiete mit türkischer Bevölkerungsmehrheit Unabhängigkeit verlangt. Es ist daher kein Zufall, daß die nationalistischen Strömungen, die auf die Verteidigung der eigenen Kultur und Tradition ausgerichtet sind, auch gegenwärtig eher rechten Parteien und Ideologien angehören.

1. Die Großstädterin und die anatolische Landfrau: Leben »alafranga« und Leben »alaturka«

Die Annäherung des Kemalismus an das Thema »Frau« erhellt das Dilemma zwischen Zivilisation und Nationalismus. Denn die Frau stellte sowohl im Zivilisationsprojekt als auch in der nationalistischen Ideologie den Mörtel der kemalistischen Bewegung dar. Die Frauen waren sozusagen die Fahnenträger der kemalistischen Reformen. Für Şirin Tekeli sind allerdings die Rechte, die Atatürk den Frauen gewährte, eine rein symbolische Demonstration von Demokratisierung, und zwar als Reaktion auf die Vorwürfe des Westens, die kemalistische Herrschaft sei eine Diktatur. Doch auch wenn Tekeli von »symbolisch« spricht, bedeutet dies noch lange nicht, daß die Reformen bedeutungslos waren. Im Gegenteil, sie hatten tiefgehende politische Auswirkungen. Zeigte doch die Einführung der Frauenrechte, daß ein muslimisches Land in der Lage war, den Laizismus zu übernehmen. Aus diesem Grund, so Tekeli, »gibt es eine dialektische Beziehung zwischen dem Kampf für die Rechte der Frauen und dem Kampf gegen den allmächtigen Einfluß der Religion.«[22] Die Zuerkennung der politischen Rechte ist nicht ein Schritt, der nur für die Frauen von Bedeutung war, sondern diese Zuerkennung spielte, so Tekeli, darüber hinaus »eine symbolhafte Rolle..., um die politische Qualität des Regimes zur Schau zu stellen«.[23]

Somit ermöglicht uns die Frauenfrage – weit davon entfernt, nur ein sekundärer und spektakulärer Aspekt zu sein -, das eigentliche Wesen des Kemalismus zu verstehen. Die kemalistische Bewegung hat sich den Laizismus ganz zu eigen gemacht, allerdings um den Preis der Demokratie, da die Volkssouveränität auch die Souveränität religiöser Werte hätte sein können. Zwar ist das deutlichste Kennzeichen für die Durchsetzung der laizistischen Grundsätze in einer muslimischen Gesellschaft die Erteilung der Frauenrechte, jedoch sind die Beziehungen zwischen Frauenrechten und Laizismus auf politischem Gebiet mehr als die Manifestation eines laizistischen Staates: Sie existieren auch in den Lebensformen. Die Frauenfrage entwickelte sich, wie wir bereits gesehen haben, seit dem Tanzimat parallel zum Zivilisationsbewußtsein. Die Frauen sollten durch die Republik zu Hauptdarstellerinnen im Zivilisationswechsel werden. Die »anatolische Frau« sollte in diesem Wechsel die Entstehung eines auf die westliche Zivilisation ausgerichteten nationalen Bewußtseins verkörpern. Der »koketten, dem Volk fremden Osmanin« oder auch der »im Widerstreit mit der Zivilisation liegenden und ihr fern stehenden Muslimin« wurde die »anatolische Frau« gegenübergestellt. Ähnlich wie der kemalistische Nationalismus sich vom Populismus nährte, hielt die kemalistische Frauenbewegung die anatolische Frau entgegen dem osmanischen Kosmopolitismus hoch. Die Beschreibung dieser erhabenen anatolischen Frau in Atatürks Reden existiert als Klischee in unserem kollektiven Gedächtnis fast bis zum heutigen Tag: »Pflügen, säen, im Walde Holz schlagen, ihre Produkte auf den Markt tragen und sie in Geld umsetzen, das Herdfeuer der Familie bewahren, auf dem Rücken oder Ochsenkarren ihr Kind tragen, Regen, Winter,

Hitze ungeachtet, Munition an die Front schleppen – all das leisten diese hehren, aufopfernden, göttlichen Frauen Anatoliens.«[24]

Die anatolische Frau ist sowohl die Rettende als auch die Gerettete: Sie rettet die Reformen vor »Auswüchsen«, die Reformen wiederum bewahren sie vor der Engstirnigkeit der islamischen Religion. Die Aufgabe der anatolischen Frau ist es, zwischen der Zivilisation und der Nation zu vermitteln.

Der Zivilisationsbegriff trennt stets zwischen »zivilisiert« und »unzivilisiert«. Was auch immer die westliche Zivilisation symbolisiert – seien es wissenschaftliche Kenntnisse, Opernmusik, seien es neue Eßgewohnheiten, Möbel, Wahlmöglichkeiten in allen Bereichen -, der durch die Trennung von zivilisiert und unzivilisiert entstandene strittigste Bereich hängt mit dem Problemkreis Mann – Frau zusammen. Von Kleidung (Gesichtsschleier, Hut) angefangen bis zur Festsetzung der der Frau oder dem Mann zustehenden Räumlichkeiten (Harem, Selamlık) ist die Ordnung der Beziehung zwischen den Geschlechtern der fundamentalste Bereich der Zivilisation, sozusagen ihre Basis. Aus diesem Grund stellt die Frau den Prüfstein für die Verwestlichung und für das kemalistische Zivilisationsprojekt dar. Die seit dem Tanzimat andauernden Auseinandersetzungen zeigen, daß in einer islamischen Gesellschaft das Heraustreten der Frau aus der privaten, verschlossenen Welt der Familie in die Öffentlichkeit, der Bedeutungsverlust des *mahrem*, der privaten Sphäre, das Sichtbarwerden der Frau, ihr Zusammenkommen mit nicht zur Familie gehörenden Männern und ähnliches die umstrittensten Themen zwischen den traditionellen Islamisten und den modern westlich Orientierten sind. Wenn auch im Laufe der Jahrhunderte Traditionalismus, Islamismus, Modernismus und Verwestlichungsbestrebungen Wandlungen unterworfen waren und unterschiedliche Bedeutungen transportierten, so hielt die Auseinandersetzung um die Frauenfrage zwischen den verschiedenen Richtungen an. Vor demselben Hintergrund sind die Auseinandersetzungen zwischen fortschrittlichen Laizisten und radikalen islamistischen Bewegungen nach 1980 zu sehen.

Mit der Republik wurden die Frauen in den Städten öffentlich sichtbar und nahmen am gesellschaftlichen Leben teil. Ehepaare gingen gemeinsam aus, man besuchte Bälle, ging abends in die Cafés, betrieb Sportarten wie Reiten. Die ihrer Herkunft nach fremden Gewohnheiten riefen in den ersten Jahren der Republik Neuerungen hervor. Man versuchte fortwährend, das Verhalten als »zivilisiert« oder »primitiv«, »fortschrittlich« oder »reaktionär« zu klassifizieren. Das Leben »alaturka« wurde als »primitiv«, »reaktionär« eingestuft, und um einen sozialen Status, ein höheres Niveau erreichen zu können, galt es als erforderlich, der »zivilisierten Lebensweise entsprechend« zu leben. So galten die damals in Mode gekommenen gegenseitigen Besuche von Paaren – ganz »en famille« – als zivilisiert, und solche, die das nicht mitmachten, wurden als »reaktionär« erachtet. Nach den Beobachtungen von Muhaddere Taşçıoğlu, eine der ersten Soziologinnen der Republikszeit, begleiteten manche Männer sogar ihre Frauen zu den Einladungen, die bisher ausschließlich den Frauen gegolten hatten – nur, um nicht für »rückständig« gehalten zu werden.[25]

Das Zivilisationsprojekt begann im kollektiven türkischen »Über-Ich« Spuren zu hinterlassen, wenn auch nur in städtischen, kleinen Gruppen. Frau und Mann richteten ihr Verhalten nach dem idealisierten, europäisch zivilisierten Menschenbild aus. »Jetzt fallen wir doch wieder in die alten Gewohnheiten zurück, die Frauen hier, die Männer dort!« – eine häufige Redewendung bis in unsere Tage, die zeigt, daß man sich selbst überwacht und bemüht ist, sein Verhalten zu kontrollieren.

Die Trennung in »zivilisiert« und »unzivilisiert« formte auch die ästhetischen Werte. Was schön oder häßlich war, bestimmte weniger die örtliche Topographie als zunehmend der europäische Kontinent. Für die Orientalen war der Begriff »Schönheit« jahrhundertelang verbunden mit weißer Haut, runden Formen, langsamen Bewegungen, langem Haar, Henna und Kajalstift. An deren Stelle trat das europäische Schönheitsideal einer Frau: schlank, energisch, korsetttragend, mit kurz geschnittenem Haar. »Du siehst aus wie eine Ausländerin!« war eines der größten Komplimente, die man einer Türkin machen konnte.[26]

Die ästhetische Wahl, die für den Orient bisher in natürlicher Selbstverständlichkeit auf »stark«, »gesund«, »gebärfreudig« fiel, änderte sich zugunsten von »zart«, »elegant«, »korrekte, europäische Umgangsformen«, Eigenschaften, die zum großen Teil durch Erziehung erworben werden. »Warum halten sie eine starke, kräftige, lebensvolle Frau nicht für schön und suchen die Gabe der Schönheit nicht in vollkommener Gesundheit und im Wohlbefinden? Und warum gehen sie seitenweise auf Einzelheiten über Eleganz und Schlankheit ein?«, werden Dichter und Schriftsteller in *Das Korsett-Problem* (Korse Meselesi) angeklagt, einer Schrift, die die veränderte Auffassung des Schönheitsideals und der symbolischen Bedeutung des Korsetts reflektiert, dem es gelungen sei, schon vor der Republik in das Leben der Frauen einzudringen.[27]

Es ist wahr, daß das Korsett den Körper der Frau nach westlichen Normen modelliert und ihn in einer gewissen Weise bändigt. Nach Nora Şeni könne die Türkin mit dem Tragen eines Korsetts, dem wichtigsten Bekleidungsstück, »das die Silhouette der zeitgenössischen westlichen Frau, ihren Flair und ihre aufrechte Haltung bestimmt«, niemals mehr so aussehen wie früher: »... diese orientalische Frau, die Orient-Reisende und Maler bewunderten und zu beschreiben nicht müde wurden: hingestreckt auf Kissen, weich, rundlich, und nun anstelle der weichen Zeichnungen ... steif, die Taille in einen Gürtel gezwängt, die schlanke und kerzengerade Haltung durch einen in der Hand getragenen Schirm noch betont«.[28] Die neue Ästhetik Europas spiegelt sich wider und wird inspiriert von einem zarten Körper, einer engen Taille, kleinen Brüsten, einer aufrechten Silhouette, einer aktiven, städtischen, mit Männern verkehrenden, arbeitenden und sich vergnügenden Frau. Die Kleidung variiert entsprechend den Tätigkeiten – am Tag Arbeitskleidung, am Spätnachmittag Phantasiekleider, abends Cocktail- oder Abendgarderobe, daneben verschiedene Sportanzüge zum Baden, Reiten, Tennisspielen – und gibt Anhaltspunkte über die Teilnahme der europäisch orientierten Frau am gesellschaftlichen Leben. Dies entspricht mehr dem Geschmackswandel der Elite der republikanischen Frauen, die der Mode Europas nacheiferten, als dem wirklichen Wandel der sozialen Stellung der Frau.[29]

Nur ist der Wandel des Geschmacks nicht harmlos. Die Mode ist vorübergehend, oberflächlich und äußerlich, aber sie funktioniert wie ein trojanisches Pferd und bringt so auch eine neue Zivilisation, Lebensart und neue Verhaltensformen mit sich. Dinge wie das Korsett, die Hose, der Stuhl, das Grammophon, die alle in das türkische Leben eindrangen, haben die Körperhaltung, die Art des Sitzens, de Bewegung, die Art sich zu vergnügen von Grund auf neu geformt. Georg Simmel behauptet, daß die Kleidung das Tempo des Gehens, den Körperbau, die Gesten direkt determiniert, und deswegen sei bei Menschen, die sich in ähnlicher Weise kleiden, ähnliches Verhalten vorzufinden.[30] Ein Türke, eine Türkin, die der europäischen Mode nacheifert, bemüht sich gleichzeitig, sich entsprechend »zivilisiert« zu verhalten. Nur hatte der türkische Körper Schwierigkeiten, sich dieser neuen Sprache anzupassen; er verriet sich: »Es war bei einer der ersten Abendgesellschaften in Ankara. Niemand wußte, wie man sich setzte und aufstand, wie man sich bewegte, wie man tanzte, was man mit Augen, Händen, dem Kopf machen sollte.«[31]

Die Funktion der Mode, die nicht auf lokaler Ästhetik, auf klassen- oder schichtenspezifischem Geschmack, sondern auf Nachahmung beruhte, war ein Konkretisieren der westlichen Zivilisation. Gegenüber der zeitlosen islamischen Bekleidung, die keinem Wechsel unterlag, den Traditionen treu blieb, sich je nach ethnischer und lokaler Herkunft unterschied, und über die Art des Stoffes und über den Reichtum des Schmukkes differenzierte, führte die Mode mit westlicher Kleidung und Lebensform den Zeitbegriff als Kriterium für Modernität in die monotone orientalische Welt ein. Die Mode, die die Vergangenheit hinter sich läßt und unser mit der »Gegenwart« verbundenes Bewußtsein feilt, schreibt dem Neuen, der Veränderung positive Werte zu.[32] Das Zeitgebundene, Flüchtige macht die Mode nicht unwichtiger, im Gegenteil, es verstärkt ihre Wirkung. Denn es schärft das Modernitätsbewußtsein, das den Wandel und die Gegenwart fetischisiert. Es nährt auch das kemalistische Zivilisationsprojekt, indem es das Verlangen nach Neuerungen weckt, alte Gewohnheiten abstößt und neue Lebensarten materialisiert.

Aber gerade dadurch wird das nationalistische Bewußtsein des Kemalismus verletzt. Die Vorliebe der Frauen für Mode wird zur Zielscheibe derjenigen, die den Westen kritisieren. Die westliche Mode wird nicht nur von konservativen Islamisten, sondern vor allem auch von Nationalisten, die von Anfang an gegen den Kosmopolitismus waren, abgelehnt.[33] Die nationalen Gefühle, die in den Wirtschaftskrisen und in den Jahren des Befreiungskrieges auch unter den Intellektuellen gewachsen waren, beeinflußten auch die Autoren der Zeitschrift *Kadınlar Dünyası* (Die Welt der Frau). Sie begannen in ihren Artikeln die Mode zu bekämpfen: »Wie können wir in diesen Tagen des nationalen Unglücks, in denen Granaten und Kugeln explodieren, in denen der Lärm der Artilleriefeuer im ganzen Land widerhallt, an Mode denken?... Unseren Schmuck, das Geld, das wir säckeweise den Ausländern für Modeputz geben, benutzen sie für Kanonen, Gewehre und Kugeln gegen uns.«[34]

Yakup Kadri Karaosmanoğlus (1889-1974) Roman *Ankara* ist ein gutes Beispiel für die Spannungen zwischen westlichen und nationalen

Vorstellungen. Die Heldin Selma – von einigen einfachen Leuten Esma genannt, weil sie den modernen Namen nicht aussprechen können – verkörpert den Typus der »zivilisierten Frau« und ist deswegen für das Volk eine Fremde. Sie kann aber ihre Identität nur mit dem Volk, mit der Nation finden. Im ersten Teil des Romans kommt sie aus Istanbul nach Ankara. In dieser Provinzstadt sucht sie vergebens die Bequemlichkeiten, den Reichtum und die Zivilisation Istanbuls. Zwischen ihren Lebensgewohnheiten, ihrer äußeren Erscheinung und den das dortige Volk repräsentierenden Nachbarinnen besteht ein Abgrund. Das Leben dieser kräftigen, schön gewachsenen Frauen und der als »ohne Hüften, ohne Busen, wie ein Junge« beschriebenen Selma ist grundverschieden von dem ihren: Sie ißt mit Männern am gleichen Tisch; sie reitet in Ankara gemeinsam mit ihnen aus. Aber das Grammophon, ein Symbol des »alafranga«-Lebens, die Schweizer Kinderfrau, die weißen Handschuhe, die Tanztees und Bridgeparties entfremden die Romanheldin dem Volke in demselben Maße, in dem sie sich selbst fremd wird. Für Yakup Kadri ist die »nationale Sache geradezu eine mondäne Anmaßung« geworden. Er versucht, seine Helden zum »einfachen, warmen und stolzen Leben« zurückzuführen, wie es im nationalen Befreiungskampf vorgelebt wurde. »Die türkischen Frauen lehnten den Schleier ab, weil sie ohne ihn leichter arbeiten konnten. Für sie bestand der Sinn einer Teilnahme am gesellschaftlichen Leben nicht nur im Besuch verschiedener Salonparties. Ja, die Türkin wollte ihre Freiheit nicht zum Tanzen, zum Färben ihrer Nägel ... oder um eine Marionette zu sein, sie forderte sie, damit ihr bei der Gründung und Entwicklung der neuen Türkei eine ernsthafte und schwierige Aufgabe zuteil würde. Und für die türkischen Männer sollte die Verwestlichungsbewegung nicht mehr wie in der Tanzimatszeit ein Synonym für die leere Bewunderung des Westens, des »alafranga«-Lebens sein«.[35] Das Dilemma zwischen der Zivilisation »alafranga« und dem der Tradition verbundenen Volk spiegelt sich in der Beschreibung der Kluft zwischen Elite und Volk wider: Teeparties mit Tanz, Salonlöwen, die den Damen übertriebene Komplimente machen, sich bis zum Boden verbeugen, Degenerierte aus der Elite – und auf der anderen Seite religiöse Versammlungen mit Fruchtsäften, polygame anatolische Männer, die ihre Frauen schlagen, reaktionäres Volk. Yakup Kadri versucht, sich mit seiner Ankara-Utopie aus dieser Sackgasse herauszuwinden. So gelingt die Rettung Selmas tatsächlich dadurch, daß sie die »durch Ankara verkörperten nationalen Werte zu ihren eigenen« macht.[36] Istanbul mit seinen pompösen Casinos, Luxushotels, Bars ist ein »Mittelpunkt von Genuß und Vergnügen, eine Touristenstadt, ein kosmopolitischer Hafen«, Ankara dagegen ein »ziemlich langweiliger Ort«, denn »auf dem Gebiet der Musik gibt es nur Symphoniekonzerte«, auf der Volksbühne werden hauptsächlich in Auftrag gegebene literarische Stücke gespielt.[37] Die Utopie Ankara nimmt dort Gestalt an, wo Volk und Zivilisation aufeinandertreffen. Ankara, die Hauptstadt der jungen Republik, gegen das Osmanische errichtet, verdeutlicht durch Bauten wie das Volkshaus, das Parlament, das Staatstheater, die Oper sichtbar und offiziell den Zivilisationsentwurf; zugleich dehnt es seine Herrschaft auf die anatolische Steppe fern dem osmanischen Kosmopolitismus aus.

In einem Gespräch, das bei einem Sylvesterball im »Ankara Palas« stattfand, wurde über die Dualität zwischen Zivilisation und Populismus diskutiert. Damit sich die Revolution nicht von der Wirklichkeit entferne, wurde die »Hinwendung zum Volk« als einzige Lösung akzeptiert. Nur, was verstand man darunter? Jemand meinte, daß »hin zum Volk« bedeute, »das Volk zu sich heranziehen«, ein anderer dagegen, daß es eine »Wendung zum Volke hin« bedeute und der Bruch mit dem Volk eine Entfremdung nach sich ziehe. Die Romanheldin sagt: »Als ich eben die Treppen des Hotels hochstieg, verspürte ich einen seltsamen Schwindel. Es war mir bei jedem Treppenabsatz, als vergrößere sich der Graben zwischen mir und dem Volk mehr ... ich fühlte mich plötzlich in der Schwebe. Meine Füße waren vom Boden losgelöst. In diesem Augenblick kam mir der Menschenhaufen auf der Straße wirklicher vor als ich mir selbst. Der Grund, zu ihnen zurückkehren zu wollen, entsprang dem Wunsch, die verlorene Verbindung zur Realität wiederzufinden.«[38] Indem sich Yakup Kadris Heldin Selma mit dem Volk identifiziert, wird sie vor der Entfremdung gerettet; im Unabhängigkeitskrieg teilt sie als Krankenschwester die Leiden des Volkes, und sucht nach Möglichkeiten, dem Volke von neuem »nützlich« zu sein und wählt den Beruf der Lehrerin.

Die Frauen nehmen in Fortsetzung ihrer Mutterrolle im Lehrberuf oder als Krankenschwester am sozialen Leben teil und führen ein modernes Leben. Sie tun dies nicht nur für sich, für ihre »eigene kleine Welt«, sondern um ihrem Volk, ihrer Nation zu nützen. Der Erfolg der kemalistischen Reformen wird abhängen von der Stellung der Frau, davon, wie nah oder fern sie dem Volk ist, kurz: Auch der Kemalismus sucht die Synthese zwischen dem Zivilisationsentwurf und der nationalistischen Ideologie im neuen Frauenideal. So bereiten die neuen Frauentypen, die die Schriftstellerin Halide Edip Adıvar in ihren Werken schuf, die Identität der kemalistischen Frau vor. In ihren Schriften finden wir einerseits die Kritik an Frauen, die die Französinnen in Kleidung, Sprache und Verhalten nachahmen, die sich von den eigenen Traditionen entfernen, ihren Mann mit »bonjour« begrüßen, in Beyoğlu[39] Preise auf Französisch aushandeln, sich von ihrem Kind statt mit dem türkischen »anne« (Mutter) lieber mit »Mamma« anreden lassen.[40] Andererseits setzt die Schriftstellerin den Idealtypus der gebildeten, zwei, drei Sprachen beherrschenden Frau, die zum Nutzen der Nation arbeitet und am Leben der Gesellschaft teilnimmt, ein. Sie streift ihre Weiblichkeit ab und identifiziert sich mit der nationalen Sache. Diese neuen Frauen sind in Halide Edips Augen »das Gegenteil der Frauen, die der Schmuck des Hauses und das Objekt der Leidenschaft der Männer« waren. In dem Roman *Das neue Turan* sind sie Lehrerinnen, mit ernstem Charakter, sie erziehen Krankenschwestern, sind nützliche, fleißige Mitglieder der Gesellschaft, Mütter, Kameradinnen.[41]

Halide Edip hat, wie der Literaturkritiker Berna Moran (1921-1993) aufzeigt, ein neues Frauenideal geschaffen, indem sie in der Gesellschaft als gegensätzlich wahrgenommene Werte miteinander in Einklang brachte. »Den islamisch-osmanischen Traditionen entsprechend war die als Hausfrau erzogene, einfache und ungebildete Frau für die Intellektuellen die Verkörperung einer unterentwickelten Zivilisation. Für die Gegenseite wiederum war die verwestlichte, ›zeitgenössische‹ Frau entwurzelt, in ihren Werten verwirrt, und sie erweckte mit ihrem freizügigen Verhalten Argwohn. Die Heldinnen von Halide Edip antworten auf diesen Widerspruch mit einer Sehnsucht nach Aussöhnung. Denn sie sind sowohl den Werten der Verwestlichung als auch den nationalen Werten verbunden, gleichzeitig gebildet und frei, jedoch streng, was Moral und Sitten betrifft.«[42]

Das neue Frauenideal des Kemalismus nahm durch diese Art von Synthese Form an. Nur neigte sich Halide Edips Orient-Okzident-Synthese etwas mehr nach Osten, zur anatolischen Frau hin. Im Gegensatz zum kemalistischen kann man ihren Populismus auch als einen »den islamischen Traditionen nicht entgegengesetzten Populismus« bezeichnen. Sie verbindet die Religion mit der nationalen Kultur. Für Halide Edip bleibt die Religion nicht begrenzt auf Gottesdienst und Glaubenswelt, sie ist Bestandteil des täglichen Lebens und beeinflußt die Bräuche bis in feine Einzelheiten, sei es in bezug auf die Kleidung oder das Abendessen im Fastenmonat Ramadan, Geschenke zu religiösen Festen, Kinderspiele oder Arten der Vergnügung.[43] Halide Edip verteidigt sogar den Schleier als Symbol für die Verbundenheit mit dem Volk. Sie glaubt, wenn die Frau sich verschleiere, würde sie damit zum Interpreten der nationalen Gefühle des Volkes und seines islamischen Glaubens.[44] Der von den islamischen Traditionen nicht abstrahierte Populismus Halide Edips kann ein wenig als Mythos aus der nationalen Befreiungszeit (und auf diese begrenzt) angesehen werden.

Die kemalistischen Reformen hingegen zielten darauf ab, die Frau der Wirkung der Religion zu entziehen. Sie unterstützten sowohl ihre gesellschaftliche als auch ihre physische Sichtbarkeit. Fatih Rıfkı beschreibt dies in seinen Erinnerungen: »Wir wollten die Frau befreien. Dazu mußte sie zuerst den Schleier ablegen, es mußte der Harem abgeschafft werden. Eine der ersten Aktionen war die, in den Istanbuler Tramways und Schiffen die Vorhänge verschwinden zu lassen.«[45] Halide Edip hingegen ruft: »Was gehen euch unsere Schleier und Vorhänge an?« und schließt sich damit der Front gegen Ankara an.[46]

Die Modernisierungsbewegung wurde trotz der lokalen »nationalen« oder auch »religiösen« Sitten und Bräuche zum Motor der Veränderung. Als der Befreiungskampf schon Vergangenheit war, trat anstelle des Slogans vom Einswerden mit dem Volk der von der Modernisierung des Volkes durch Erziehung.

2. Der kemalistische Feminismus: öffentliche Sichtbarkeit und die gesellschaftliche Fiktion von der Gleichheit

Mit seinem Konzept der Zivilisationsveränderung ermöglichte der Kemalismus den Frauen öffentliche Sichtbarkeit. Oder umgekehrt ausgedrückt ist das Auftreten der Frau in der Öffentlichkeit, ihr dortiges Sichtbarwerden ein Zeichen für den Wandel der Zivilisation. Das Aufbrechen der privaten Sphäre durch die Frau, das Niederreißen der Mauern zwischen den Geschlechtern zeigt, daß der vom Islam geordnete Lebensbereich unter den Einfluß der westlichen Werte geraten ist. Dieser Einfluß entspringt weniger einer aus sich selbst entstandenen Bewegung, als vielmehr der kemalistischen Ideologie und der staatlichen Energie, die diese Reformen durchsetzte.

Die osmanische Tradition, per Dekret die Kleidung der Frau und ihre Bewegungsmöglichkeit im städtischen Bereich zu regeln, setzte sich in der Republikszeit in den kemalistischen Reformen fort.[47] Seit dem 16. Jahrhundert war es den Frauen beispielsweise untersagt, Boot zu fahren, sich in einen Puddingladen zu setzen, sich mit dem Wagen zu einem Vergnügungsort ins Freie zu begeben, ein dünnes Straßenkleid zu tragen, und all dies wurde streng kontrolliert. Vor allem im Fastenmonat Ramadan sollten sich die Frauen tadellos verhalten, insbesondere auf ihre Kleidung achten, um die Gebote der Nichtsichtbarkeit einzuhalten. Sie wurden gewarnt, sich nicht in unerlaubter Weise zu kleiden, sich nicht falsch zu benehmen und nicht mit unpassenden Personen auf die Straße zu gehen. Die Meldung, daß »an den Ausflugsorten am Bosporus, in Istanbul und Üsküdar Männer und Frauen zusammensitzen, und sich dabei sittenwidrig verhalten«, führte dazu, daß das Picknicken streng reglementiert wurde, wobei die Orte und Tage für Männer und Frauen getrennt festgesetzt wurden.[48] Hier sei ein Gesetz aus dem 18. Jahrhundert zitiert, das den Frauen verbot, der Mode zu folgen: »Ungezogene Weiber haben angefangen, auf den Straßen herausgeputzt spazierenzugehen, um das Volk zu verderben ..., indem sie ungläubige Frauen nachahmen und ihren Kopfbedeckungen seltsame Formen geben ... Es gibt sogar solche, die sich nicht fürchten, die Sittsamkeit zu verletzen, in den verschiedensten schamlosen Kleidern herumzulaufen, deren schlechtes Beispiel noch dazu beiträgt, die Tugendhaftigkeit auch bisher braver Frauen zu verderben ... Diese unübliche Bekleidung ist verboten. Die Frauen dürfen von nun ab nicht mehr in Mänteln mit großem Kragen auf die Straße, sie dürfen den Kopf nicht mit größeren als dreibahnigen Tüchern bedecken ... sonst werden diese Kragen sofort öffentlich abgeschnitten und diejenigen, die widersprechen ... werden in die Provinz verbannt!«[49]

Die Sichtbarkeit der Frau außerhalb ihrer verschlossenen Welt, die Tatsache, daß sie sich den Blicken der Männer aussetzen kann, wird in den Gesellschaften mit islamischer Kultur als Bedrohung der etablierten Ordnung, als Grund zur »Zwietracht« wahrgenommen. Wie Fatima

Mernissi behauptet, ist die gesellschaftliche Eintracht nur durch die Kontrolle der Geschlechtlichkeit der Frau und ihre »Verschleierung« zu erreichen.[50] Die gesellschaftliche Ordnung identifiziert sich mit der Tugend der Frau, einer Tugend, die von der Unberührbarkeit bis zur Unsichtbarkeit reicht. In den islamischen Gesellschaften sind die Beziehungen zwischen der politischen Herrschaft und dem Herrschaftsverhältnis zwischen den Geschlechtern eng miteinander verknüpft. Es läßt sich sogar sagen, daß im islamischen System viel mehr Verbote gegen das Zusammensein von Mann und Frau existieren als Beschneidungen der Rechte der Frau. Die kemalistischen Reformen hingegen zielten auf die Veränderung des gesellschaftlichen Systems ab, das auf der Isolierung der Frau beruhte. In zahlreichen Analysen, besonders in marxistischen Interpretationen, wird behauptet, die kemalistische Bewegung beschränke sich auf oberflächliche Veränderungen des Überbaus, die die ökonomischen Produktionsverhältnisse nicht tangierten. Der Kemalismus ist vielleicht die erste Bewegung in der Welt, die mit staatlichem Willen auf einen Zivilisationswandel abzielt. Dem Magnetfeld des westlichen Kulturmodells setzte er eher den privaten Lebensbereich als den politischen Bereich, die kollektive Identität und die Einschätzung des Verhältnises der Geschlechter aus. Er nahm den am tiefsten wurzelnden Unterschied zwischen der Welt des islamischen Orients und der modernen westlichen Welt ins Visier, nämlich die gesellschaftliche Isolierung der Frau. Die Sichtbarwerdung der Frau wird zum Zeichen des Zivilisationswandels.

Von der Grundschule angefangen werden seit der Einführung der Republik Mädchen und Jungen gemeinsam unterrichtet. Bis in die letzten Jahre gab es in der Türkei lediglich an einigen europäischen und amerikanischen Schulen getrennte Erziehung. Die Frauen werden für einen Beruf ausgebildet, sie erhalten politische Rechte, sie werden von Schleiern und Umhängen befreit und für alle öffentlich sichtbar. Mit Muhaddere Taşçıoğlu können wir verfolgen, wie sich das wichtigste Symbol der Geschlechtertrennung »vom Gesichtsschleier zum Turban, von diesem zum Hut verändert«: »Der Hut wurde nicht sofort akzeptiert. An seine Stelle trat einige Zeit der Zipfel des Umhangs als Kopfbedeckung. Das zuerst unterm Kinn gebundene Kopftuch hat dann später den ganzen Kopf eingehüllt und wird heute als *türban* streng geschlungen und mit Nadeln festgehalten. Der Gesichtsschleier (*peçe*) wurde anfänglich noch mit diesen umgewickelten Tüchern zusammen benutzt, verschwand aber langsam, um nach 1930 dem Hut Platz zu machen. Der *türban* ist also ein Übergang vom Schleier zum Hut«.[51]

Der Kemalismus ermutigte die Sichtbarkeit der Frau, sei es körperlich (durch die Abschaffung des Schleiers), städtisch und öffentlich (durch das Zusammensein der Geschlechter), oder als Staatsbürgerin (durch die Erteilung gleicher politischer Rechte). Er hat dies legalisiert und dafür die juristische Basis geschaffen: das neue türkische Zivilrecht.

3. Das Zivilrecht: Vektor der Zivilisationsbewegung

Mit diesem Gesetz wurde sowohl das laizistische Prinzip, d.h. die Unterordnung der Beziehungen zwischen Männern und Frauen unter ein modernes Rechtssystem anstelle der Scharia, als auch das Prinzip der Gleichheit zwischen den Geschlechtern klar umrissen.

Im Hinblick auf den Versuch, das islamische Familienrecht in die Hand zu bekommen, das in den muslimischen Ländern den größten Widerstand gegen die Verwestlichung leistete, ist die kemalistische Reform in ihrer Art unvergleichlich.[52]

Die Institution der Familie, die in der osmanischen Zeit den religiösen Geboten der Scharia unterworfen war, befand sich im Brennpunkt der Auseinandersetzungen um die Verwestlichung. In der Tanzimatszeit begann eine juristische Neuordnung, die laizistischen Grundsätzen entsprechend vorbereitet wurde. Nur war sie zunächst auf das Schuld-, Handels- und Vertragsrecht begrenzt. Familien- und Erbrecht, die sich mit Privatrechtlichem beschäftigen, verblieben unter der Kontrolle des islamischen Rechts.

Im Gegensatz zum Modernisierungsprozeß des Westens, in dem sich die Veränderung auf die Beziehungen zwischen Staat und Kirche konzentrierte, schöpfte nach Niyazi Berkes die Modernisierung in den muslimischen Ländern dadurch ihre Stoßkraft, daß das islamische Zivilrecht in einen modernen, laizistischen Gesetzeskorpus umgewandelt wurde.[53] Der Kemalismus glaubte wie die westlich orientierten Osmanen an die Einzigartigkeit und Ganzheit der Zivilisation. Er zog diese Auffassung dem von den türkischen Nationalisten verteidigten kulturellen Athentizitätsbegriff vor. Die Auseinandersetzungen um das »Zivilrecht« sind ein gutes Beispiel dafür, daß der Kemalismus sich gegenüber der Ideologie des Nationalismus immer stärker auf die Seite der Zivilisierung und Verwestlichung stellte. Das bedingungslose Eintreten für die westliche Zivilisation zeigt sich selbst in der Art und Weise, in der das neue Zivilrecht in Kraft gesetzt wurde.

1923 gründete man eine Kommission, die die neue Gesetzgebung vorbereiten sollte.[54] Aber in dieser Kommission waren die türkisch-nationalistischen Vorstellungen von Ziya Gökalp vorherrschend. Man hielt deswegen die vollständige Übernahme der betreffenden Gesetze eines fremden Landes, konkret der Schweiz, nicht für richtig. Denn die türkischen Nationalisten hielten die Modernisierung nur dann für möglich, wenn sie sich auf den eigenen kulturellen Bräuchen und Sitten aufbaute. Der Vorsitzende dieser Kommission, gleichzeitig Justizminister, Seyit Bey, äußerte sich offen darüber: »Ob westlich, ob östlich – es gibt für alle Juristen einen verbindenden, gemeinsamen Grundsatz: Die Gesetze eines Landes sind das Produkt seiner Sitten und Bräuche, und sie können nur durch die Evolution derselben geändert werden.« Schließlich begann die Kommission, sich den bestehenden Bräuchen anzupassen und entsprechende Gesetze vorzubereiten. Der dabei entstandene Entwurf blieb im Ganzen der Scharia treu. Dennoch gab es einige Veränderungen: So wurde im Gegensatz zum osmanischen Zivilrecht zwischen Muslimen und Andersgläubigen nicht mehr unterschieden, und das bisher als Stützpfeiler des Rechts akzeptierte islamische Dogma wurde zurückgewiesen.

Der neue Entwurf verbietet zwar die Polygamie nicht, erinnert aber gleichzeitig daran, daß dem Koran nach kein Zwang zur Polygamie bestehe. Man zählte gleichzeitig auch einige gesellschaftliche Vorteile dieser Einrichtung auf: Die Polygamie verhindere die Prostitution, sie wird sogar angesichts des Frauenüberschusses in der Gesellschaft nach den aufeinander erfolgten Kriegen als bevölkerungspolitische Lösung angesehen.

Dieser Gesetzentwurf fand nicht viele Befürworter. Er verursachte den erneuten Ausbruch der Auseinandersetzungen zwischen Nationalisten, westlich Orientierten und Islamisten. Letztere behaupteten, daß er der Scharia Schaden zufüge, den Nationalisten blieb er hingegen viel zu sehr der Scharia verbunden. Sie waren der Überzeugung, daß der Gesetzentwurf weniger nach positivistisch-juristischen Gesichtspunkten als nach »religiös-ideologischen« vorbereitet worden war. Die westlich Orientierten, zu denen Mustafa Kemal zählte, sahen in diesem Gesetzentwurf ihre Modernisierungserwartungen ebenfalls nicht befriedigt. So wie es für sie nur eine Zivilisation gab, konnte es auch nur ein Zivilrecht geben: das des Westens.

Es sei insbesondere darauf hingewiesen, daß Frauen öffentlich und in Gruppen organisiert an diesen Debatten teilnahmen. Auf den Aufruf von Frauenverbänden hin kam im Januar 1924 eine große Gruppe von Frauen zusammen, um über das neue Familienrecht zu diskutieren. Man kritisierte das »dominante« Verhalten der Männer und verhandelte über die Notwendigkeit, sich zu organisieren, um die Rechte der Frauen besser verteidigen zu können. Es wurde eine Kommission gegründet, die das Familienrecht genauer untersuchen sollte. Da diese Versammlungen unter Ausschluß der Männer stattfanden, wurden sie von der Presse angegriffen: »Istanbulerinnen, die von Teeparty zu Teeparty rennen und der Mode verfallen sind, können die verschleierten türkischen Bäuerinnen, die die ganze Last des Landes auf ihren Schultern tragen, nicht vertreten.« Außerdem hätten die Frauen, wie die Zeitung *Vatan* (Vaterland) unterstellte, nicht auf ihren eigenen Wunsch hin, sondern auf den ihrer Männer oder Väter, an diesen Versammlungen teilgenommen, was Halide Edip veranlaßte zu bekräftigen, daß die Frauen in vollem Bewußtsein um diese Gesetze, in denen über ihre Zukunft bestimmt würde, kämpften. In ihrer Antwort auf die Angriffe der Journalisten, die diese Versammlungen einfach ignorierten und sie als »weiter nichts als eine Art unnötigen Aufstand der Frauen gegen die Männer« bezeichneten, verteidigte Halide Edip die Aktionen der Frauen und die diesen Versammlungen innewohnenden Qualitäten. Man habe die die Familie betreffenden Teile des Gesetzentwurfs nach eigenen Gesichtspunkten begutachtet. Die Kritik erfolge nicht seitens ausgebildeter Juristinnen, sondern durch Frauen, die von täglichen und persönlichen Erfahrungen ausgehend gegen die ihnen zugemuteten Leiden rebellierten. Halide Edip sah in der begeisterten und leidenschaftlichen Ausdrucksweise, mit der die Frauen den Widerstand der Männer brachen und die Ordnung ins Wanken brachten, die Anzeichen eines Aufstands, der zu großen gesellschaftlichen Fortschritten führen werde. Damit übernahm sie, sowohl der Form nach als auch in den Zielen, die Rolle der Sprecherin einer freien Frauenbewegung.

Die Wiederaufnahme der Arbeiten für das neue Zivilrecht erfolgte erst zwei Jahre später, nach der Abschaffung des Kalifats im Jahre 1924. Auf Wunsch Mustafa Kemals bildete der Justizminister Mahmut Esat Bey, der in der Schweiz Jura studiert hatte, 1925 eine neue, sechsundzwanzigköpfige Kommission, bestehend aus Juristen und Universitätsprofessoren. Diese Kommission wurde beauftragt, das Schweizerische Zivilrecht, ohne Verletzung seines Kerns, ins Türkische zu übertragen. Tatsächlich wurde am 17. Februar 1926 das von der Schweiz übernommene und kaum veränderte Zivilrecht dem Parlament vorgelegt und in einer einzigen Sitzung ohne Aussprache angenommen.

Die Opposition beharrte aber darauf, daß zwischen den neuen Gesetzen und den Bräuchen und Gewohnheiten der Nation ein Bruch entstanden sei. Die Anhänger der Reform hielten dem entgegen, daß zwischen den Bedürfnissen von Nationen, die zur selben Zivilisation gehörten, kein Unterschied bestehen könne.

Es ist notwendig, die Beziehung zwischen Gesetzgebung und Modernisierung zu erkennen, um das türkische Experiment zu verstehen. In den westlichen Ländern wurden Gesetze erlassen, um den Kulturwandel und gesellschaftliche Übereinkünfte zu institutionalisieren. In der Türkei hingegen hatten sie die Aufgabe, den Prozeß der Modernisierung genau zu bestimmen und den Kulturwandel zu beschleunigen. Während sie im Westen zwischen den gesellschaftlichen Kräften vermittelten und ihre einigende Aufgabe erfüllten, sind sie in der Türkei treibende Kraft des gesellschaftlichen Wandels, dessen Richtung sie bestimmen. Die Absicht des Zivilrechts ist nicht die Übertragung von Sitten und Gebräuchen, sondern deren Überwindung, indem es eine Familienstruktur einführt, die ausschließlich den Prinzipien der Modernität folgt. Mit anderen Worten funktioniert das neue Zivilrecht als Vektor, als richtungweisende Kompaßnadel der Zivilisierung, die die Notwendigkeit der Richtungsänderung von Sitten und Bräuchen aufzeigt, die bisher die Beziehungen zwischen Mann und Frau festschrieben. In einer islamischen Gesellschaft, die auf dem Unterschied zwischen den Geschlechtern und ihren hierarchischen Beziehungen beruht, kommt plötzlich ein Zivilrecht in Anwendung, das nach dem Gleichheitsprinzip der westlichen Kultur geformt ist.[55]

Das Gleichheitsprinzip, das das gesellschaftliche Vorstellungsvermögen des Westens bestimmt, ist das dem Fortschrittsideal zugrundeliegende Prinzip. Man könnte die Modernität auch dadurch definieren, daß sie ständig neue Bereiche der Gesellschaft dem Gleichheitsprinzip unterwirft: Die Gleichheit der Bürger vor dem Gesetz (französische Revolution), die Gleichheit aller Rassen (Aufhebung der Sklaverei), die Gleichheit zwischen den Völkern (Bewegungen gegen die Ausbeutung des Imperialismus), Gleichheit der Leistung (Gewerkschaftsbewegungen und Sozialismus) und zuletzt Gleichheit zwischen den Geschlechtern (Frauenbewegung) zeichnen den Entwicklungsverlauf der westlichen Gesellschaften nach. Allein die Existenz des Gleichheitsprinzips in der Vorstellungswelt der westlichen Gesellschaft bedeutet nicht, daß in Wirklichkeit echte Gleichheit besteht. Es zeigt uns nur die Richtung an, in der die gesellschaftliche Veränderung verläuft. Mittels des Gleichheitsprinzips versucht die westliche Gesellschaft die eigene kollektive Identität zu definieren und sich selbst zu übertreffen. Das Gleichheitsprinzip ist so etwas wie eine Leidenschaft der westlichen Gesellschaft. Die muslimischen Gesellschaften hingegen beruhen auf den Unterschieden zwischen den Geschlechtern, auf dem Geflecht hierarchischer und vertikal ausgerichteter Beziehungen. In der Aufpfropfung der Gleichheit, die in der Türkei mit der Aufnahme des Schweizerischen Zivilrechts in bezug auf die Beziehungen zwischen den Geschlechtern erzielt werden sollte, manifestiert sich der Zivilisationswandel in der gesellschaftlichen Vorstellung.

4. Kemalistische Väter und moderne Töchter

Während der Republikzeit übernahmen die Väter und ihre Töchter die Vermittlung der Gleichheitsutopie. Die »stillschweigende Übereinstimmung« zwischen den Mustertöchtern, die den kemalistischen Zivilisationsidealen entsprechend erzogen wurden, und ihren fortschrittlich gesinnten Vätern bestimmte die Teilnahme der Frauen am öffentlichen Leben.[56] Unter der Patronage der Väter übernahmen die Frauen der Republik die ihnen zugedachte Zivilisationsmission, vor allem unter der Patronage Mustafa Kemal Atatürks – der bezeichnenderweise »Vater aller Türken« (denn das bedeutet Atatürk) genannt wurde.[57] Die Teilnahme der Frauen am gesellschaftlichen Leben bedingte nicht nur Erziehung, Berufsausbildung und -ausübung, sondern auch freie Bewegungsmöglichkeiten in öffentlichen Räumen im städtischen Bereich. Als die erste türkische Juristin, Süreyya Ağaoğlu, mit ihren Freundinnen und mit Erlaubnis der Väter zum ersten Mal zum Mittagessen in ein nur von Abgeordneten besuchtes Lokal in Ankara ging, waren alle Männer verblüfft. Sie erzählt, wie Atatürk, als ein Gerede anfing, sich persönlich einmischte und die Frauen mit den Anwesenden bekannt machte, wodurch er ihnen den Aufenthalt im Lokal erleichterte.[58]

Die »kemalistische Männerpsyche«[59], die den Idealen der jungen Republik entsprechend Mustertöchter erziehen wollte, spielte für die Teilnahme der Frauen am öffentlichen Leben keine behindernde, sondern im Gegenteil eine fördernde Rolle. Betrachtet man die Erfahrungen anderer, vor allem entwickelter Länder mit der Gleichberechtigung der Geschlechter, so sieht man, daß auf dem Gebiet der Erziehung, der Arbeit und der Politik aller Bemühungen zum Trotz die sexuelle Diskriminierung der Frau als Hindernis auftauchte. Wie Yeşim Arat am Beispiel türkischer Politikerinnen aufzeigen konnte, haben hingegen bis heute diese Frauen in der Türkei nur »mit männlicher Unterstützung« – genauer: mit der ihrer Väter und Ehemänner – den Weg in die Öffentlichkeit gefunden.[60] Obwohl im türkischen Parlament die Zahl der Parlamentarierinnen zu keiner Zeit mehr als 4,5% betrug, erhielten die Türkinnen 1934 schon vor den Französinnen mit dem passiven und aktiven Wahlrecht ihre politischen Rechte, worauf die auf Fortschritt und Zivilisation abzielende kemalistische Bewegung besonders stolz war. Das Auftreten der Frauen auf der politischen Bühne hat das kemalistische Zivilisationsprojekt in ganz direkter Weise gestärkt. Die Frauen, denen diese Mission übertragen wurde, erkannten die Ursache ihrer Privilegierung. Die Professorin Hamide Topçuoğlu spricht dies in ihren Erinnerungen offen aus: »Wir waren wirklich Privilegierte. In unserer kleinen Welt eine ›Studentin‹ zu sein, verschaffte uns viel Ansehen. Alle Erwachsenen bezeugten uns ihre Achtung, die sie den männlichen Studenten in dieser Art nicht erwiesen. Wir waren die Avantgarde der Republik, und unser Ziel war die uneingeschränkte Teilnahme der Frauen am öffentlichen Leben, an den sozialen Beziehungen, und zwar mit vollem Recht und in persönlicher Freiheit.«[61]

Die Identität der kemalistischen Frau ist nicht nur das Bild von der Studentin geprägt, sondern vor allem durch das der berufstätigen Frau. Arbeiten galt als eine Pflicht für die Frau. »Wir haben die Tatsache, einen

Beruf zu besitzen, umgedeutet: Nicht nur zum Geldverdienen, sondern um nützlich sein zu können, zu dienen, Erfolg aufzuweisen!«[62]

Das Gespann »kemalistischer Vater« und »Mustertochter« hat das Ideal der Gleichheit zwischen den Geschlechtern und das Auftreten der Frau in der Öffentlichkeit in die gesellschaftliche Vorstellungswelt eingebracht. Der Weg jedoch, der zur gesellschaftlichen Integration der Frau führt und der erst durch den Wunsch, die Erlaubnis und die Unterstützung, kurz gesagt: die Kontrolle der Männer ermöglicht wird, wurde nur um den Preis der Unterdrückung der individuellen und geschlechtlichen Identität der Frau verwirklicht.

5. Emanzipation und Weiblichkeit

Der Gewinn einer neuen gesellschaftlichen Identität der Frauen außerhalb des Hauses geht also einher mit der Neutralisierung ihrer geschlechtlichen Identität. Besonders dem von Simone de Beauvoir vertretenen Konzept eines gleichberechtigten, liberalen Feminismus zufolge war die Befreiung der Frau gleichbedeutend mit ihrer Rettung aus der durch ihre Weiblichkeit, ihre Natur bedingten Sklaverei. Durch ihren Übergang aus dem privaten Familienbereich in die öffentliche Arbeitswelt sprengt die Frau die Grenzen ihrer Weiblichkeit, wird Mensch.[63] Der kemalistische Feminismus wird in ähnlicher Weise die Identität der Frau mit dem Motto »Auch die Frau ist ein menschliches Wesen« festlegen; er wird mit der Teilnahme der Frauen am Arbeitsleben auch die Beteiligung am öffentlichen Leben verteidigen. Nur hatte der voranschreitende kemalistische Feminismus in dieser muslimischen Gesellschaft, in der die Frauen plötzlich sichtbar wurden und öffentlich mit Männern zusammentrafen, zu beweisen, daß diese Frauen den Anstand nicht verletzen würden und unerreichbar, unantastbar seien, das heißt: die gesellschaftliche Sitte und Moral nicht bedrohten.

In einer Gesellschaft, in der die Emanzipation der Frau nicht mit ihrer Tugend vereinbar schien, wächst die Emanzipation nicht aus sich selbst. So erschien in der Zeitung *Akşam* (Der Abend) 1926 als Reaktion auf das Inkrafttreten des Zivilrechts eine Karikatur, die das gut auf den Punkt bringt: Eine emanzipierte Türkin, die einen Ballon besteigt und als Ballast »Tugend, Ehre und Scham« abwirft.[64]

Der Eintritt der Frau in das öffentliche Leben erlangte nur Legitimität durch eine übertriebene Aufwertung des Ansehens der Frau, durch übertriebene Achtungsbezeugungen ihr gegenüber. Die studierte, berufstätige Frau gewann durch die idealisierenden Werte der kemalistischen Reform eine besondere Stellung. Nur wurde ihr dabei so sehr ihre Geschlechtlichkeit abgesprochen, daß ihr beinahe eine männliche Identität aufoktroyiert wurde.[65] Anders ausgedrückt hat die kemalistische Frau zwar den Gesichtsschleier und den Umhang (*Tschador*, türkisch: *çarşaf*) abgelegt, dafür aber ihre Geschlechtlichkeit »verhüllt«, in der Öffentlichkeit sich selbst eingepanzert, sich »unberührbar«, »unerreichbar« gemacht.[66]

Das Auftreten der Frau in der Öffentlichkeit konnte von der Gesellschaft in gewisser Hinsicht nur als Fortsetzung und Erweiterung der Mutterrolle akzeptiert werden. Und in ähnlicher Weise sind die Beziehungen zwischen Mann und Frau durch die von den Verwandtschaftsbeziehungen festgelegten Tabus gekennzeichnet. Auch heute noch werden Anreden wie »Schwester«, »Tante«, »Mutter« gegenüber fremden Frauen häufig gebraucht, weil man sich nur eine schwesterliche, mütterliche oder verwandtschaftliche Beziehung zu Frauen vorstellen kann. Diese Bezeichnungen sind Ausdruck des Verbots, geschlechtliche Beziehungen einzugehen, und sollen dazu beitragen die Kraft der Verführung zwischen Mann und Frau in »anonymen« Beziehungen »unter Fremden« zu begrenzen, indem sie die Tabus aus dem familiären Bereich in den öffentlichen Raum übertragen. Ob im städtischen Raum, im öffentlichen Bereich der Erziehung, bei der Arbeit, in der Politik – der Preis für diese neu gewonnene Bewegungsfreiheit der Frau ist ihre als Bedrohung der gesellschaftlichen Ordnung wahrgenommene »Weiblichkeit«, ja, sie ist sogar die Unterdrückung ihrer Individualität.

So definiert Halide Edip in ihrem Roman *Das neue Turan* den neuen Frauentyp als den der Frau, die »die moralische und soziale Umwälzung vollzog, Achtung erwarb, nicht mehr nur für ein Lustobjekt oder als Maschine gehalten wird, sondern den Männern ein sauberer, fleißiger Kamerad, den Kindern und dem ganzen Land eine Mutter, eine Erzieherin ist«.

Der Frau ist eine Mission auferlegt, bei der ihre Verführungskünste als Frau keine Rolle spielen. »In ihrem Blick war nichts, was an Geschlecht, ob Mann oder Frau, denken ließ. Weiblichkeit wird mit Attributen wie ›ernst, gütig, zärtlich‹ definiert, die vor allem an die Mütterlichkeit erinnern.«[67] Der Typus der Lehrerin paßt genau in diese Beschreibung und verkörpert das kemalistische Frauenideal am besten. Denn die Erzieherin hat einen Beruf, ist fern von jeglichem »Egoismus« oder »Individualismus«; sie legitimiert ihre nationale Mission durch ihr Pflichtgefühl und durch Eigenschaften wie Ernst, Würde, Bescheidenheit, Einfachheit – alles Tugenden, die den Gedanken, daß die Frau auch ein Geschlecht hat, nicht aufkommen lassen. Diese quasi uniformierten Frauen in Kostüm, mit kurzem Haar und nur dezent geschminkt, sind in der Fortsetzung ihrer Mutterrolle erzieherisch und zärtlich und zugleich Soldatinnen im kemalistischen Zivilisationsprojekt. Abgesehen von ihrer Kämpferrolle und ihrer Gebärfähigkeit wird ihnen als Individuum keine eigene »Sexualität« zuerkannt.

Der Roman von Adalet Ağaoğlu *Sich sterben legen* (Ölmeye Yatmak) handelt von einer Frau, die ihre sexuelle Identität und ihre Individualität tastend sucht und dies reflektiert. Wie Hilmi Yavuz zeigt, verkörpert die Romanheldin Aysel sehr gut das Dilemma zwischen der Emanzipation der intellektuellen Frau der Republik und ihrer Weiblichkeit.[68] Auf der Ebene der Familie herrschen traditionelle Werte vor; im Bewußtsein der Romanheldin, die erst durch ihre Ausbildung die westliche Republik-Ideologie kennengelernt hat, spiegelt sich der Widerspruch zwischen »Frau sein« oder »Intellektuelle sein« wider.[69] Um diesem Zwiespalt zu entrinnen, findet sie den Ausweg, ihre Weiblichkeit abzustreifen und sich zu emanzipieren, das heißt, intellektuell zu werden. Aber diese Existenz einer Intellektuellen reicht nicht aus. Die unterdrückte Weiblichkeit offenbart sich manchmal vor den Augen anderer, gelegentlich in den eigenen Wünschen. Nur mit einem Studenten, dem sie sich als intellektuell überlegen empfindet, kann sie eine Beziehung eingehen, ihren Körper bewußt erleben, ihre Weiblichkeit entdecken: »Lange Jahre hatte ich vergessen, daß ich einen weiblichen Körper habe, sogar wenn ich sexuell mit meinem Mann zusammen war, war mein Kopf voller Gedanken, und ich mußte mich anstrengen, diesen Kopf, diesen Hals, diese Arme und Beine als wirklich zu empfinden.« Aber die Schriftstellerin läßt die Heldin nicht frei werden, nachdem sie ihre Weiblichkeit entdeckt hat; sie wählt den Freitod auf der Scheidelinie zwischen »Beischlaf« und »Todesschlaf«.[70]

Nach Şirin Tekeli führte der »Staatsfeminismus« zu einer »schizophrenen Identität«. Die Frauen der ersten Republikjahre hätten ihr Leben auf Kosten ihrer eigenen persönlichen Wünsche im Rahmen des ihnen vom Staate eingeimpften Pflichtgefühls und der nationalen Ideale begriffen.[71] Man begann, die Identität der auf der Basis von nationalistischen Idealen geschaffenen kemalistischen Frau aus feministischer Perspektive zu hinterfragen.[72] Besonders seit den 80er Jahren kann man von einer »autonomen« feministischen Bewegung in der Türkei sprechen. Nükhet Sirman stellt fest, daß die Frauen die politische Bühne betreten hätten, indem sie sich entweder dem kemalistischen Etatismus, der revolutionären Linken oder der traditionellen islamistischen Ideologie anschlossen, daß aber die Frauenbewegung erst dann wirksamer würde, wenn sie sich von diesen politischen Strömungen und Ideologien befreien würde.[73]

6. Feminismus heute

Der Feminismus heute hinterfragt nicht nur die kemalistische Ideologie, sondern auch sein enges Verhältnis zu linken Ideologien. In Schriften feministischer Sozialwissenschaftlerinnen wird sogar behauptet, die linke Ideologie unterdrücke die Geschlechtsidentität der Frau im gleichen Maße wie der Kemalismus. Der Feminismus werde von den Linken als »bourgeoise Abweichung« verurteilt und halte die Frau damit in ihren traditionellen Rollen gefangen.[74] Da die linke Bewegung, wie Fatmagül Berktay zeigt, die die Gefahr der »Verbürgerlichung« bei der Frau höher einschätzt, versucht auch sie Kleidung, Sitten und Verhalten der Frauen zu kontrollieren, damit sie nicht von der revolutionären Linie abweiche. So wie die Einheit und Ganzheit der muslimischen Gemeinde von der Kontrolle der Sitten der Frau abhängt, so schützt sich die linke Bewegung vor einer Frau, die jeden Moment vom »rechten« Weg abweichen kann. In der Tat zeigt die klischeehafte Anrede »Schwester«, daß sie als Frau in ihrer Geschlechtlichkeit und Persönlichkeit auch in der linken Bewegung unterdrückt und nur als »Kameradin« akzeptiert wird. Hält man sich vor Augen, daß auch die islamistische Ideologie die Frau in erster Linie als Verführerin des Mannes sieht und fürchtet, tritt die Ähnlichkeit zwischen linker und islamistischer Haltung ganz offen zutage.[75] Hinterfragt werden vom Feminismus heute die im Namen des Kemalismus, linker Ideologien und, wie wir noch sehen werden, islamistischer Ideologien unterdrückte Geschlechtlichkeit und Individualität der Frau sowie – als Kernproblem – die Machtverhältnisse zwischen Mann und Frau.

Seit den achtziger Jahren werden wir Zeugen, wie vor allem in Romanen, Zeitschriften und Filmen Individualität und Sexualität der Frau offen thematisiert werden. Seien es die Filme von Atıf Yılmaz, die die städtische Frau zum Thema haben, sei es die Zeitschrift *Kadınca* (Fraulich), oder seien es die Bücher von Duygu Asena – sie alle bringen außer der Rolle der Frau als Mutter und Ehefrau ihre Individualität dadurch zum Ausdruck, daß sie die Frauen ihre Sexualität entdecken lassen. Man ist bemüht, die Forderung nach Gleichheit zwischen Mann und Frau auch auf den privaten Bereich, auf Innenwelten zu übertragen. In ihrem Buch *Die Frau hat keinen Namen* (Kadının Adı Yok) kämpft Duygu Asena vor allem darum, daß die Frau Anspruch erhebt auf ihre eigene Sexualität und ihr Begehren, mit anderen Worten: Das »Tabu der Achtung«, das der Frau auferlegt worden war, wird gebrochen. Diese Hochachtung der Frau gegenüber, die darauf beruhte, daß sie ihre Weiblichkeit verbarg, wird zerstört, indem die geheimsten Wünsche der Frau, ihre sexuelle Identität furchtlos angesprochen werden. Dies wird im Namen der eigenen Persönlichkeit zu erreichen versucht, als ganz individuelles Anliegen, nicht »für andere« – mit der Absicht, sich an den Männern zu rächen.

Im politischen Leben beobachten wir die allmähliche »Politisierung des Geschlechts«[76] – die feministische Bewegung, Frauen als Ministerinnen, als Bürgermeisterinnen, die Einführung einer Frauenquote bei der Sozialdemokratischen Volkspartei (SHP) – alles Erscheinungen, die die Präsenz der Frau als gesellschaftliche Akteurin bestätigen. Mit dem verstärkten Erscheinen der islamistischen Bewegungen im politischen Alltag der Zeit nach 1980 taucht die Frauenfrage von neuem als Entscheidungskriterium für gesellschaftliche Streitfragen wie Okzident versus Orient, fortschrittlich versus reaktionär, Laizismus versus Scharia auf. Die Art und Weise, wie darin die Frauenfrage zur Achse der politischen Polaritäten wird, erinnert an die Auseinandersetzungen in der Tanzimatszeit. Nicht mehr allein der Status der Frau ist allein politisches Streitobjekt, sondern die Frau selbst, die den Rang eines politischen Subjekts zu erlangen versucht. Erst das feministische Bewußtsein, das die Frauen zwang, ihre besondere Identität zu bestimmen, die Herrschaftsbeziehungen zwischen Mann und Frau genau zu untersuchen, ermöglichte der Frau als gesellschaftlicher Akteurin den Weg in die Öffentlichkeit. Bedrohen die in den letzten fünfzehn Jahren auf der politischen Tagesordnung stehenden islamistischen Frauenbewegungen mit ihren strengen Kopftüchern diese Errungenschaften? Beabsichtigt die islamistische Bewegung tatsächlich, gegenüber einer immer mehr vom Prinzip der Gleichheit und von Liberalität durchdrungenen sozialen Struktur durch Hierarchisierung der Beziehungen, vor allem zwischen den Geschlechtern, wieder ein totalitäres islamisches System zu errichten, in dem die Kontrolle der Frauen der Kontrolle über die gesamte Gesellschaft gleichkommt? Diesen Fragen wollen wir im folgenden auf der Spur bleiben.

III. Die Verschleierung: Das Symbol der Islamisierung

Seit den 70er Jahren wird in allen islamischen Ländern die politische Forderung laut, daß sich die Frau wieder verschleiern muß. Diese Forderung impliziert eine fundamentale Kritik der in diesen Ländern unternommenen Modernisierungsversuche. Zwischen den aufstrebenden islamistischen Bewegungen und den modernistischen Eliten wurde die gesellschaftliche und rechtliche Stellung der Frau zu einer politischen Streitfrage. Mit anderen Worten: Die Frau wurde zur Fahne des sich politisierenden Islam.

Die iranische Revolution hat die Beziehung zwischen der verschleierten Frau und dem an die Scharia gebundenen Islam zweifellos verstärkt. Die militanten Frauen im schwarzen Tschador waren es, die sich im revolutionären Aufstand der Massen in das Gedächtnis der westlichen Welt eingruben. Die islamische Revolution, die den verschleierten Körper der Frau auf die politische Bühne brachte, verwandelte den stärksten Unterschied zwischen der westlichen Welt und ihrer eigenen in ein politisches Symbol des Aufstands.

Im Gegensatz zur französischen, bürgerlichen Revolution oder den auf marxistischer Ideologie erfolgten Revolutionen – also anstelle von an der Rationalität orientierten Ideologien – schleuste die iranische Revolution die islamische Glaubenswelt in die Politik ein, Die westliche Welt, der die iranische Revolution jenseits von Vernunft und Logik schien, bezeichnet dieselbe als »kollektive Hysterie« von in Trance versetzten, »fanatisierten« Massen.[1] Die am häufigsten gebrauchte Metapher »Hysterie« assoziiert das weiblich Unlogische, Anti-Logik. Die durch die Revolution entstandene soziale Unordnung wird der weiblichen Hysterie, den Verrenkungen und Konvulsionen ihres Körpers gleichgesetzt, die außerhalb ihrer Kontrolle liegen.[2] Die islamische Revolution erschafft gegenüber der westlichen Zivilisation einen in seiner Semantik anderen Körper. Dadurch, daß die westliche Welt den menschlichen Körper immer mehr in den Kreis der Wissenschaft und der Säkularisierung einbezog, stellte sie den Körper unter die ästhetische und medizinische Kontrolle des menschlichen Willens. Der muslimische Körper hingegen atmet mit der Disziplin von Moral und Glauben und gewinnt daraus seinen Rhythmus. Dieser Zivilisationsunterschied wird zu einem politischen Problem. Das Symbol der schwarz verschleierten Frau entwickelt sich zu einer politischen Forderung dieses Zivilisationsunterschiedes und schlägt um in eine Ablehnung der Zivilisation. Die Haltung der islamistischen Bewegungen zu Schleier und Scharia offenbaren, wie Frauenfrage und politische Herrschaft miteinander verknüpft sind. Gegenüber der westlichen Welt fordert man nicht nur ein anderes politisches System, sondern man beansprucht gleichzeitig auch die Islamisierung des privaten Bereichs, der Beziehung Mensch – Körper, der geistigen Welt. Die öffentliche und politische Erscheinung des Frauenkörpers im schwarzen Tschador ist das aggressivste Indiz dieses islamistischen Konzepts von Zivilisation. Die sichtbarste Fahne einer Revolution, die die Frauen unterdrückt: der schwarze Tschador.

Paradoxerweie stellt der Islam, je mehr er sich politisiert, die Frau in den Vordergrund. Die schwarze Verschleierung symbolisiert die Rückkehr zu den islamischen Traditionen vor der Modernisierung und wird gleichzeitig zum Symbol für die aktive Teilnahme der Frauen an politischen Demonstrationen. Einerseits bedeutet der Aufstieg islamischer Bewegungen die Rückkehr zur traditionellen Stellung der Frau, andererseits wird das Bild der traditionellen Muslimin durch den Einfluß der politisierten Muslimin aufgelöst. Die Vorstellung von der traditionellen Muslimin, die vor dem Schicksal resigniert, passiv, weich, gehorsam ist, wird von den in kollektiven Massenbewegungen sich einmischenden, aktiven, fordernden, ja sogar militanten islamistischen Parteigängerinnen gebrochen, die die private Welt ihres Hauses verlassen, um sich in kollektive Massenbewegungen einzumischen.

Dieses Einhergehen des als antagonistisch erscheinenden Traditionalismus mit Militanz beunruhigt die türkische Öffentlichkeit, die die Errungenschaften der Moderne für sich in Anspruch nimmt. In der Diskussion taucht häufig die These auf, die reaktionäre Strömung wolle sich durch politische, militante Mittel, ja sogar mit Gewalt durchsetzen, das »Gespenst der Fortschrittsfeindlichkeit« gehe um, die Frauen würden instrumentalisiert. Das Auftreten der islamistischen Bewegungen nach 1980 in den Hochburgen der Modernität, nämlich in den türkischen Universitäten mit ihrer laizistischen Erziehung, erschütterte die Öffentlichkeit zutiefst und beschäftigt sie seit fünfzehn Jahren stark. In den Großstädten und in den modernsten Universitäten traten die islamistischen Studentinnen in Sitz- oder Hungerstreiks und forderten die Aufhebung des Kopftuch-Verbots. Dies verletzte nicht nur den Stolz der

Kemalistin, sondern man sah darin auch eine Vergewaltigung der seit dem Tanzimat bis heute errungenen laizistischen und zivilisatorischen Errungenschaften. Wenn man davon ausgeht, daß es eine für heilig gehaltene Errungenschaft des Laizismus ist, daß die Frau von den auferlegten Beschränkungen der Religion befreit das Recht auf Ausbildung und Teilnahme am gesellschaftlichen Leben erhalten hatte, läßt sich das Ausmaß der Enttäuschung und der politischen Spaltungen ermessen, die durch die erneute Forderung nach Verschleierung – auch wenn sie nur von einer Minderheit der Frauen ausging – entstanden ist.

Die öffentliche Meinung war in den letzten Jahren im Hinblick auf das »Kopftuch-Verbot« gespalten, ja sogar polarisiert. Man diskutierte das Verbot, das in der Praxis manchmal streng angewandt, manchmal durchlöchert, endlich 1991 aufgehoben wurde.[3] Während die Islamisten behaupten, die Verschleierung sei nach dem Koran das natürliche Recht jeder Muslimin, schlossen sich diejenigen zusammen, die darin eine Gefahr für den Laizismus sahen. So gründeten die kemalistischen Frauen – als die »Fortschrittlichen« – verschiedene Institutionen, etwa den *Verein zur Unterstützung zeitgenössischer Lebensweise* (Çağdaş Yaşamı Destekleme Derneği), den *Türkischen Juristinnen-Verband* (Türk Kadın Hukukçular Derneği) und das *Zentrum der Universität Istanbul zur Theorie und Praxis von Frauenfragen* (Istanbul Üniversitesi Kadın Sorunları Araştırma ve Uygulama Merkezi). Besonders nach 1980 zeigt sich, daß diese kemalistischen Frauenverbände den islamistischen Bewegungen gegenüber den Laizismus in ganz systematischer Weise verteidigen. Der politische Dualismus zwischen Scharia und Laizismus offenbart sich in den Kämpfen zwischen den Kemalistinnen und den »Kopftuch«-Frauen. Die Frau ist jetzt nicht mehr nur ein Symbol der politischen Auseinandersetzung, ein Hebel im politischen Machtkampf, sondern darüber hinaus ein gesellschaftlicher Faktor, der am politischen Leben aktiv teilnimmt und die öffentliche Meinung selbst lenken kann. Die Auseinandersetzungen und der Kampf zwischen Islamismus und Laizismus, der viele Male aufloderte, droht sich zu einer endgültigen Polarisierung zuzuspitzen. Diese von Zeit zu Zeit in Gewalt ausartende Polarisierung genügt, um die Öffentlichkeit in einem Zustand ständiger Spannung und Unsicherheit zu halten. In dieser Situation wurde die Kopftuchfrage zum ständigen Zündstoff in der Auseinandersetzung zwischen Laizisten und Islamisten. Zwar tauchten hie und da »liberale« Gedanken auf –

etwa, daß der Staat nicht das Recht habe, in Form von Kleidungsvorschriften in das Leben des Individuums einzugreifen, daß man die Kopftuchfrage nicht hochspielen solle –, doch hatten solche Äußerungen nur begrenzt Wirkung. Denn diesen liberalen Ansichten stand die Angst gegenüber, daß es sich bei der Kopftuchfrage nicht um den Ausdruck einer rein individuellen Wahl handele, sondern um eine gezielte Strategie der Anhänger der Scharia. Hinzu kommt die Furcht, daß dem Kopftuch der Gesichtsschleier und der Umhang (*Tschador*, beziehungsweise *çarşaf*) folgen werden.

Während der Auseinandersetzungen um das Kopftuch ging der Kampf zwischen den »Fortschrittlichen« und den »Reaktionären« auch in anderer Form weiter. Islamistische Schülerinnen und Studentinnen weigerten sich, sich für ihre Ausweise ohne Kopfbedeckung photographieren zu lassen. Islamistische Medizinstudenten lehnten es ab, Leichen zu sezieren. Kunststudenten weigerten sich, Akte zu zeichnen, ja, man zerstörte sogar nackte Plastiken und überfiel Ausstellungen. Beim Jugend- und Sportfest, das jährlich zum 19. Mai stattfindet, wurden Shorts für die teilnehmenden Schülerinnen zum Problem. Während in den 20er Jahren die in Shorts am Sportfest teilnehmenden Mädchen die Hinwendung zur Zivilisation symbolisierten, drückten Mädchen in den 80er Jahren mit dem Kopftuch ihre Ablehnung der modernen Zivilisation gegenüber aus. Nach außen hin drücken Shorts und Kopftuch das westliche und das islamistische Ideal aus; an der gesellschaftlichen Brisanz des weiblichen Körpers hat sich bis heute nichts geändert.[4]

Mit dem Erstarken der islamistischen Bewegungen wuchsen die Bedenken, daß die kemalistischen Errungenschaften für die Frau in Gefahr geraten würden, daß die Frau, indem sie erneut unter die Herrschaft des Mannes gelangt, von neuem zum Staatsbürger zweiter Klasse zu werden drohte. Deswegen begann man wieder verstärkt, über den Zusammenhang zwischen der islamischen Religion und der Versklavung der Frau nachzudenken. Man ging vor allem vom Koran und Korankommentaren aus und verwies auf die Vielweiberei, das Gebot der Verschleierung, auf die Pflicht der Frau, ihrem Mann zu gehorchen, auf das Recht des Mannes, sich von seiner Frau zu scheiden, sie zu schlagen, also auf im Koran verankerte Rechte, die den Mann gegenüber der Frau privilegieren. Es wurde behauptet, der Islam erhöhe die Frau nur vorgeblich, in Wirklichkeit aber versklave er sie.[5] Man wies auf Koranverse hin, nach denen die

Frau als physisch schwach und als psychisch labil, ihrer Natur nach als vom Mann abhängig, ja sogar als sein Lustobjekt bezeichnet wird. Daraus könne man ersehen, daß die Frau im Islam weder mit dem Mann gleichberechtigt, noch als Individuum angesehen wird.

Im Lichte dieser Analysen des Islam erscheint das Tragen des Kopftuchs als Ausdruck dafür, daß die Frau die Herrschaft des Mannes akzeptiert. Die Forderung nach der Verschleierung der Frau wird nur als ein Teil der islamistischen politischen Strategie angesehen, sozusagen als die Spitze des Eisbergs. Die Frau in diesen Bewegungen wird aus dieser Perspektive lediglich als »Werkzeug«, als manipuliertes Instrument wahrgenommen. Politikwissenschaftler erklären die Umwandlung der islamischen Religion in eine politische Ideologie meist im Rahmen jener Problemstellungen, denen Länder der Dritten Welt gegenüberstehen. Demnach seien die Verwestlichungsbewegungen – der laizistische Kemalismus in Türkei, Nassers nationaler Sozialismus in Ägypten, die autokratische Verwestlichung des Schahs von Persien – von »fremden Ideologien« inspiriert; sie hätten in den Gesellschaften nicht wirklich Fuß gefaßt und seien deshalb erfolglos geblieben. Nach dieser weitverbreiteten Ansicht hätten die unlösbaren Probleme der islamischen Dritten Welt – ökonomische Engpässe, erhöhte Inflation, Städte ohne Infrastruktur, Entfremdung und andere mehr – eine politische Instabilität, eine ideologische Leere geschaffen. Um wieder eine Identität zu finden, an der sich das Volk festhalten kann, habe es bei der islamistischen Ideologie Zuflucht gesucht, die beruhigend einfache Lösungen anbot.[6] Der Islam habe schließlich auf den politischen Druck, die ökonomischen Entbehrungen und die gesellschaftliche Entfremdung hin die nationale Identität der muslimischen Länder gefestigt und ihnen die Möglichkeit eröffnet, der westlichen Welt gegenüber Widerstand zu entwickeln.

Diese politischen Analysen, die einerseits von den wortgetreuen Interpretationen der islamischen Religion und andererseits von der politischen und gesellschaftlichen Konjunktur in den muslimischen Ländern ausgehen, haben uns geholfen, die von der Religion diktierten Regeln oder das Phänomen des Islam auf der Ebene der politischen Ideologie besser zu verstehen. Dennoch können wir die gesellschaftliche Praxis weder ganz auf eine »Reaktion«, auf das Zusammenwirken ökonomischer und politischer Faktoren reduzieren, noch können wir annehmen, daß zwischen der gesellschaftlichen Praxis und den religiösen Geboten, dem Koran, ein direktes, proportionales Verhältnis besteht. Wenn dies der Fall wäre, gäbe es keine Geschichte. Denn die Geschichte schreibt sich ständig von neuem, indem sie der Theorie die gesellschaftliche Praxis, der Utopie die Realität hinzufügt. Bücher, Regeln und politische Ideologien werden von den gesellschaftlichen Kräften in verschiedener Weise interpretiert, in verschiedener Form in die Tat umgesetzt. Deswegen können wir das Verhalten der gesellschaftlichen Akteure nicht verstehen, wenn wir nur von der ökonomischen und politischen Struktur und Lage ausgehen und uns auf den Rahmen der Beziehungen zwischen Ursache und Wirkung begrenzen. Die Geschichte wird auf der Spannungslinie zwischen der Subjektivität der gesellschaftlich Handelnden und den langsam sich entwickelnden Regeln der Sozialstruktur geschrieben. Aus diesem Grund, und um die Bedeutung der heute auftretenden sozial-islamistischen Bewegungen zu bestimmen, werden wir in unserer Analyse auch untersuchen, wie die islamistischen Aktivisten die Religion interpretieren und sie sich aneignen. Anstatt uns auf die Betrachtung der teleologischen Annäherung der Religion an die Geschichte zu beschränken oder nur auf den Beziehungen zwischen Ursache und Wirkung zu beharren, wie es in politischen Analysen geschieht, werden wir uns nicht an den »äußeren« Faktoren orientieren, auf die die islamistische Bewegung reagiert. Vielmehr wollen wir versuchen, das symbolische Bedeutungssystem der islamistischen Bewegung, ihre eigene innere Dynamik und das politische Machtgeflecht und Machtverhältnisse zwischen den Geschlechtern zu analysieren.

Diese Annäherung, die nicht von einer »Kausalität« der gesellschaftlichen Beziehungen ausgeht, sondern von deren Semantik, hat ihren Platz statt im Positivismus der Sozialwissenschaften in der Fortsetzung der hermeneutischen Tradition.[7] Es handelt sich weniger darum, universale Gesetze wie in der positiven Wissenschaft aufzustellen, als um eine interpretierende Annäherung, die versucht, die aus einem Bedeutungssystem erwachsende »Lebensweise«, die Natur der gesellschaftlichen Beziehungen zu entschlüsseln.

Aus diesem Grunde gehen wir von der von Alain Touraine entwickelten Untersuchungsmethode der »Interventionssoziologie« aus und versuchen mit ihrer Hilfe, das Bedeutungssystem der islamistischen Frauenbewegung zu verstehen.[8] Eine quantitative Umfrage kann ein soziologisches Profil zeichnen. Auf Fragen, wieviel Prozent der Frauen sich freiwillig verschleiern, Fragen zu den Herkunftsfamilien, ihrem Bildungs- und Einkommensniveau, kann man statistische Angaben erhalten. Nur diese allein können die politische oder gesellschaftliche Bedeutung der Bewegung nicht erhellen. Eine Untersuchung der schriftlichen Texte, wie von der islamistischen Bewegung veröffentlichte Broschüren und Bücher vermag uns zwar über deren Ideologie Wissen zu vermitteln, aber über die gesellschaftlichen Dynamiken, die hinter dieser Ideologie stehen, kann sie keine ausreichenden Anhaltspunkte geben. Bei der Methode der Interventionssoziologie hingegen findet, über die Feldforschung, über das Sammeln von Fakten und das Durchführen von Umfragen hinaus, zwischen den gesellschaftlichen Akteuren und dem forschenden Soziologen eine dauerhafte und in die Tiefe gehende Begegnung statt. Es begegnen sich gesellschaftliches Handeln und soziologische Analyse, Praxis und Theorie. Bezweckt wird dabei nicht, die empirischen Fakten in zuvor aufgestellte theoretische Modelle einzubauen, sondern das gesellschaftliche Handeln mit einer analytischen Distanz zu interpretieren, sie begrifflich zu fassen und zu theoretisieren. Aus diesem Grund sucht man von der Analyse der gesellschaftlichen Bewegung, aber nicht nur auf sie begrenzt, auszugehen und die Merkmale der gesellschaftlichen Beziehungen und das ihnen zugrundeliegende Herrschaftsgefüge aufzudecken. Von einem äußerst begrenzten Mikrothema wie dem der Kopftuch-Mädchen-Bewegung ausgehend, soll auf Makrothemen in der türkischen Gesellschaft wie das Verhältnis zwischen westlicher Zivilisation und Islam, zwischen Moderne und Religion, zwischen westlichen Eliten und der Schariabewegung eine neue Perspektive gewonnen werden. Selbstverständlich flossen in die Untersuchung über die islamistischen Frauenbewegungen in weitem Umfang quantitative Fakten und schriftliche Quellen ein. Aber mehr als die detaillierte Beschreibung dieser Bewegung war es unser Ziel, die in dieser Bewegung sich äußernden neuen gesellschaftlichen Dynamiken und Machtverhältnisse herauszuarbeiten. Deshalb wurde der Methode der interventionistischen Soziologie Vorrang gegeben.[9] Nicht eine statische Bewertung der Lage der muslimischen Frauen wird angestrebt, sondern eine Analyse der politischen Machtverhältnisse und der Machtverhältnisse zwischen den Geschlechtern im Rahmen des Spannungsfeldes zwischen Modernisierung und Islam. Den radikalsten, härtesten Kern der islamistischen Bewegung bildet die Frauenbewegung, die die Verschleierung fordert. Wir werden sehen, wie diese Bewegung in der Gesellschaft ein neues muslimisches Frauenprofil zeichnet.

1. Vom Traditionalismus zum Radikalismus

Die Studentinnen, die wieder Kopftuch tragen, kommen aus anatolischen Familien, aus einfachen Verhältnissen, wo man den Islam in traditioneller Weise lebt. Aber sie lehnen die traditionellen Interpretationen des Islam ab, unterscheiden sich von ihren Familien sowohl in der Art, den Islam zu leben, als auch durch ihr hohes Bildungsniveau. Sie sind das neue Gesicht des städtischen, gebildeten und militanten Islam.

Die erneute Erstarkung der islamistischen Bewegung wirkte sich vor allem auf die jungen Frauen aus, die zwischen 1964 und 1970 geboren wurden. Diese jungen Frauen begannen während ihrer Gymnasialzeit in der Pubertät das Kopftuch zu tragen und entschieden sich während ihres Universitätsstudiums endgültig dafür. Die meisten der jungen Frauen stammen aus anatolischen Kleinstädten, nur wenige aus Istanbul und Ankara, aus Familien mit bescheidenem Einkommen und traditionsgebundenem Umfeld.[10]

Diese Herkunft aus einer konservativen Familie spielte in ihrer Hinwendung zum Islam eine bestimmende Rolle. Eine Studentin im letzten Studienjahr der Zahnmedizinischen Fakultät beschreibt ihr familiäres Umfeld und wie sie in der zehnten Klasse begann, das Kopftuch zu tragen: »Es gab nicht nur einen Grund dafür. Sowieso lebte ich nicht in einer Umgebung, in der der Islam fremd war. Die erste religiöse Unterweisung erhielt ich von meiner Mutter. Sie freute sich, wenn ich die täglichen Gebete verrichtete. Außerdem bekam ich von ein paar Hodschas Unterricht in der Koranschule. Die Erwachsenen in meiner Umgebung haben mich darin bestärkt. Sie mochten mich, wenn ich meinen Kopf bedeckte. Meine großen Schwestern sind Lehrerinnen, aber sie tragen kein Kopftuch. Ich aber dachte immer, daß ich, wenn ich groß bin, das Kopftuch tragen werde, was ich auch schon damals von Zeit zu Zeit tat. Auf dem Gymnasium faßte ich den endgültigen Entschluß.«

Die Lebenswege der jungen Frauen, die aus Familien kommen, die dem Islam nur traditionell, jedoch ohne starren Regeln gehorchend anhingen, die aber durch die Entscheidung für das Kopftuch den Erwartungen ihrer Familien und ihrer Umgebung nicht entsprachen, gleichen sich sehr. Eine Medizinstudentin im sechsten Studienjahr, die im Bezirk Fatih, einem sehr konservativen islamischen Wohnviertel in Istanbul, wohnt, ist ein gutes Beispiel dafür, wie sich eine verheiratete Studentin ohne Druck seitens der Familie entschließt, Kopftuch zu tragen, und auch dafür, wie ihre Umgebung mit Befremdung reagiert: »Ich kenne den Islam schon seit meiner Kindheit. Die Mutter meines Vaters und ihre Familie waren konservativer, und die Frauen trugen das Kopftuch. Aber mein Vater begann mit den *namaz*-Gebeten erst, nachdem er berufstätig geworden war. Meine Mutter begann viel später, erst nach meiner Geburt, das Kopftuch zu tragen. Ich wurde mehr von meiner Großmutter mütterlicherseits erzogen, in Fatih. Als ich acht oder neun Jahre alt war, schickte sie mich in einen Korankurs gegenüber der Großen Moschee. Wie Sie wissen, wird man als Kind in den Sommerferien in einen solchen Kurs geschickt. Das ist Tradition. In meiner Familie und in der Verwandtschaft gab es keine Frauen mit Kopftuch. Als ich begann, Kopftuch und Mantel zu tragen, stieß ich bei meinen Angehörigen auf große Befremdung. Sie redeten auf mich ein, bedrängten mich, meine Bedeckung wieder abzulegen, und hänselten mich. Jedesmal, wenn ich sie besuchte, zupften sie an meinem Kopftuch, versuchten es hier und dort zu öffnen, plagten mich mit Fragen, warum ich so geworden sei. Meine Schwester trägt kein Kopftuch.«

Obwohl diese jungen Frauen in einer traditionellen religiösen Umgebung aufwuchsen, wurde ihr Entschluß, das Kopftuch zu tragen, von den meisten Familien als »übertrieben« bezeichnet und gab Anlaß zu Auseinandersetzungen. Die Familien waren dagegen, daß die jungen Frauen das Kopftuch trugen. Man hatte Bedenken, daß sie ihr Studium abbrechen würden, aus der Gesellschaft ausgeschlossen würden und nicht mehr als gute Heiratspartie gelten würden. Bei vielen stellte sich heraus, daß ihre Schwestern kein Kopftuch trugen und daß die Familien nicht ausgesprochen konservativ waren. Eine Studentin der Zahnmedizin, deren Schwester, eine Lehrerin, sich modern und modisch kleidet, erzählt von den Auseinandersetzungen mit ihrer Mutter und ihren Schwestern: »Zuerst ärgerte sich meine Mutter über mein Kopftuch. Als ich auch noch den langen Mantel anzog, warnte sie mich, daß ich zu weit ginge. Meine Schwestern sind Lehrerinnen. Sie tragen kein Kopftuch, legen Wert darauf, gut gekleidet zu sein, und nähen sich Sachen selbst.

Ich mit meinem Kopftuch verursache ziemliche Auseinandersetzungen.«

Sogar die jungen Frauen aus extrem konservativen Kreisen begannen erst in den Großstädten und vor allem während ihrer Universitätszeit Kopftuch zu tragen. Eine junge Frau aus Eskişehir, Absolventin einer Imam Hatip-Schule[11], die heute an der Universität Istanbul Psychologie studiert, sieht in der neuen, nicht-traditionellen islamischen Kleidung mit dem streng getragenen Kopftuch, dem *türban*, und dem langen Übermantel eine Besonderheit der Großstadt: »Während der Mittelstufe besuchte ich eine Imam Hatip-Schule. Ich trug nur in der Schule Kopftuch, aber zu Hause, auch in Anwesenheit von fremden Männern, nicht. ... In Eskişehir konnte ich kein Kopftuch tragen. Ich kam nach Istanbul, um die Oberstufe eines Gymnasiums zu besuchen. Erst in der Universität konnte ich mich kleiden, wie ich wollte: Mit *türban* und langem Mantel«.

Für diese jungen Frauen, die für gewöhnlich aus konservativen Familien und aus Kleinstädten kommen, ist die islamische Kleidung ein städtisches Phänomen und steht in Zusammenhang mit höherer Bildung. Weder der Druck der Männer in ihrer Familie, noch das traditionelle ländliche Umfeld, noch eine besondere religiöse Erziehung oder Unterweisung können ausreichend erklären, daß sich die jungen Frauen islamisch kleiden. Die meisten jungen Frauen besuchten staatlichen Gymnasien. Sie tragen aus freien Stücken das Kopftuch, und ihre Auslegung des Islam entspricht nicht den islamischen Traditionen, wie sie ihre Familien verstehen. Indem sie sich die radikalen und politischen Auslegungen des Islam aneignen, setzen sie sich von ihrer nächsten Umgebung ab, was zu Streit führen kann. Bei jeder Gelegenheit grenzen sie sich von ihren eigenen Familien und dem traditionsverhafteten Volk ab. Nach ihren eigenen Aussagen wollen sie, obwohl sie sich »dem Volk in vielem verbunden fühlen«, anders sein als die »Gläubigen, die der Tradition verhaftet sind«, die die religiösen Pflichten fraglos akzeptieren ohne darüber nachzudenken. Die jungen Frauen dagegen wollen zu den Quellen der Gebote vordringen, sie erforschen. Sie kritisieren den traditionellen, von einer Generation zur nächsten überlieferten und in Sitte und Brauchtum erstarrten Islam, kehren zu den Quellen islamischen Wissens zurück und eignen sich auf diese Weise die Religion neu an. Sie sehen sich selbst als Gebildete und Intellektuelle, im Gegensatz zum »ungebildeten« Volk, das den Islam in tradierter Weise aufgrund von mündlich überliefertem Wissen lebt. Obwohl sie einiges mit traditionsgebundenen konservativen Kreisen zu verbinden scheint, betonen sie grundlegende Unterschiede: »Was die Leute über den Islam wissen, sind Sitten und Bräuche, die sie aus mündlicher Überlieferung kennen. Ihr Wissen ist nicht fundiert. Können Sie sich vorstellen, welche Abgründe sich zwischen mir, meinen Eltern und meiner Großmutter mütterlicherseits auftun? Sie« wendet sie sich an die Interviewerin »denken vielleicht, wir seien uns nahe, weil wir alle eine Art von Kopftuch und Mantel tragen. Aber ihr Glaube besteht nur aus purem oberflächlichem Nachahmen. Sie sagen zu uns: Ja, gibt's denn sowas? Wollt ihr etwa neue Regeln aufstellen?«

Die Unterschiede in der Art, sich islamisch zu kleiden, symbolisieren die Trennung zwischen den islamistischen jungen Frauen und dem traditionsverbundenen Volk. Die Frauen, die sich das Kopftuch auf traditionelle Weise umbinden, ohne genau darauf zu achten, daß Haar und Hals bedeckt sind, tun dies in den Augen der das strenge Kopftuch tragenden jungen Frauen aus Unkenntnis der islamischen Regeln, weil sie es nicht besser wissen: »Sie wissen eigentlich überhaupt nicht, was die islamische Bekleidung der Frauen bedeutet. Sie soll die Reize der Frau verbergen. Aber die Frauen, die meinen, sich der Tradition gemäß zu bedecken, laufen mit freiem Hals herum. Das darf nicht sein, man sieht zu viel.«

Diese in einem religiösen Umfeld aufgewachsenen jungen Frauen kritisieren die allgemein verbreitete Auffassung von der Religion, die traditionelle, nur oberflächlich islamische Lebensweise. »Diese junge Generation, die den Koran sorgfältig studiert hat und einen ganz anderen Zugang zu den koranischen Begriffen besitzt, die von einer islamischen Soziologie und einem islamischen Geschichtsverständnis sprechen kann, die darauf besteht, Religion und Politik nicht getrennt voneinander zu sehen, ist der Generation ihrer Eltern, für die die Religion aus Andachtsübungen und einem reinen Gewissen besteht, höchst fremd.«[12] Sie sind anders als ihre Eltern in der Gesellschaft situiert, im Vergleich zu ihnen durchaus privilegiert. Sie haben einen anderen Zugang zum religiösen Wissen; der Koran, den sie kennen, ist ein anderer, als der ihrer Eltern. Sie haben eine bessere Ausbildung als ihre Eltern genossen und kennen sich in Geschichte und Soziologie aus. Das läßt sie im Vergleich zu ihren Familien in die akademische Schicht, ja sogar in die der »Intellektuellen«

aufsteigen. In dem Maße, wie sie die Religion aus dem Rahmen persönlicher Andacht und des Gewissens lösen und sie in eine kollektive, politische Macht umformen, erlangen sie mehr und mehr gesellschaftliche Macht. Die Politisierung der Religion ist Ausdruck der Suche nach einer Alternative zur Zivilisation des Westens. Dies führte dazu, daß sich »radikale Islamisten« in revolutionären Gruppierungen formieren. Indem sich die islamistische Bewegung auf die islamischen Quellen besinnt und sich der Auswüchse der Tradition zu entledigen sucht, setzt sie der westlichen Lebensweise eine Alternative entgegen und verfolgt einen politischen Anspruch: den, die Welt zu verändern.

Die islamistischen Frauen nehmen durch ihre Kritik an der muslimischen Tradition und an der westlichen Moderne innerhalb der radikalen islamistischen Bewegung einen wichtigen Platz ein. Daß eine städtische, studierende Frau sich wieder islamisch kleidet, symbolisiert den radikalen Islam. Ein weiterer Hinweis auf das veränderte Profil der muslimischen Frau ist die Einführung des Begriffs *türban*. So nennen die jungen Frauen ihre Art Kopftuch, das im Gegensatz zum traditionellen, lose umgebundenen Kopftuch, streng Kopf und Hals umhüllt. Anstelle des traditionellen Kopftuchs, das vor allem in den Randbezirken der Großstädte und in den Provinzstädten getragen wird, als Brauch und ohne besondere Bedeutung, wurde der *türban* das sichtbare Zeichen der politischen und kollektiven Macht der Religion und löste die Angst vor der Gefahr des Fundamentalismus aus. Doch das ist nicht alles. Das Kopftuch trägt das Phänomen des Islamismus von der Peripherie ins Zentrum. Geographisch gesehen, breitet sich der Islamismus in den Städten aus, wird ein städtisches Phänomen, und was die Kultur betrifft, dringt er in Bereiche vor, in denen die zentralen Werte und Symbole der Gesellschaft geschaffen werden.[13] Denn die jungen, sich islamisch kleidenden Frauen wollen nicht die ländliche, traditionelle Kultur passiv übernehmen, sondern versuchen, die Möglichkeiten und Errungenschaften der Moderne aktiv und ambitioniert für sich in Anspruch zu nehmen. Sie leben nicht auf dem konservativen, von modernen Werten relativ unberührten Land, sondern im städtischen Raum, der die Modernität hervorgebracht hat, und studieren an Universitäten. Diese Art der islamischen Kleidung wird zum sichtbaren Zeichen eines radikalen Islamismus, der im Spannungsfeld zwischen Traditionalismus und Modernität entsteht.

2. Verschleierte Sexualität

Das Verschleierungsgebot (*tesettür*) für die Frau symbolisiert die islamische Gesellschaftsordnung, die auf der Dualität der Geschlechter beruht. Der scharfe Trennstrich zwischen Frauen und Männern findet auch in der Kleidung seinen Ausdruck. Die Kleidung hat eine sittliche Funktion: die Tugend der Frau zu schützen. Die Kleidung als Ausdruck des Anstands darf den Körper der Frau, seine hervortretenden Formen und Rundungen, nicht zeigen, sondern muß sie verbergen. Das islamische Recht (*fikh*) definiert bis in die kleinsten Feinheiten, wie sich Frau und Mann kleiden sollen. Diese islamischen Kleiderregeln, die auf dem Grundsatz der Verschiedenartigkeit und dem Trennenden zwischen den Geschlechtern beruhen, verstärken dagegen die männlichen und weiblichen Symbole. Wie der Schleier die verhüllte Weiblichkeit kundtut, so ist der Bart das sich äußernde Symbol der Männlichkeit.[14]

Die sich verschleiernden Frauen haben die Forderung, ihre Sexualität kontrollieren zu müssen, verinnerlicht. Denn die Tugend einer Frau wird an ihrer Verschleierung gemessen: »Eine Muslimin, die sich verschleiert, hat die Tugend gewählt!« Mit ihrer Kleidung kontrolliert sie auch ihr Verhalten, schränkt ihre Anziehungskraft ein, ist keusch. »Der Schleier ist nicht nur eine materielle, faßbare, sichtbare Bekleidung. Er wirkt auch auf das Benehmen, Sprechen, auf die Art, wie die Frau sich setzt, wie sie aufsteht, wirkt auf die ganze Person, so daß sie weniger aufreizend wirkt.«

Reize einer Frau, die offen gezeigt werden, können einen Mann jederzeit verführen. Deswegen muß sie sich selbst dem Blick eines Mannes entziehen: »Man muß sich verschleiern, um nicht die Aufmerksamkeit der Männer zu erregen!«

Die Sexualität der Frau, ihre Schönheit, bedroht die gesellschaftliche Ordnung: »Schönheit muß verborgen werden, sonst entsteht soziale Unordnung.«

Wir sehen also, daß die Verschleierung der Frau die Aufgabe übernommen hat, die Grenzen zwischen den Geschlechtern zu bestimmen und die Ordnung der Gemeinde zu schützen. Die islamistischen Frauen verbergen ihre Sexualität freiwillig. Die Idee, sich vor dem Blick der Männer zu schützen und sich zu verbergen, die Ausübung von Kontrolle oder die Verinnerlichung ihrer Sexualität kann bei einer Frau zur fixen

Idee werden. Eine Psychologiestudentin, deren Haltung zur Verschleierung fanatisch wurde, verlangte, entgegen den Ansichten der anderen in ihrer Gruppe, daß Frauen nicht nur den *türban* tragen, sondern sogar ihr Gesicht verschleiern (*peçe*) und den *çarşaf* tragen: »Ich kann das Kopftuch und den üblichen Mantel als Verschleierung nicht akzeptieren. Es ist vorgekommen, daß mich ein Mann unterwegs zwei-, dreimal angesehen hat. Ich bin für die totale Verschleierung. Zum Tscharschaf sollten wir auch Handschuhe und Sonnenbrille tragen.«

In Fatima Mernissis Buch *Der politische Harem* werden der Begriff des Schleiers (des *hijabs*), die Funktionen der Verschleierung und ihre drei Dimensionen beschrieben. Die erste Dimension ist eine visuelle: Es ist die Funktion der Verschleierung, »dem Blick der anderen zu entziehen«, zu verbergen. Die zweite Funktion ist eine räumliche: ihr Zweck ist es, eine Grenze zu ziehen, eine Schwelle zu errichten und somit zu trennen. Die dritte Dimension enthält einen moralischen Gedanken und die »Verbote«: Die Verschleierung deutet warnend auf den verbotenen Bereich, den *mahrem* hin.[15]

Nach Mernissi bedeutet das Wort »hijab« soviel wie »Vorhang« und galt anfangs nicht zwischen Mann und Frau, sondern zwischen den Männern. Es sollte eine Barriere zwischen zwei Männern errichten. Mernissi stellt die Hypothese auf, daß die die Verschleierung betreffenden Koranverse eine Reaktion auf ein konkretes Ereignis seien, nämlich auf ein Verbot, das einer Gemeinde auferlegt wurde, die ihre Wertmaßstäbe verloren hatte. Dieses von Mernissi erwähnte Ereignis wird in Tabaris berühmtem Korankommentar wie folgt gedeutet: Der Prophet heiratet und wartet ungeduldig darauf, mit seiner neuen Frau Zainab zusammenzukommen. Aber es gelingt ihm nicht, eine ins Gespräch vertiefte, unhöfliche Gruppe von Gästen loszuwerden. Aus Tabaris Sicht ist das Verschleierungsgebot eine Antwort Allahs auf die groben, unhöflichen Sitten einer Gesellschaft, die den höflichen, zurückhaltenden Propheten verletzte.[16]

Die Verschleierung hatte nach Mernissi die Funktion, die privaten und intimen Beziehungen zwischen Mann und Frau zu schützen. Die betreffenden Koranverse habe der Prophet geäußert, um die muslimische Gesellschaft in zwei Welten zu teilen: In die innere Welt (das Haus) und die äußere Welt (die Öffentlichkeit). Erst in den nachfolgenden Jahrhunderten sei die Verschleierung zur Geschlechtertrennung, zur

»Einsperrung der Frauen ins Innere« (des Hauses) umgedeutet worden.[17]

Folglich begrenzt der Schleier, der die Frau vor den Blicken des Mannes schützt und die Grenzen zwischen den Geschlechtern festlegt, den intimen Bereich, den *mahrem*, durch seine Verhängung. Denn die Einheit der Gemeinde ist abhängig von der »Ehre« des Mannes, diese wiederum vom erfolgreichen Schutz der Tugend der Frau.

Im Unterschied zu den westlichen Gesellschaften weist in den muslimischen das Privatleben direkt auf die Sexualität der Frau, auf den verbotenen Bereich des *mahrem*, auf das Intime hin. »Mahrem« bedeutet »herzlich«, »intim«, »familiär«, »das, was nicht jeder wissen darf«, »das Ungesagte«, »das Geheimnis«. Gleichzeitig aber bedeutet »mahrem« auch »haram«, d.h. das, was ein fremder Mann nicht zu sehen bekommen darf, sexuelle Beziehungen, die dem Verbot der Scharia unterliegen.[18] Anders ausgedrückt gründet im Islam die gesellschaftliche Ordnung auf der Organisation der inneren und äußeren Räume und auf der durch Verbote erzielten Intimsphäre der Frau. Die Verschleierung verweist auf den Intimbereich, auf den verbotenen Raum. Die islamistischen Frauen ergreifen in nahezu fordernder Weise Besitz von dieser verheimlichten weiblichen Sexualität, indem sie ihre Andersartigkeit gegenüber der westlichen Zivilisation unterstreichen: »Im Westen demonstrieren die Frauen, indem sie sich schminken und Schmuck tragen, ihre Sexualität in größerem Ausmaß nach außen. Gleichzeitig aber wird die Sexualität dadurch geschwächt. Wir machen genau das Gegenteil und behalten uns unsere Sexualität für bestimmte Situationen vor. Draußen, in der Öffentlichkeit, auf der Straße zeigen wir diese so wenig wie möglich.«

Die totale Verschleierung mit langem Mantel oder *çarşaf*, Gesichtsschleier und Handschuhen fordert die islamistische monatlich erscheinende Frauenzeitschrift *Mektup*: »Nie sollten wir uns in unserer häuslichen Kleidung auf der Straße sehen lassen. Wenn wir so ausgingen, würden wir uns sinnlichen Blicken aussetzen und bei den Männern Verführungswünsche wecken. Zuhause wollen wir attraktiv für unsere Männer sein, draußen genau das Gegenteil erreichen, also innen anziehend, draußen abstoßend wirken«.[19] »Seid zuhause lieb, draußen eine Hexe!«[20] Mit diesem Slogan behaupten und inszenieren die Frauen selbst, militant fordernd und radikal, ihre Andersartigkeit gegenüber dem Westen und seiner Zivilisation.

Dieses Bestreben, sich vom Westen abzugrenzen, ist eines der Hauptthemen der islamistischen Bewegungen. »Der Muslim ahmt niemanden nach; er ist ein Mensch mit einer eigenen Persönlichkeit« lautet die Maxime der islamische Ordnung, weshalb sorgfältig auf die Verschleierung geachtet werden muß.[21]

Wenn die Neigung, anders zu sein und die Dynamik der islamisch-westlichen Gegensätzlichkeit, wie im Fall der islamischen Revolution im Iran, Oberhand nehmen, wird die Verschleierung zum Symbol der Ablehnung des westlichen Kulturmodells und zum Ausdruck der islamischen Identität. Auch in der Konfrontation zwischen orientalischer und westlicher Zivilisation sehen wir, daß Politik und Sexualität auf jeder Ebene miteinander verwoben sind.

3. Die gebildete Muslimin

Je mehr die Verschleierung in den Städten zunimmt und sich im Zusammenhang mit dem Zivilisationswandel politisiert, desto mehr Zuspruch erfährt sie vor allem unter jungen Frauen, die eine höhere Bildung erhalten. Die Behauptung, das Erstarken der islamistischen Bewegung sei ausgelöst worden durch Frauen, die aus ländlichen Gegenden kommen, an traditionelle Werte gebunden sind, durch »ungebildete«, »arbeitslose«, von der Gesellschaft ausgeschlossene Menschen, kann den Trend zur Verschleierung nicht erklären. Der Islamismus, der mit dem ländlichen Traditionalismus identifiziert und mit der Ignoranz gleichgesetzt wird, hat sein Gesicht verändert. Die islamistische Bewegung nimmt heute, wie in vielen islamischen Ländern so auch in der Türkei, Einfluß auf die zukünftigen Ärzte, Apotheker, Ingenieure, hohen Beamten, Juristen, Psychologen.[22] Nicht die Randgruppen der Gesellschaft, die keine Ausbildung erhalten haben, schließen sich den Islamisten an, sondern ganz im Gegenteil jene, die die Voraussetzung zum Universitätsstudium erworben haben und in der Zukunft die Fachkräfte des Landes sein werden. Sie sind es, wie Fadwa El Guindi es ausdrückt, die keineswegs außerhalb der Gesellschaft stehen, sondern in Zukunft den begehrtesten Berufen nachgehen und ganz in die Gesellschaft integriert sein werden.[23]

Unter den sich verschleiernden jungen Frauen der befragten Gruppe – eine Medizinstudentin der Universität Istanbul im sechsten Studienjahr, eine Zahnmedizinerin im vierten und eine Pharmaziestudentin im zweiten Jahr der Marmara-Universität sowie Studentinnen der Philosophischen Fakultät – war keine im Studium erfolglos. Sie äußerten bei jeder Gelegenheit, wieviel ihre Ausbildung ihnen bedeute. Die Zulassung zur Medizinischen Fakultät galt als das erstrebenswerteste Ideal: »Mein Ideal war das Medizinstudium. Das wollte ich wirklich und hatte auch Erfolg. Ich begann das Studium mit großer Lust. Alle Studenten empfanden dasselbe. Aber das Kopftuch-Verbot brach meinen Enthusiasmus, die Fakultät wurde mir gleichgültig. Was soll ich jetzt zu Hause machen, fragte ich mich. Ich hatte gerade das dritte Studienjahr hinter mich gebracht, keine einzige schlechte Note, als ich wegen des Verbots das Kopftuch zu tragen gezwungenermaßen fehlte und sitzenblieb. Das war sowohl für meine Familie als auch für mich wirklich schwer. Hoffentlich gibt es im kommenden Jahr keine Schwierigkeiten! Denn ich will mein Medizinstudium unbedingt beenden.«

Die Kopftuch tragenden Studentinnen weisen immer darauf hin, daß der Islam die Frauen am Studium nicht behindere, sondern es im Gegenteil als ihre unbedingte Pflicht betrachte. Die Zahnmedizinstudentin kritisiert das geringschätzige Bild der muslimischen Frau: »Sie sagen, der Islam habe der Frau den Erwerb wissenschaftlicher Kenntnisse verboten. Aber auch die Muslimin kann sich dieses Wissen erwerben, ja muß es sogar.«

Eine Philosophiestudentin beklagt die Gleichsetzung des Islam mit Unwissenheit: »Es gibt in unserer Gesellschaft die weitverbreitete Ansicht, daß sich nur die Hausfrauen verschleiern. Wenn ihr studiert, ein Universitätsdiplom macht, heißt es, werdet ihr das seinlassen!«

Daß die jungen Frauen studieren, erfolgreich Prüfungen bestehen, Diplome erwerben, wird aber von ihren Familien meist sehr positiv bewertet. Die Hoffnungen dieser Familien sind auf das Studium ihrer Kinder gesetzt, wofür sie alle erdenklichen Opfer bringen. Der Universitätsbesuch ihrer Töchter erfüllt sie mit Stolz. Sie können es nicht akzeptieren, daß diese durch das Tragen des Kopftuchs ihr Studium in Gefahr bringen, daß ihre Erwartungen umsonst gewesen sein sollen. Darüber hinaus wollen ihre Töchter, obwohl sie studieren, nicht an dem von ihren Familien erträumten, großstädtisch modernen Leben teilnehmen. Zu studieren und sich dem Islam zuzuwenden, bedeutet, in einem Dualismus zu leben: »Früher sagten meine Eltern stolz: Unsere Tochter studiert an der Universität. Aber jetzt sind sie nicht mehr so stolz auf mich. Wer mich sieht, denkt, ich besuche eine Koranschule.«[24]

Im allgemeinen wird der Prozeß der Modernisierung als Evolution gesehen, als eine Befreiung von traditionellen Banden und religiösen Glaubensvorstellungen und als Sprung über eine Schwelle in Richtung auf eine moderne Gesellschaft hin.[25] Nach dieser Theorie schließen sich die Kategorien der Tradition und der Moderne antagonistisch gegenseitig aus. Erziehung und Verstädterung, die Voraussetzungen der Modernisierung, scheinen mit dem Kopftuch, das die Hinwendung zur Religion symbolisiert, nicht vereinbar zu sein. Dies schafft ein Durcheinander im Kopf. Die Verschleierung einer studierten Frau scheint an sich ein Paradox zu sein. Wie wir in dem türkischen Modernisierungsversuch sahen, wird dem zivilisierten Menschen automatisch eine bestimmte Lebensweise zugeordnet. Indem sich der Gebildete aus der religiösen Bindung und den alaturka-Bräuchen befreit, wird er zum »Intellektuellen«, der sich mit der westlichen Welt identifizieren kann. In Abgrenzung vom reaktionären Islamismus definiert sich die Fortschrittlichkeit durch die Erziehung und eine zivilisierte Lebensform. Kategoriepaare wie »fortschrittlich« und »gebildet« versus »reaktionär« und »unwissend« zeigen auch den Gegensatz zwischen dem Intellektuellen und dem Muslim auf. Die islamistischen jungen Frauen, die kundtun, daß sie nicht ungebildet sind, sich aber dem Islam zuwenden, bringen diese Kategorien völlig durcheinander. Der Islam vertritt den in der türkischen Modernisierungsgeschichte im Dunkeln verbliebenen Teil. Heute ermöglicht er den aufsteigenden sozialen Gruppen durch Bildung eine neue und fordernde Identität.[26] Die islamisch gekleideten, studierten Musliminnen sind nicht nur ein Symbol für die Ablehnung der Zivilisation, sondern stellen für die westlich gesinnte Elite der Türkei auch auf dem Gebiet der Macht eine Herausforderung dar.

Der islamistische Journalist Abdurrahman Dilipak, einer der einflußreichsten Köpfe der Refah-Partei (Islamistische Wohlstandspartei), spottet in einem tiefgründigen Interview darüber, daß man die Islamisten mit dem Etikett »konservativ« versehe. Er weist auf die Entstehung eines neuen muslimischen Profils hin: »Warum sollen wir reaktionär sein? Weder regieren wir seit sechzig Jahren dieses Land, noch besitzen wir Geld oder Waffen. Das Etikett, das man uns heute verpaßt, entspricht nicht der Realität. Die verwestlichte Elite ist beunruhigt vom

Typus der muslimischen Frau, die eine fremde Sprache spricht und studiert. Muslime sind nicht mehr mit Unwissenheit und Rückständigkeit zu identifizieren. Wir Muslime passen nicht mehr in das traditionelle Bild des Reaktionären.«

Der neue muslimische Frauentyp löst Unruhe aus. Islamistische Frauen behaupten, man lege ihnen aus diesem Grund Steine in den Weg und versuche, sie am Studium zu hindern. Eine Pharmaziestudentin beschreibt dies wie folgt: »Weil wir in unseren Fächern erfolgreich waren, sind wir ihnen ein Dorn im Auge. Sie bezeichnen uns als ›verschleierte Köpfe‹. Wenn wir mit unserem Kopf woanders gewesen wären, wie hätten wir dann Erfolg haben können? Da sie das nicht akzeptieren wollen, stellt man uns so viele Hindernisse in den Weg und will uns unterdrücken.«

Es zeigt sich, daß diese Frauen, sobald sie in städtische und erzieherische Bereiche, die die entscheidenden Kriterien für Modernität sind, vordringen, sich nicht – wie von ihnen erwartet wird – von islamischen Werten und Aussagen befreien, sondern sie sich ganz im Gegenteil an ihre islamische Identität klammern und im Kampf um ihr Anliegen auf ihr Recht pochen. Sie propagieren ihren Islamismus an den Universitäten, in den Städten, im politischen Leben und schaffen damit einen neuen islamischen Frauentypus, der die alten Eliten herausfordert.

4. Der ersehnte und verbotene öffentliche Raum

Wie können die islamistischen Frauen, die einerseits ein Universitätsstudium anstreben, andererseits proklamieren, daß sie den islamischen Grundsätzen treu zu bleiben gedenken, kurz, die weder auf das Kopftuch noch auf das Diplom verzichten möchten, ihren Eintritt in die Öffentlichkeit legitimieren? Mit anderen Worten: Wie schätzen sie das Berufsleben und das Zusammensein mit Männern im *namahrem*, dem öffentlichen Bereich, ein, den Bereich, in dem sie sich bewegen müssen? Wie lassen sich ihre religiösen Ansichten mit den beruflichen Erwartungen und Pflichten vereinbaren? Wie konnte der Islam, der die Frauen aus dem öffentlichen Raum drängt und ins Privatleben einschließt, der das gesellschaftliche Leben nach dem Grundsatz der Geschlechtertrennung ordnet, es fertigbringen, zum Ideal dieser wissenshungrigen Frauen zu werden?

Es ist mittlerweile eine allgemein akzeptierte Interpretation, daß der Islam der Berufsausbildung einer gläubigen Frau nicht im Wege steht. Doch nach der Ausbildung tut sich eine zweite Barriere auf, wenn die Frauen Arbeit suchen. Die erste Antwort auf dieses Problem kam von einer Autorin der islamistischen Zeitschrift *Kadın ve Aile* (Frau und Familie). Sie wandte sich gegen die Berufstätigkeit der Frau: »Ich akzeptiere nicht, daß die Frauen unter allen Umständen arbeiten. Denn nach unserem Glauben ist es die eigentliche Pflicht der Frau, Kinder großzuziehen, das heißt Mutter zu sein. Es ist nicht unbedingt notwendig, arbeiten zu gehen. Aber unserem Glauben nach ist das Erlangen von Wissen eine Pflicht, nicht nur für den Mann, auch für die Frau, für jedermann. Die Frauen studieren, um etwas zu lernen. Dieses Wissen können wir dann in der Erziehung unserer Kinder verwerten.«

Viele vertreten diese Ansicht und sehen die Frau in erster Linie als Hausfrau. Die Ausbildung sei kein Selbstzweck; das Glück der Familie und die Erziehung der Kinder zu gewährleisten, sei die erste Pflicht der Frau: »Tatsächlich ist es nicht das vorrangige Ziel, arbeiten zu gehen. Die eigentliche Aufgabe ist, die Familie in der besten Weise zu versorgen und das Kind zu erziehen.«

In den islamistischen Frauenzeitschriften geht die Tendenz in dieselbe Richtung. Obwohl das Studium für alle fast wie vorgeschrieben zu sein scheint, wird der Lebensbereich der Frau begrenzt, ihre Möglichkeit, eingeschränkt, das Arbeiten außerhalb des Hauses nicht gern gesehen, der traditionellen Rolle der Ehefrau, Mutter, Hausfrau der Vorrang gegeben.[27]

Aber in Diskussionen mit den Befragten werden auch andere Stimmen laut, die von der Möglichkeit einer beruflichen Tätigkeit ausgehen, die den Mutterpflichten nicht im Wege zu stehen braucht: »Es ist wichtig, daß die Arbeitszeit unseren Bedürfnissen angepaßt wird. Das war auch ein Grund, warum ich mein zahnärztliches Studium gewählt habe. In einer Privatpraxis bestimmt man die Arbeitszeiten selbst. Man kann auch eine Praxis zu Hause eröffnen. Ich stellte mir auch vor, daß ich vor allem Patientinnen haben würde. Auch wenn es unserer Religion nach zwischen Arzt und Patient gestattet ist, finde ich doch, daß sich eine nahe Beziehung zwischen einer Frau und einem Mann nicht ziemt. Wenn ich später eine Praxis haben sollte, so dann doch nur für meine Familie. Meine Familie wird immer an erster Stelle stehen.«

Es wird deutlich, wie die Frauen in vorsichtiger Weise bestrebt sind, ihre Wünsche nach beruflicher Arbeit im Lichte des Islam als gerechtfertigt zu sehen. Sie versichern immer wieder, daß sie sich von der ihnen im Islam zugedachten, traditionellen Frauenrolle nicht entfernen wollen. Wie auch immer sie das Studium bewerten mögen – sobald es zur Berufsausübung kommt, verhalten sie sich, als gäbe es keine zwangsläufige Verbindung zwischen Studium und beruflicher Aktivität.

Der versteckte Rollenkonflikt, der sich aus der Treue gegenüber der vom Islam definierten traditionellen Identität der Frau und ihrer beruflichen Identität ergibt, interessierte mich als Soziologin. Ich erinnerte die islamistischen Studentinnen an ihren Entschluß zu studieren und an all das, was sie bisher an Opfern gebracht hätten, um das Studium abschließen zu können: »Sie sagen, daß Sie stark motiviert an die Universitäten kamen, daß Sie sogar an Demonstrationen teilnahmen und gegen das Kopftuchverbot kämpften, um Ihre Rechte auf das Studium zu verteidigen. Wegen des Verbots haben Sie lange Wartezeiten auf sich genommen, bis es aufgehoben wurde und Sie Ihre Studien wieder fortsetzen konnten. Diese Entschlossenheit, die Sie damit hinsichtlich Ihres Studiums gezeigt haben, läßt sie sich wirklich nur mit dem ›Verantwortungsgefühl als zukünftige Mutter‹ erklären? Ist der eigentliche Zweck eines Studiums nicht ein Beruf? Geht es Ihnen wirklich nur um die Gründung einer Familie?«

Diese Frauen versuchen, den inneren Zwiespalt zwischen der Treue zu ihrem Glauben und der empfundenen Neigung zu ihrem Beruf zu überwinden, indem sie den Preis, den die arbeitende westliche Frau zahlen muß, in den Vordergrund rücken. Sie distanzieren sich von der westlichen Frau und kritisieren, daß diese ja nur arbeite, um sich selbst zu beweisen, wozu sie fähig sei: »Sie sehen im Beruf eine Möglichkeit zur finanziellen Unabhängigkeit und zu gesellschaftlichem Aufstieg. Von unseren Kommilitoninnen hier hat keine die Absicht, irgend jemandem irgend etwas zu beweisen. Wir wollen nützlich sein, so wie unsere Zahnmedizinerin es schon gesagt hat, den muslimischen Frauen mit unseren Kenntnissen dienen. Deswegen haben wir keine beruflichen Ambitionen, und darum können Sie uns nicht mit den Frauen des Westens vergleichen, die sich viel mehr als ›Ich‹ bestätigen und beweisen wollen.«

Sie tadeln den Individualismus, den die westliche Frau durch ihre berufliche Arbeit erworben habe. Ihre eigenen Strategien bezweckten hingegen, nützlich und ein Teil der kollektiven islamistischen Bewegung zu sein. Das Thema Berufstätigkeit der Frau war für den Islam bisher ein Tabu, das das westliche Modell symbolisierte und den ideologischen Panzer der Islamisten verhärtete. Die befragten Frauen gaben offen zu, daß sie gegen eine durch Arbeit erworbene Emanzipation seien, und sie verteidigten die Würde der Frau, die ihr von der islamischen Religion zugestanden werde. Um zu beweisen, daß die Überlegenheit der muslimischen Frau von ihrer Stellung in der Familie herstamme, verglichen die Mitglieder der Gruppe die Stellung der westlichen Frau mit der der Frau im Islam. Wie diese Frauen die Entwicklung beurteilen, die die westliche Frau in ihrer Gesellschaft durchlaufen hat, zeigt folgende Bemerkung: »Während der industriellen Revolution in Europa begannen auch die Frauen, in den Fabriken zu arbeiten. Sie wurden dort zu halbem Lohn als Arbeiter zweiter Klasse beschäftigt. Danach fingen sie überall an, gegen ihren Status als Bürger zweiter Klasse zu protestieren. Daher sind sie bis heute gezwungen, sich zu beweisen.«

Ihrer Meinung nach wird die westliche Frau durch ihre Berufstätigkeit nicht befreit, sondern ausgebeutet. Sie sei sogar doppelt belastet, denn sie begnüge sich nicht nur damit, außerhalb des Hauses zu arbeiten, sondern sei auch noch weiterhin Hausfrau. Deswegen könne keine Rede von der Gleichheit zwischen Frau und Mann sein.

Die Gesprächsteilnehmerinnen waren sich darin einig, daß die arbeitende Frau überlastet sei. Wie man sieht, hat sich auch das Bild von der westlichen Frau bei diesen gebildeten muslimischen Studentinnen verändert. Sie definierten die westliche Frau weniger mit moralischen Begriffen wie »degeneriert« oder »zu freizügig«, sondern beurteilten sie nach dem Ausmaß ihrer sozialen Errungenschaften.

Cihan Aktaş, eine der bekanntesten islamistischen Intellektuellen, nähert sich dem Thema »Frauenarbeit« im Rahmen einer Kritik am kapitalistischen System. Sie behauptet ebenfalls, daß die Arbeit der Frau »außerhalb des Hauses« meist die Ausbeutung ihrer Arbeitskraft bedeute oder ihre Sexualität vermarkte: »Die Arbeiterinnen existieren entweder als billige Arbeitskräfte oder als unersättliche Konsumentinnen im Dienste des kapitalistischen Systems. ... Bis heute sind die Frauen weitgehend von der Produktion ausgeschlossen.«[28] Nach Aktaş verhielten sich die islamistischen Akademikerinnen dem Arbeitsleben gegenüber deshalb reserviert, weil »der Rhythmus des aktiven Lebens im kapitalistischen System menschenverachtende Ausmaße« angenommen habe.[29] Es werden die Arbeitszeiten von morgens neun Uhr bis abends siebzehn Uhr, der dichte Verkehr, der niedrige Lohn, die sexuelle Belästigung kritisiert, die alle die Entfremdung des Einzelnen bewirkten. Aktaş studiert die Frau und das Arbeitsleben nicht aus der Sicht des Korans, sondern geht von der gesellschaftlichen Struktur aus. Eine intellektuelle Muslimin nähert sich dem Thema der »außer Haus arbeitenden Frau« in einer der marxistischen Tradition verwandten Terminologie mit Kategorien wie »Ausnützung billiger Arbeitskraft«, »Produzent« und »Konsument«. Es scheint, als seien die islamistischen Intellektuellen von der ursprünglich marxistischen und feministischen Kritik an der Moderne und an der Fortschrittsideologie der industriellen Gesellschaft beeinflußt worden.

Jedesmal, wenn die islamistischen Studentinnen den Status der westlichen Frau aus einer historischen Perspektive kritisieren, idealisieren sie ihren eigenen Status. Eine Studentin aus dem letzten Studienjahr an der Philosophischen Fakultät idealisiert die Stellung der Frau im Islam bis hin zur Verteidigung des Status »Kindfrau«: »Nach unserer Religion ist die Frau die Herrin des Hauses, und der Mann ist verpflichtet, ihre materiellen Bedürfnisse in jeglicher Weise zu befriedigen. Das ist vollkommen Sache des Mannes, denn er respektiert die Frau. Wenn wir dagegen das Arbeitsleben und die Stellung des Mannes im Westens betrachten, sehen wir, daß die Frauen, wenn sie erst einmal in das Berufsleben eingetreten sind, sich sowohl körperlich als auch seelisch sehr rasch verbrauchen, arbeiten sie doch außer Haus genauso hart wie im Haus, um sich zu beweisen. Die Männer jedoch arbeiten nur außer Haus. Es soll angeblich Männer geben, die das Geschirr abwaschen, aber ich kann es mir nicht vorstellen. Ich selbst denke nicht daran zu arbeiten. Der wirkliche Platz, das heißt mein ureigener Platz, ist mein Zuhause. Das Arbeiten außer Haus führt in der Familie zu Problemen, zu Wunden. Jetzt sind wir noch jung, eine Ausbildung ist Bedingung, wir müssen studieren. Aber später müssen wir nur für die Familie da sein, mit den durch das Studium erworbenen Kenntnissen unsere Kinder erziehen.«

Diskussionen zu diesem Thema endeten in der befragten Gruppe gewöhnlich mit der üblichen ideologischen Feststellung: »Der Status der Frau im Islam ist in jeder Hinsicht höher, sie hat es nicht nötig, für ihre Emanzipation zu kämpfen!«

Diese Thesen, die die traditionelle Rolle der Frau im Hause festschreiben, führen so weit, daß man sogar die Erziehung und Ausbildung der Frau dadurch legitimiert, daß man sie zum »Dienst am Islam« erklärt. Das Interessante daran ist, daß es die Männer sind, die die Frauen an die »wirklichen« Gründe für ihre Ausbildung erinnern. Der einzige anwesende Mann, der als Redakteur einer islamistischen Zeitschrift arbeitete, mischte sich plötzlich in das Gespräch ein und gab ihm einen gänzlich anderen Lauf. Denn er stutzte den Wunsch der Frauen nach einem individuellen Berufsziel zurecht und hob ihre kollektiven und politischen Identitäten innerhalb der islamistischen Bewegung hervor: »Unsere Kameradinnen studierten nicht, um irgendwo zu arbeiten, sondern um, islamisch ausgedrückt, das Gebot des *tebliğ* zu verwirklichen, das heißt, ›den Islam an andere weiterzugeben‹. ... In der Gesellschaft gibt es Berufe mit hohem Prestige wie Ärzte oder Apotheker. Wenn eine unserer verschleierten gläubigen Freundinnen hier eine Stelle als Ärztin oder Apothekerin einnimmt, glaubt sie, daß sie diese Vermittlungsaufgabe leichter erfüllen kann.«

Die Gruppe akzeptierte, daß dieser Mann in ihrem Namen sprach und sie an ihre Pflicht erinnerte und bestätigte, daß es ihre eigentliche Aufgabe sei, dem Islam zu dienen: »Ein Studium, ein Diplom sind nicht unser eigentliches Ziel, auf keinen Fall. Sie sind nur Mittel zum Zweck, für unser Ideal! Und das ist die Verbreitung des Islam!«

Obwohl die Mitglieder der Gruppe ihrem Studium gegenüber eine große Neigung verspürten, wie sie sagten, hatten sie Schwierigkeiten, ihren Wunsch nach Arbeit auszudrücken. Diese Hemmung entsprang einerseits der islamistisch patriarchalischen Ideologie, die den jungen Frauen das Studium nur zu dem Zwecke gestattet, die Religion zu verbreiten, andererseits aus den religiösen Gesetzen, die die Frau in das Privatleben sperren, in ihr nur die Ehefrau, Mutter und Hausfrau sehen.

Jeder Konflikt zwischen ihrer Treue zur Religion und ihrem Enthusiasmus dem Studium und dem Beruf gegenüber verwandelt sich entweder in eine Kritik der westlichen Moderne oder in eine Kritik an der Tradition. Man kehrt zu den Ursprüngen des Islam zurück, nimmt das »Zeitalter der Glückseligkeit« als Vorbild und behauptet, daß das sich verändernde moderne Leben im Prinzip mit dem Wesen des Islam vereinbar sei. Der Eintritt dieser Frauen in die Öffentlichkeit, das Zusammensein von Männern und Frauen, die Befreiung der Frau von dem Bild der sich aufopfernden Mutter hin zur aktiven und kämpfenden Person, all dies erklärt die Aktivitäten, denen sie nachgehen. Sie leben in einer Gesellschaft, in der die Geschlechter nicht getrennt sind, zeigen sich in der Öffentlichkeit, wenn auch islamisch verhüllt. In welchem Maße ist dies mit den Gesetzen des Islam vereinbar? Wieweit harmoniert dies mit der islamischen Ordnung, die darauf beruht, die Frau im privaten Bereich festzuhalten, und die auf der Trennung und Hierarchie zwischen den Geschlechtern aufgebaut ist? Das »Zeitalter der Glückseligkeit«, die Zeit der Herrschaft der vier Kalifen, bietet den islamistischen Frauen ein ideales Gesellschaftsmodell zur Lösung der Widersprüche, in denen sie sich befinden. Indem sie sich diesem »Goldenen Zeitalter« zuwenden, befreien sie sich einerseits von den Auswüchsen des traditionellen Islam und suchen sich andererseits andere, alternative Vorbilder als die westliche Moderne.

5. Die islamistische Utopie vom »Goldenen Zeitalter«

Vergleicht man den Islam in seiner heutigen Praxis mit der islamischen Lebensweise in diesem »Goldenen Zeitalter« der vier Kalifen, so eröffnet sich dem radikalen Islam ein Weg, sich vom Traditionalismus zu befreien. Der fundamentalistische Wandel im Islam – sei es auf religiöser oder politischer Ebene – ermöglicht ihm paradoxerweise auch die Hinwendung zur Moderne. Den islamistischen Frauen bringt dieser Rückgriff auf die Vergangenheit die Aussöhnung ihrer gesellschaftlich-beruflichen Forderungen mit ihrer islamistischen Identität. Wie die Denker der radikal islamistischen Bewegungen, suchen auch die Islamistinnen die Antwort auf alle zeitgenössischen Probleme in der Rückkehr zum »Zeitalter der Glückseligkeit«. Der Mythos über die Gründungszeit des Islam, der die Funktion einer Utopie ausübt, nährt das der westlichen Moderne als Alternative entgegengesetzte islamistische Projekt.

Durch die Rückkehr zu den Anfängen, zum Kern des Islam, verteidigt man die damals, wie man glaubt, vorhandene Gleichheit zwischen Mann und Frau. Dieser Ansicht nach rühre die später in der Praxis aufgetretene ungleiche Rollenverteilung zwischen den Geschlechtern und die Unterdrückung der Frau daher, daß der Islam nicht richtig ausgelegt wurde. Im Grunde erkenne der Islam Frauen und Männern gleiche Rechte zu. Wie die Frau das Recht auf Erziehung und Ausbildung hat, so hat der Mann auch die Pflichten innerhalb des Hauses zu teilen. Indem man sich auf die islamischen Quellen stützt, versucht man zu zeigen, daß der Gedanke an die Gleichheit zwischen den Geschlechtern dem Islam nicht fremd ist: »Ich will ein Beispiel aus meiner Familie geben. Ich spreche manchmal mit meinem Vater über die Koranverse und die Worte des Propheten, über die Hadithe. Ich sage ihm, daß unser Prophet, wenn er mit seinen Arbeiten fertig war und es notwendig war, seiner Frau half, ja sogar das Haus fegte. ... Mein Vater wollte wissen, wo das geschrieben steht. Sie wissen also nichts darüber, wollen es auch nicht akzeptieren. Sie haben es nie bei ihren Müttern oder Vätern gesehen; sie glauben fest, so etwas gebe es im Islam nicht. Es war ihnen gesagt worden, daß zwar im Westen die Frauen mit den Männern um ihre Gleichberechtigung kämpften, im Islam jedoch die Frau keinen Anspruch auf Gleichheit besitze. Die Frau stehe im Islam sowieso an erster Stelle. Warum sollte sie Gleichheit anstreben?«

Ferner heißt es, die Rolle der Frau als Hausfrau sei nicht als religiöse Pflicht definiert worden, weshalb sie auch außerhalb des Hauses arbeiten, ja sogar Handel treiben könne: »Im Islam ist Essen kochen, Hausarbeiten erledigen und dergleichen keine religiöse Pflicht, das heißt, es gibt in der islamischen Religion nichts, das besagt: Du mußt in der Küche stehen, und der Mann bringt das Geld und unterhält die Familie. Die Frau schenkt diese Leistungen freiwillig. Wenn sie also Hausarbeiten verrichtet, so geschieht dies nur aus Wohlwollen – ein Verhalten, das den Dank des Mannes verdient. Sind die materiellen Möglichkeiten des Mannes ausreichend, so kann die Frau jederzeit auf ihr Recht pochen, eine Dienstkraft zu verlangen. Sie hat sogar das Recht, für ihr Kind eine Amme zu fordern. Außerdem besitzt sie nach dem Islam immer das Recht, mit ihrem Eigentum eigene Geschäfte zu machen; ihr Mann kann ihr da nicht hineinreden. Die Frau kann das von ihr verdiente Geld für ihre eigenen Bedürfnisse und Wünsche verbrauchen.«

Die größten Denker des Islam hatten schon immer die Idee verteidigt, daß die Ungleichheit zwischen Männern und Frauen an der Gesellschaft liege und ihre Wurzeln nicht im Islam zu suchen seien. Der Koran sei falsch interpretiert worden. So schreibt Hüseyin Hatemi in seinem Buch *Kadının Çıkış Yolu* (Der Ausweg der Frau) – auf das Risiko hin, der Verwestlichung bezichtigt zu werden – daß von den Menschenrechten her gesehen, die Gleichheit zwischen Mann und Frau »ein Grundprinzip im Koran« sei. İlhan Arsels Buch widersprechend, versucht Hatemi anhand von Koranversen zu beweisen, daß der Islam die Frau nicht als Mensch zweiter Klasse betrachte. Zu den diskriminierendsten Geboten zuungunsten der Frau – etwa, daß der Mann Herr des Hauses sei, die Frau sich verschleiern müsse, der Mann die Frau schlagen dürfe, die Polygamie erlaubt sei, der Mann sich jederzeit von der Frau scheiden könne – sagt Hatemi, diese Gebote seien grundsätzlich entweder durch falsche Auslegung oder durch »erfundene Hadithe« zustande gekommen und hätten schließlich zu »fest verwurzelten Vorurteilen« geführt. Hatemi behauptet ferner, die Stellung des Mannes zur Frau müsse als *primus inter pares*, als Erster unter Gleichen, gedeutet werden, was aus natürlichen Unterschieden zwischen den Geschlechtern herrühre und ihnen verschiedene Aufgaben und Verpflichtungen auferlege. Er besteht darauf, daß im Islam die Gleichheit zwischen Mann und Frau nicht nur abstrakt-philosophisch existiere, sondern als irdisches Menschenrecht: »Was die Menschenrechte angeht, so kann es zwischen den Menschen keine Unterschiede hinsichtlich Rasse, Hautfarbe oder Herkunft geben. Allah hat die Frau nicht für den Mann erschaffen, sondern beide füreinander. In dieser Welt braucht der Mann die Frau, die Frau den Mann.« Hatemi entwickelt die konservative These, nach der Mann und Frau zwar verschieden seien, sich aber gegenseitig ergänzten.[30]

Neben der islamistischen Bewegung machen auch andere Quellen auf den Unterschied zwischen dem Koran und den traditionellen Sitten und Bräuchen aufmerksam. Germaine Tillion hebt in ihrer ethnologischen Arbeit über die Mittelmeervölker hervor, daß die Unterdrückung und Ausbeutung der Frau nicht dem Islam entspringe, sondern sowohl in christlichen als auch in muslimischen Ländern als kulturelles Faktum anzutreffen sei. Die Herabsetzung der Frauen wurzele nicht im islamischen Dogma, sondern beruhe auf einer bestimmten Familienstruktur. Tillion behauptet, die Rechte, die der Koran der Frau zuerkenne, seien den Bräuchen der damaligen Gesellschaften weit voraus gewesen.[31] Sie vergleicht christliche und muslimische Frauen in den Mittelmeerländern und kommt zu dem Ergebnis, daß in den christlichen Ländern die katholische Religion stark ›archaisch und männlich‹ geprägt sei, in den muslimischen Ländern dagegen die Sitten und Bräuche trotz der ›Revolution des Korans‹ konservativ geblieben seien.[32] Wenn die Frau des Mittelmeerraums einen niedrigen Rang habe, so gehe dies nach Tillion auf die vorislamische Zeit zurück und existiere trotz des Korans weiter. Es seien die Gesetze, die die Sexualität kontrollieren, die Gesellschaften formen und die Familienstrukur ordnen. Nach Tillion beruht die »Einsperrung der Frau in das Haus« im allgemeinen auf den Gesetzen, die die Familienstruktur von Anfang an bestimmt haben.

Die marokkanische Soziologin Fatima Mernissi, bekannt durch ihre Schriften über die Frau und den Islam, geht ebenfalls auf dieses historisch-kulturelle Erbe, das die Gleichstellung der Geschlechter verhindert, ein. Sie fragt sich, ob es, um diese Gleichstellung erreichen zu können notwendig sei, sich von der arabisch-islamischen Vergangenheit abzutrennen, oder ob man sich nicht vielmehr der Vergangenheit und der Tradition zuwenden solle um sie in eine neue Ordnung zu bringen. Mernissi entscheidet sich für letzteres, indem sie auf den islamischen Ursprung zurückgreift und an die Absicht des Propheten erinnert, die medinischen Gesetze von Männern und Frauen gemeinsam aushandeln zu lassen, damit sie gemeinsam in dem von Stämmen beherrschten Arabien an der Gründung eines starken, monotheistischen Staates teilnehmen und eine demokratische und religiöse Gemeinschaft bilden würden. Mernissi führt Beispiele berühmter Frauenpersönlichkeiten aus Medina an, wie etwa Umm Salma, Aischa und Sakina, und versucht nachzuweisen, daß diese Frauen im Gegensatz zur vorislamischen Tradition am politischen und gesellschaftlichen Leben entscheidenden Anteil hatten. Aber die Autorin hebt auch hervor, wie sich die frauenfeindlichen Worte des Propheten in den Hadithen »wie eine Decke über Medina senkten« und die Frauen schließlich dazu brachten, die Teilnahme am politischen Leben aufzugeben, und wie auf diese Weise ihr Wunsch nach Freiheit gebrochen wurde.[33] Nach Mernissi wird in Folge dieses »Verlustes der Erinnerung« die Gleichstellung der Geschlechter in der kollektiven Erinnerung der Muslime in ihrer eigenen Gesellschaft nicht als eine ihnen entsprechende Aufgabe gesehen, sondern als ein importiertes, von draußen eingedrungenes Problem.[34] Berühmte freie Frauen gerieten in Vergessenheit. Bis heute ist das Frauenbild ist von der Phantasievorstellung der »Verschleierten«, der »Versklavten«, der »Leibeigenen« bestimmt. Die Gründe für die misogynen Worte des Propheten sieht Mernissi in den durch den Geschlechterkampf entstandenen Herrschaftsbeziehungen zwischen Frau und Mann. Sie schließt mit der Frage: »Warum braucht der muslimische Mann, um sein Gleichgewicht zu finden, eine derart verstümmelte Gefährtin?«[35]

Der Gedanke von der »Degeneration eines Ideals« kommt auch in der Arbeit von Abdelwahab Bouhdiba über die Sexualität im Islam zum Ausdruck. Er betont, daß im Koran selbst – im Unterschied zur islamischen Rechtswissenschaft und der sunnitischen Tradition – von Frauenfeindlichkeit keine Spur zu finden sei.[36] Nach ihm ist zwar die Behauptung richtig, daß im Islam von Statusähnlichkeit und Rollengleichheit zwischen Mann und Frau nicht die Rede sein könne, aber obwohl im Koran in den Ehebeziehungen eine Hierarchie geschaffen ist, behauptet er, diese hierarchische Arbeitsteilung falle zugunsten der Frau aus.[37] Was die Sexualität im Islam betrifft, spielt sie nach Bouhdiba eine herausragende Rolle, denn sie sei in das tägliche Leben integriert und werde als schöpferischer Bestandteil des Glaubens und der Liebe akzeptiert. Nach Bouhdibas Analyse ist der Islam weit davon entfernt, die sexuellen Wünsche zu unterdrücken, sie aus der Realität zu verbannen. Vielmehr rät er, den Körper ernst zu nehmen und die sexuellen Bedürfnisse besser zu befriedigen.[38] Im Gegensatz zu vielen Hadithen und islamischen Rechtsauslegungen gebe kein Koranvers Anlaß zu frauenfeindlicher Deutung. Der Autor geht sogar so weit zu behaupten, die islamische Zivilisation sei ihrem Wesen nach feministisch, denn man könne nicht dem islamischen Glauben anhängen und gleichzeitig ein Frauenhasser sein. Die Tatsache, daß die Traditionen den Frauen gegenüber hart seien, ihnen keinen Wert beimäßen und sie sogar negierten, sei ein bestimmendes Charakteristikum der arabisch-islamischen Länder. In der Praxis überwiege jedoch das »Prinzip der Hierarchie unter den Geschlechtern« gegenüber dem »Prinzip der gegenseitigen Ergänzung durch die Geschlechter«.[39] Der Autor kommt zu dem Schluß, daß die Muslime »sexuelle Moral« immer weniger mit dem Koran oder den Erläuterungen des Propheten in Beziehung setzten.

Wieder einmal wird das Abwürgen und Abweichen der ersten ursprünglichen Freiheitsbegeisterung im Islam angesprochen. Bouhdiba schreibt, die ganze Frische und Spontanität sei wie von einer Walze erdrückt worden.[40] Er hält es für notwendig, die verlorengegangene Bedeutung des Islam von neuem zu finden.

Uns geht es nicht darum, über den »Wahrheitsgehalt« dieser Interpretation des ursprünglichen Islam zu befinden. Vielmehr wollen wir feststellen, welche Bedeutung dieser Interpretation als Fundament des islamistischen Gesellschaftsprojekts zukommt. Denn indem die islamistischen Aktivisten auf das »Zeitalter der Glückseligkeit« zurückverweisen und das Heilige Buch neu interpretieren, bemächtigen sie sich in einer neuen Weise des Islam und versuchen damit, ihre eigene soziale Bewegung umzuformen. Wie wir anfangs darlegten, hat der Mythos der Gründungszeit die Funktion einer Utopie. Aber über die Wege, wie man die verlorengegangene Bedeutung des Islam wieder zurückgewinnen und gesellschaftlich wirksam werden lassen könnte, gibt es unterschiedliche Ansichten. So, wie die Rückkehr zum Ursprung – zum »Zeitalter der Glückseligkeit« oder zum Koran – utopisch ist, führt ihre Verwirklichung im gesellschaftlichen Leben zu unterschiedlichen ideologischen Verzweigungen der islamistischen Bewegung.

Spricht man von Utopie, so denkt man an noch nicht Ausprobiertes, nicht Gelebtes, an etwas, das noch außerhalb der Realität liegt. Deshalb hat Utopie eine schöpferische Funktion. Denn sie drückt den Wunsch aus, die gesellschaftliche Realität zu überwinden. Die Idee von einem alternativen Leben, von einer Gegen-Gesellschaft nährt sich von einer Gesellschaft in der Verbannung, einem anderen Ort und dessen Andersartigkeit. Daher wirkt die Utopie als erneuernde Kraft. Daß es sich bei der islamistischen Utopie vom »Zeitalter der Glückseligkeit« um eine rückwärts gewandte Utopie handelt – im Gegensatz zur sozialistischen Utopie einer klassenlosen Gesellschaft, die in die Zukunft projiziert wird – ändert nichts an der Erneuerungsfunktion der Utopie. Islamistische Bewegungen geben ihren gegenwärtigen Aktivitäten dadurch eine Richtung, daß sie von einer idealen Gesellschaft in der Vergangenheit träumen. Sie bemühen sich, aus der Vergangenheit Kraft schöpfen, um mit der heutigen modernen Welt fertigzuwerden. Es geht ihnen nicht um die prinzipielle Ablehnung der modernen Welt und ihrer Prinzipien. Die islamistische Utopie zielt ab auf eine alternative Lebensform an, die der westlichen Moderne entgegen gestellt wird. Es ist eine perfekte Utopie, in der Gleichheit herrscht zwischen den Menschen und zwischen den Geschlechtern, eine sich gegenseitig ergänzende Gleichheit, in der es eine Harmonie mit der Natur gibt und Glück, aber in der kein Kampf existiert. In dem Maße, in dem die Utopie die Projektion einer idealen Gesellschaft ist, repräsentiert sie eine kampf- und konfliktlose, mit sich selbst einige Welt. Aber wie jede soziale Bewegung sich von einer Utopie nährt, so ist sie auch mit einer Ideologie ausgerüstet: Die Utopie nährt die idealistische Dimension der Bewegung, die Ideologie hingegen sucht einen Weg, um sie gesellschaftlich zu verwirklichen.[41]

Wie drückt sich nun die islamistische Utopie in den gesellschaftlichen Beziehungen von heute aus? Wir können zwei voneinander verschiedene Strömungen in ihren Grundzügen unterscheiden: den kulturellen und den politischen Islam.

6. Der kulturelle und der politische Islam

»Allen Problemen liegt zugrunde, daß keine islamische Gesellschaft existiert« ist die Ausgangsthese der islamistischen Bewegung, die damit die Notwendigkeit bekräftigt, auf das »Zeitalter der Glückseligkeit« zurückzugreifen, und verschiedene Ideologien schafft und eine Dynamik in Gang setzt, um diese »Utopie« in der heutigen modernen Gesellschaft zu verwirklichen. So birgt die islamistische Ideologie der Verschleierung zwei verschiedene logische Vorgehensweisen in sich, die wir als politischen und kulturellen Islam bezeichnen wollen. Der politische Islam, der in seinen Aktivitäten der Machtübernahme den Vorrang gibt, der den Wandel »von oben nach unten« als »Systemwandel« bezeichnet, der gegenüber den »westlich-imperialistischen Mächten« die islamische Identität und Unabhängigkeit verteidigt, kann als »revolutionärer Islam« bezeichnet werden. Das bedeutet jedoch nicht, daß der kulturelle Islam keine politische Dimension besitzt. Nur gibt er nicht dem Staat, sondern dem Individuum den Vorrang. Anstatt ein neues System gründen zu wollen, ist sein höchstes Ziel vielmehr, die innere Welt des Menschen zu ändern. Der kulturelle Islam ist gegen die Verarmung des Islam durch Politisierung, gegen die Profanisierung durch Säkularisierung. Diese kulturelle Richtung trägt dazu bei, die islamische Identität zu formen und Werte und Gegebenheiten festzustellen, auf denen eine Änderung der Menschen und der Gesellschaft fußen könnte.

Was die politisch-revolutionäre Richtung anbelangt, interessiert sie sich weniger für die Identität der Bewegung, vielmehr ist sie bemüht, sich gegen den »Feind« der Bewegung, das heißt das westliche System, auf politischem Gebiet aufzurüsten. Es handelt sich um eine revolutionäre Reaktion der Dritten Welt, der unterdrückten Völker. So legitimierte das iranische Vorbild die Politisierung des Islam und dessen revolutionären Anspruch. Der Iran gilt erstes Land, als Vorbild dafür, wie zum ersten Mal seit dem »Zeitalter der Glückseligkeit« wieder eine wahre islamische Gemeinschaft geschaffen wird. Indem der Iran einen islamischen Staat ausrief, schuf er eine materielle Grundlage für die Verbreitung des Islam und proklamierte den westlichen und imperialistischen Mächten gegenüber seine Unabhängigkeit und islamische Identität. Als revolutionäres Beispiel hat das iranische Modell somit den politischen islamistischen Bewegungen den Rücken gestärkt.[42]

Im Gegensatz zum politischen Islam, der sich an der iranischen Revolution orientiert und sich »politisch« bewaffnet und der zur Islamisierung der Gesellschaft die Errichtung eines islamischen Staates vorsieht, gibt der kulturelle Islam nicht der Politik, sondern der Religion, nicht dem Staat, sondern dem Individuum den Vorrang. Daher steht der kulturelle Islam der iranischen Revolution skeptisch und kritisch gegenüber.

Die Unterschiede zwischen diesen beiden Richtungen können wir mit Gilles Kepel in ein islamistisches Umsturzmodell »Von-oben-nach-unten« fassen und in ein »Von-unten-nach-oben« Modell, das dem Einzelnen und seiner Gemeinde mehr Bedeutung beimißt. Die »Von-oben-nach-unten«-Bewegung will die Gesellschaft als Ganzes verändern, die Scharia wieder einführen. Um dies zu erreichen, ist es für die islamistischen Bewegungen logisch, die politische Macht anzustreben, dem Vorbild des Iran zu folgen. Auch weist Gilles Kepel darauf hin, daß seit den späten 80er Jahren eine neue Form des Islamismus auftritt, der eine »Von-oben-nach-unten«-Bewegung anstrebt und weniger den politischen Machtumsturz verfolgt, als die Bildung einer echten islamischen Gemeinde und eine Veränderung im täglichen Lebensplan des Individuums. Die Strategie des Vorgehens ist dadurch gekennzeichnet, daß man die Gesellschaft »Von-unten-nach-oben« verändern und mit der Bildung alternativer Gemeinschaften eine politische Beweglichkeit erreichen möchte.[43] Doch wie schon erwähnt, überwiegt in der »Von-unten-nach-oben«-Islamisierung die kulturelle Dimension.

Die Interviews, die wir mit den zwei wichtigsten Persönlichkeiten der islamistischen Bewegung, mit Abdurrahman Dilipak und Ali Bulaç, führten, erhellen die unterschiedlichen Herangehensweisen des politischen und des kulturellen Islam. Obwohl beide zur radikalen islamistischen Bewegung zählen, die die Rückkehr zu den Ursprüngen fordert, um den Islam wiederzubeleben, kann man sagen, daß beide zwei unterschiedliche Strömungen vertreten. Dilipak geht davon aus, daß der Islam vom westlichen Imperialismus in die Zange genommen worden sei. Daher kämpft er für den Vorrang der politischen Aktivität, um die erforderlichen Voraussetzungen für die freie Entfaltung des muslimischen Individuums und der islamischen Gesellschaft zu schaffen. Ali Bulaç, im Gegensatz zu Dilipak kein Aktivist, behauptet hingegen, daß der Islam durch »Politisierung« und »Profanisierung« verarme. Man müsse im Islam vielmehr eine alternative Weltanschauung suchen. Die Suche gilt einer anderen Sicht der Beziehungen zwischen Technologie und Gesellschaft, Wissen und Wirklichkeit, dem Menschen und der Natur.

Der politische Islam, der dem Wandel »Von-oben-nach-unten« den Vorrang gibt, verfolgt in erster Linie das Ziel einer islamistischen Revolution und der Gründung eines Staates, der ein islamisches System errichtet. Diese Haltung, die politischen Aktionismus vorzieht, rechtfertigt illegales Vorgehen, reagiert auf die bestehende Ordnung und legt den Schwerpunkt auf offenen Widerstand und kämpferische Auseinandersetzung. In welcher abstrakten Form der Begriff »Feind« auch immer definiert wird – als fremde, ausländische Mächte, als Weltimperialismus, als Teufel -, die Kraft des Gegners gibt der Bewegung Antrieb. Die politische Bewegung, die sich von der westlichen Welt als »belagert«, »unterdrückt«, »ungerecht verfolgt« fühlt, tut sich schwer damit, den islamistischen Protagonisten und das ihn motivierende Wertesystem als eigene Wirklichkeit zu deuten. Im Gegensatz zum politischen Islam, der den Kampf mit dem »System« an die erste Stelle setzt, übernimmt der kulturelle Islam in erster Linie die Rolle eines Vermittlers neuer Werte. Er geht von der »muslimischen Persönlichkeit und Identität« aus und kämpft er vor allem um Unabhängigkeit im Geistigen.[44] Diese Strömung hinterfragt die Spannungen zwischen Islam und Politik, Tradition und Moderne, Religion und irdischem Leben, zwischen Glauben und rationalem Positivismus und bringt eine neue gedankliche Dynamik in die Gegensätzlichkeit zwischen dem Islam und dem Westen.

Auf verschiedenen Gebieten und kulturellen Bereichen versuchen viele islamistische Denker, die »Verschiedenartigkeit« und die »Charakteristika« des Islam zu betonen. Sie gehen davon aus, daß die Moderne sogar die Muslime gefangengenommen habe, und verteidigen ihre sich auf den Islam stützende, alternative Weltanschauung. Ismail Kara, der

der Politisierung des Islam mit Zweifel und Skepsis gegenübersteht, behauptet, in den gegenwärtigen islamistischen Bewegungen herrschten die Gedanken des »Fortschritts, Laizismus und Positivismus« vor und feilten »am Islam herum«, ja schwächten ihn. Nach ihm ist die Rückwendung zum »Zeitalter der Glückseligkeit« im Grunde der Versuch, Abweichungen zu eliminieren, eigentlich eine Rückkehr ins Eigene, also eine Bewegung der Rückkehr. Doch hätten sich die hinter der politischen Macht herlaufenden Islamisten, anstatt sich nach rückwärts zu wenden, mehr gegenwärtigen Problemen zugewandt, sich ganz den Ideen der Fortschrittsideologie untergeordnet.[45] Außerdem versucht Kara nachzuweisen, daß den zeitgenössischen muslimischen Intellektuellen zufolge der Islam der Wissenschaft positiv gegenüber stehe und Wissenschaft und Vernunft hoch schätze. Sie versuchten sogar zu beweisen, daß die überlieferten Wunder wissenschaftliche Erkenntnisse vorweggenommen hätten. In Wirklichkeit seien diese Intellektuellen echte und freiwillige Diener eines wahren Laizismus und Positivismus, eines »wahren« Laizismus in dem Sinne, daß sie das Leben, die menschlichen Beziehungen, die Denkweisen säkularisierten und außerhalb des religiösen Kontextes stellten.[46] Kara, der sich eine von allen modernistischen Einflüssen gereinigte islamische Vision der Welt zu eigen macht, will sich nicht in politischen Machtkämpfe um die Sicherung der Zukunft aufreiben, sondern in erster Linie Muslim bleiben.

Muslimische Intellektuelle, die heute an die Stelle der Geistlichen getreten sind, stellen sich gegen die von Ruşen Çakır in seinem Buch *Ayet ve slogan* beschriebene Sloganisierung von Koranversen um der weltlichen Herrschaft willen und definieren den »Islam, der gerettet werden soll« sowie den »Westen, von dem er befreit werden will«.[47] Paradoxerweise sind die Muslime, die sich das Charakteristische der islamischen Weltanschauung am stärksten zu eigen gemacht haben, gleichzeitig diejenigen, die die Diskussionen in der westliche Moderne am aufmerksamsten verfolgen und sich am stärksten auf sie beziehen. Der erste muslimische Intellektuelle, der gegen die Verweltlichung des Islam Stellung bezog, ist Ismet Özel. In seinem Buch *Üç Mesele* (Drei Probleme) entwickelt er ein antimodernistisches Konzept, das sowohl von Werken islamischer als auch westlicher Denker beeinflußt ist.[48] Nabi Avcı zieht zwischen bestimmten Geistesströmungen des Westens und dem islamischen Denken Parallelen und kommentiert dies wie folgt:

»Während wir unsere Saiteninstrumente stimmen, das heißt uns bemühen, das geeignetste begriffliche Konzept zu finden, bewegen wir uns mit ihnen nolens volens auf der gleichen Tonlage.«[49] Die islamistischen Intellektuellen verfolgen die Diskussionen um die Moderne im Westen und reagieren damit nicht politisch naiv auf die westliche Welt, sondern versuchen, die Welt zu verstehen.[50] Sie versuchen, einerseits den traditionellen Islam zu kritisieren, andererseits der Umzingelung des Islam durch die Modernisierung zu widerstehen. Ali Bulaç lehnt sowohl den mit Aberglauben durchsetzten Traditionalismus und Konservatismus ab, als auch Rationalismus und Modernismus, der den Koran seiner Meinung nach willkürlich mit absolut gesetzter Vernunft und positivistischen Fakten auslegt. Er sagt, der beste Schutz gegen den Modernismus sei die die Muslime auf der ganzen Welt einigende *sunna*, das heißt Mohammeds maßgebliches Vorbild in Lebensweise, Handeln und Sprechen. Wenn die*sunna* außer Kraft gesetzt würde, wenn man etwa Frauen die Hand geben, den Schleier abschaffen und die vorgeschriebenen Gebete so oft und wann immer man wolle, verrichten könne, würde die Moderne leicht in die muslimische Welt einsickern und ihr ihre Institutionen und Gewohnheiten aufzwingen.[51]

Die Verschiedenheit der islamistischen Strömung und der westlichen Moderne konkretisiert sich in der Unterwerfung des Individuums unter die göttliche Macht, in den Ritualen, die das Zusammensein von Frau und Mann bestimmen und in dem Verschleierungsgebot des weiblichen Körpers. Indem sich die Frau verschleiert, erinnert sie an die Unterwerfung des Geschöpfes unter Allah, an die Grenzen der Intimität zwischen Mann und Frau, an die verbotenen Bereiche. Die Frau übernimmt damit gegenüber der säkularisierten und liberalen westlichen Moderne, die die Religion in ihre Schranken weist und die Verbote zwischen den Geschlechtern aufhebt, die Vermittlung der islamischen Andersartigkeit.

Aber die Geschlechtsidentität der Frau ist je nach Ausrichtung in eine der beiden islamistischen Hauptströmungen unterschiedlich definiert. Der politische Islamismus stellt dabei ganz die militante, kämpferische Identität der Frau in den Vordergrund. Als die islamistische politische Richtung revolutionäre Formen annahm, verstärkte sich die militante Identität der Frau zusammen mit ihrem politischen Radikalismus. Zum Beispiel sind in der Zeitschrift *Mektup* die radikalen islamistischen Frauen, die die totale Verschleierung fordern, mit der Kalaschnikow in der

Hand zu sehen, dem Gewehr, das zum Symbol aller Revolutionen geworden ist. Die Identität dieser Frauen ist in der kollektiven Bewegung begründet. Die »Erziehung« und Bildung der Frau wird nur unterstützt, weil sie dadurch besser zur Verbreitung und Vermittlung des Islam beitragen kann. Die Heldin Rabia in Emine Şenlikoğlus Roman *Bize nasıl Kıydınız?* (Wie konntet Ihr uns das antun?) erzählt, wie sie anfangs außerhalb des Hauses unter Männern gearbeitet habe, unverschleiert und oft spät in der Nacht mit Männern zusammen im Bus gefahren sei. Durch die Vermittlung ihres älteren Bruders Hüseyin wendet sie sich langsam dem Islam zu, gibt ihre Arbeit auf, kleidet sich islamisch und will sich nur mit einem »der Religion dienenden Kampfgefährten verheiraten«. Unter den aufgezählten Bedingungen für eine Heirat sind etwa ein Leben in Bescheidenheit wichtig – »Ich brauche keine teuren und phantastischen Sachen, solange sie ihre Funktion erfüllen« -, dann die Treue gegenüber den Gesetzen des Korans, die Verschleierung – »Ich trage alte Kleider, alte Schuhe, aber ich ziehe keine dem islamischen Gebot widersprechende Straßenkleidung an« -, ferner der Gehorsam dem Ehemann gegenüber – »Ich folge meinem Mann aufs Wort, gehe nirgendwohin ohne seine Erlaubnis, treffe keine anderen Männer«. Der Romanheldin steht ihre Schwester gegenüber, die sich nach einem westlichen Leben mit modernem Komfort sehnt.[52] In dem Buch erinnert Şenlikoğlu daran, daß auch die Männer verpflichtet seien gemäß den Gesetzen des Islam zu leben. Sie beschreibt die ideale Muslimin folgendermaßen: »Sie soll nicht übergescheit sein, keine Sklavin der Mode, und sich nicht schämen, wenn sie ihrem Mann gehorcht.«[53]

Auch in dem Interview mit der in der islamistischen Bewegung bekannten militanten Ägypterin Zaynab al-Ghazali wird deutlich, daß es eine enge Beziehung zwischen dem politisch-revolutionären Islam und den traditionellen Identitäten der Geschlechter gibt. Die einzelne Frau weiht ihr Leben teils ihrer politisch-religiösen Mission, teils ihrer Rolle als Ehefrau und Mutter der Familie; ihre Identität als weibliches Individuum spielt dabei eine untergeordnete Rolle. Für Ghazali, die ihre erste Ehe als Behinderung ihrer islamistischen Mission bewertet, ermögliche die islamische Religion den Frauen die aktive Teilnahme am politischen Leben, solange die Mutterpflichten nicht vernachlässigt würden. Aber auch sie betont, die wichtigste Mission und die heiligste Pflicht der Frau seien Mutterschaft und Ehe.[54]

Die revolutionär-islamistische Richtung verlangt statt einer traditionellen Muslimin eine militante, kämpferische Frau. Aber auch der radikale Islam ist weit davon entfernt, die traditionellen Geschlechterbeziehungen in Frage zu stellen. Ganz im Gegenteil, er festigt sie. Mehr als die Individualität der Frau sind es ihre Rollen, ihre Pflichten, die mit dem Islam in Einklang zu stehen haben, und indem sie diese wahrnimmt, bringt sie ihre Treue dem islamistischen Projekt gegenüber zum Ausdruck. Diese Richtung versucht durch Publikationen, die mit dem Volksislam verbundenen Schichten anzusprechen, indem sie sich auf ihr niedriges Bildungs- und Kulturniveau begibt, um ihnen den »echten Islam« anzubieten. Nur bleibt die Wirkung dieser »billigen und populistischen« Diskurse hinter den Deutungen des erstarkenden neuen Islam zurück.[55] Es sind vor allem die islamischen Intellektuellen, die den Islamismus der Zeitschrift *Mektup* und den von Emine Şenlikoğlu kritisieren, in dem sie eine Verschmelzung von »Proletarisierung« und »Islamisierung« sehen, die sich vom Lande in die Städte ergießt. Sie sprechen von der »Geburt islamistischen Kitschs«.[56]

7. Gesellschaftliche Praxis

Die Lösung aller Probleme, und damit auch die Befreiung der Frauen, ist dem Diskurs des revolutionären Islam nach gebunden an die Errichtung eines islamischen Systems. Dieser Diskurs wird in der gesellschaftlichen Praxis gemessen. Der politische Islamismus, der den Frauen auf dem Wege des Glaubens und des Heiligen Krieges die Rolle der »gläubigen Muslimin« und der »Glaubenskämpferin« zuteilt, verschiebt die Lösung der Probleme, mit denen die Frauen im Alltag konfrontiert sind, in die ideale islamische Gesellschaft der Zukunft. Unabhängig von den Erfahrungen von Frauen und Männern, die die gesellschaftliche Wirklichkeit der Gegenwart bilden, bezieht sich der Diskurs des politischen Islam auf das »Goldene Zeitalter«, die islamische Utopie in der Vergangenheit, und auf das in der Zukunft entstehende islamische System. In unserer Untersuchung über die jungen Studentinnen können wir zeigen, wie die Frauen diesem abstrakten Diskurs gegenüberstehen und wie sie ihn an ihrem praktischen Alltag messen.

7. 1. Persönliche Lebensstrategien

Innerhalb der politischen und kollektiven radikalen islamistischen Bewegungen entwickeln die Frauen ihre persönlichen Lebensstrategien, um als Individuum mitreden zu können. Die Bewegung ermöglichte ihnen den Zugang zur Öffentlichkeit und alternative Lebensformen. So nehmen die Frauen zum Beispiel an Kundgebungen teil, in denen sie das Recht auf Verschleierung fordern, sie veranstalten Koranlesungen, geben Zeitschriften heraus. All diese Aktivitäten eröffnen den Frauen den Weg zu individueller Freiheit.[57]

Die akademische Ausbildung spielt in der Entwicklung der individuellen Lebensstrategien der Frauen eine große Rolle. Indem sie die Wahl getroffen haben zu studieren, gewinnen die jungen Frauen, die dazu aus den Provinzstädten in die Großstadt einwandert sind, zum Beispiel die Freiheit, ihre Verheiratung hinauszuzögern: »Meine Familie in Eskişehir hat mir erlaubt, in Istanbul zu sein, um an der Universität zu studieren. Wenn ich einen Korankurs besuchen würde, würde nichts meine Familie daran hindern, mich mein Studium für die Heirat sofort abbrechen zu lassen. Vielleicht habe ich mich auch gefürchtet, eine Ehe einzugehen, ohne eine Ausbildung zu haben. Ich weiß nicht genau, jedenfalls ziehe ich es vor zu studieren.«

Das Studium wird als Weg zur Erweiterung des Horizonts, ja zur Selbstverwirklichung, bewertet: »Wir studieren, um unseren Horizont zu erweitern, um nicht in einer begrenzten Welt gefangen zu bleiben. Außerdem gibt einem das Studium die Möglichkeit, sich selbst kennenzulernen.«

Auch wenn für die Männer der islamistischen Bewegung das Studium der Frauen nur eine bloße Erweiterung ihrer mütterlichen und religiösen Grundpflichten bedeutet, ist es im Leben der Studentinnen entscheidend, denn es hilft ihnen, ihre Persönlichkeit zu formen, sich zu individualisieren. Als im Laufe der Diskussionen feste ideologische Schablonen bröckelten, bestanden die Studentinnen aus unserer Untersuchungsgruppe darauf, daß Studieren ihnen ein persönliches Anliegen sei und mit der Religion nicht direkt zu tun habe: »Meiner Meinung nach ist das weniger eine religiöse als vielmehr eine persönliche Angelegenheit. Das bedeutet nicht, daß ich Person und Religion trenne. Auch wenn wir keine Muslime wären, hätten wir vielleicht studieren wollen, denn es entsprach dem, wozu wir uns berufen fühlten. Wir sind nicht gezwungen, alles, was wir tun, mit der Religion zu erklären. Man kann nicht sagen, daß wir nur studieren, um die Religion zu verbreiten, also nur um der Religion willen studieren, um der Religion einen anderen sozialen Stellenwert zu geben.«

Für diese Frauen ist, wie für andere junge Leute auch, die Ausbildung natürlicher Bestandteil eines Lebensabschnittes: »In der Grundschule wollten wir in die Mittelstufe, dann in die Oberstufe, und jetzt eben studieren.«

Sowohl aufgrund ihrer sozialen Herkunft als auch wegen ihres Bekenntnisses zur ihrer muslimischen Identität fühlen diese jungen Frauen stärker den Zwang, sich durch eine Ausbildung zu beweisen: »Warum sollte ich nicht studieren? Die islamischen Länder sind unterentwickelt. Ich muß zum Beispiel lernen, ausländische Zeitschriften zu lesen, damit ich weiß, welche Entwicklungen es in diesen Ländern gibt. Das ist mein Recht. Wir arbeiten an uns und werden uns bewähren.«

Diese Bereitschaft, sich zu beweisen, läßt sie die Hindernisse, die einer Ausbildung und dem Besuch einer Universität entgegenstehen, überwinden und damit auch direkt und aktiv am gesellschaftlichen Leben teilnehmen. Mit dem Schritt, den sie in die Arbeitswelt tun wollen, schaffen sie einen Freiraum, nicht nur für die Identität der Hausfrau, sondern auch für die islamistische Bewegung. Die Sehnsucht der jungen Frauen nach einer beruflichen Identität jedoch sprengt die Grenzen, die der Islam für die Bildung der Frauen geschaffen hat. Für die Studentinnen ist das Studium nicht nur ein Recht, das man ihnen zugestanden hat, »um die eigenen Kinder besser zu erziehen« oder »um die Botschaft des Islam effektiver zu verbreiten«, sondern ein Meilenstein für den eigenen Lebensweg.

Es sei daran erinnert, daß es in den Auseinandersetzungen um die Fragen, die die Berufsausübung der Frau betreffen, zwei verschiedene Auffassungen gibt. Die erste Auffassung sieht als Grundpflicht der Frau die Mutterschaft, aus der folgt, daß eine Frau nicht studiert, um einen Beruf auszuüben, sondern um ihre Kinder besser erziehen zu können. Diese Haltung wurde vor allem von Frauen aus der Redaktion der Zeitschrift *Mektup* vertreten, die älter und »gebildeter« als die befragten Studentinnen waren, und die Gruppe schloß sich ihnen an.

Die zweite Ansicht vertrat der eingeladene Mann, der die Studentinnen an ihre religiösen Pflichten erinnerte: Das Hauptziel einer studierenden Muslimin müsse die Verbreitung des Islam bleiben.

Diesen zwei Ansichten stand innerhalb der Gruppe eine dritte gegenüber, die auf dem Recht auf Berufsausübung bestand. Eine Medizinstudentin wies die Vorstellungen, daß man seiner Kinder wegen studiere oder um die Botschaft des Islam zu verbreiten, heftig zurück. Sie verteidigte vehement die Kontinuität von der Ausbildung bis hin zur Ausübung eines Berufs: »Sie erwähnten vorhin, daß die Muslimin vor allem ihrer Familie zu dienen habe. Sicherlich, aber ich will auch der Gesellschaft nützen. Jetzt sieht es so aus, als ob wir nur für die Verbreitung der islamischen Botschaft studierten. Angenommen, eine von uns möchte Gynäkologin werden. Dann will sie aber auch sicherlich in ihrem Beruf arbeiten, sich weiterbilden, praktizieren, um ihren Patientinnen zu nützen.«

Die Idee von der Berufsausübung der Frau wurde anfangs mit dem Argument des Nutzens für die Gesellschaft verteidigt. Die Studentinnen wollen später als Ärztin, Apothekerin, Lehrerin arbeiten, und sie versichern, daß sie in ihrem Beruf alles tun werden, um ihren Glaubensschwestern und ihrer Gemeinde nützlich zu sein. Diese Haltung kommt in den Gesprächen in der Gruppe noch radikaler zum Ausdruck. Zuerst wird gesagt, eine Berufsausübung der Frau sei vom Islam nicht verboten, dann wird gefordert, daß die Frauen die freie Wahl haben sollten, nur Ehefrau und Mutter zu sein, oder einen Beruf zu ergreifen, um am gesellschaftlichen Leben aktiv teilzuhaben: »Der Islam ist offen für Auslegungen. Natürlich kann eine Frau auch daraus herauslesen, daß die Mutterschaft über alles geht. Für diese Frau ist es dann das Schönste, sich mit ihren Kindern zu beschäftigen und zu Hause zu bleiben. Das entspricht eben ihrem Verständnis vom Islam. Aber ich finde, wenn ich den Islam betrachte, solange er den Frauen die Teilnahme am sozialen und ökonomischen Leben nicht offen untersagt – auch wenn er nicht ausdrücklich dazu rät -, wähle ich das Studium. Das heißt, so, wie einige Frauen sich nur als Mutter sehen können, fühlen andere die Notwendigkeit, Anteil am gesellschaftlichen Leben zu haben, auch außerhalb des Hauses eine Existenz zu haben. Das ist möglich, weil der Islam ein flexibles System ist, das auf die Bedürfnisse des Menschen eingeht.«

Die Musliminnen verlangen, indem sie, wie in den Gesprächen anläßlich unserer Befragung, ihren Wunsch äußern, am öffentlichen Leben teilzuhaben, daß die Identität der Frau nicht zwangsläufig nur an die Erfüllung der Mutterschaftspflichten gebunden bleibt. Sie beginnen, über ihr Studium und über ihre politischen Aktivitäten den ihnen vom Islam zugeordneten privaten Raum des *mahrem* zu verlassen, und finden sich gemeinsam mit Männern an verschiedenen Orten im städtischen Raum, in Kursen, auf der Straße, im Bus. Ihr soziales Verhalten bringt den islamistischen Diskurs in Bedrängnis. Ihre sich individualisierenden Lebensstrategien bergen den Keim zu einem Konflikt mit ihrer islamistischen Umwelt und vor allem mit den Männern.

7. 2. Der Konflikt zwischen den Geschlechtern

Der Islamist, den wir gemeinsam mit seiner verschleierten Frau von der Forschungsgruppe aus als Diskussionsteilnehmer eingeladen hatten, ein wichtiger, sich öffentlich äußernder Vertreter des politischen islamistischen Diskurses, äußerte, er wolle »die Frauen provozieren, damit sie ihre Rechte verteidigen«. Für ihn gebe es keine Probleme zwischen Männern und Frauen, er berufe sich darauf, daß die Frau vor allem ein menschliches Wesen sei. »Wir sind alle Menschen. Aber um die Kontinuität des Lebens zu gewährleisten, sind wir als verschiedene Geschlechter erschaffen worden... Im Laufe der Zeit, so denke ich, haben die Männer ihre physische Überlegenheit dazu benutzt, die Frauen in ihrem Sinne zu gebrauchen, denn sie verfügten über Reichtum, Waffen und Macht.« Der Sprecher stellte sich als muslimischer Mann dar, der für die Rechte, die der Islam den Frauen gegeben hat, eintrete. Er bezog sich dabei nicht auf die Konventionen, die in der gegenwärtigen Praxis das muslimische Leben bestimmen, sondern machte sich den radikal-islamistischen Diskurs zu eigen, der auf den religiösen Texten gründet: »Ich glaube, daß die Frauen weit entfernt sind von der Verantwortung, die ihnen die göttliche Vorsehung zugedacht hat. Ich will, daß sie ihr von Gott gegebenes Recht wieder zurückerhalten, das Recht, das ihnen, von wem auch immer, entrissen worden ist.« Die Aneignung von Wissen sei im Islam eine kanonische Vorschrift (*farz*), sowohl für den Mann, als auch für die Frau, und das, was für den Mann »notwendig« sei, gelte auch für die Frau. Als man jedoch zum Thema Berufsausübung der Frau kam, befand der Islamist, daß diese der Natur der Frau und den Vorschriften des Islam nicht entspreche, ja sogar »zu einer Art Umweltverschmutzung führen« würde und lehnte sie scharf ab: »Jedes Verhalten und jede Einstellung, die die Mutterschaft schwächen, sind abzulehnen, denn es entspricht einer Entfremdung von der eigentlichen natürlichen Balance des Menschen, einer Entfremdung von der Natur, und damit einer Art Umweltverschmutzung.«

Indem er die »angeborenen Eigenschaften« der Frau hervorhob, wies er der Berufstätigkeit der Frauen Grenzen zu. Er meinte, daß die Frau ihr Wissen ja nicht vergeude, wenn sie es für sich behielte und nicht weitergebe, und daß es ausreichend sei, wenn sie es zum Nutzen der Menschen zur Verbreitung des Islam einsetze. Wieder einmal zeigte sich, daß der politische Islam den Frauen nur im Rahmen ihrer religiösen und biologischen Pflichten Rechte einräumt: Die Frauen haben in ihrer traditionellen Rolle als Mutter und Ehefrau zuhause zu bleiben, ihr Aktionsfeld wird im Namen ihrer »Natur« eingeschränkt. Die Erweiterung ihres Wissens und ihr Studium werden nur für den Zweck politisch-religiöser Agitation toleriert. Der also von der politisch-islamistischen Bewegung idealisierte Typus der Frau ist die in der Gesellschaft militante, im privaten Leben dagegen traditionelle Muslimin.

Die Frauen in der Gruppe teilten dieses Ideal allerdings nicht. Die Frauen stellten die These in den Raum, daß auch die muslimischen Männer die ihnen durch die göttliche Offenbarung auferlegten Pflichten nicht erfüllten. Denn würden sie diese erfüllen, dann könnten die Frauen ihre Mutterpflichten mit dem gesellschaftlichen Arbeitsleben leichter vereinbaren: »Die Mutterschaft steht der Frau bei der Aneignung von Wissen nicht im Wege. Frauen können beides miteinander vereinbaren! Wenn aber dann Kinder geboren werden, taucht das Problem auf, wer für sie sorgt. Warum jedoch soll ausschließlich die Frau dazu verpflichtet sein? Auch der Mann hat die Pflicht, sich um das Kind zu kümmern.«

Der Wunsch der Frauen, neben ihren Verpflichtungen als Mutter auch am gesellschaftlichen Leben teilzunehmen, führt zu Auseinandersetzungen zwischen muslimischen Männern und Frauen. Bisher hatte die Gruppe die Aussagen des »Wortführers« unterstützt, um mir, der Soziologin, zu beweisen, daß die Männer im Islam den Frauenrechten Achtung erweisen. Gleichzeitig jedoch fällt auf, daß die Forderung, die Männer müßten die Sorgepflichten für die Kinder mit ihnen teilen, Argumentationen westlicher Feministinnen entspricht.[58]

Die durch die Meinungsverschiedenheit entstandene Spannung zwischen dem Mann und den Frauen in der Gruppe suchte man dadurch zu überwinden, daß man sich erneut der islamistischen Utopie zuwandte: »In einer islamisch bestimmten Gesellschaft werden ohnehin alle Probleme gelöst sein.« Es sei »eine Sache, den Islam in der bestehenden Ordnung zu praktizieren, eine andere, ihn in der zukünftigen, rein islamischen Ordnung zu leben... In einer solchen Gesellschaft braucht meine Frau ihr Kind nicht zu stillen... Ich werde eine Amme für sie finden. Außerdem hat der Staat die Aufgabe, die Organisation religiöser Pflichten zu organisieren.«

Die Gruppenteilnehmerinnen und der eingeladene Mann verweisen auf das »Zeitalter der Glückseligkeit«, in dem die Frauen ihre Kinder zur Pflege den Stiftungen überlassen und am gesellschaftlichen Leben teilnehmen konnten, über Kapital verfügten und Handel trieben. Sehnsüchtig zählten sie all diese Vorteile auf. Sie bekräftigten, daß, wenn die islamische Religion richtig praktiziert würde, die Frauen keine Probleme mehr hätten. Der Zauber der Utopie verflog allerdings rasch, als die Soziologin die Frau des Redners fragte, wie sie in ihrer Familie die Pflege und Erziehung der Kinder gestalteten. Schlagartig wurden die Frauen sich der Kluft zwischen der heraufbeschworenen Utopie und der gelebten Wirklichkeit bewußt. Die Frau beschrieb in anschaulicher Weise ihr eigenes Leben, ohne über den Islam zu theoretisieren: »Ich habe drei Kinder... Aber mein Mann liebt Kinder, er findet das zu wenig. Da er sehr viel zu tun hat, lasten alle Pflichten auf mir. Natürlich muß ich große Opfer bringen. Ich habe praktisch kein Sozialleben. Um hierher zu kommen, mußte ich zum Beispiel seit gestern abend einiges arrangieren, wo lasse ich die Kinder, was muß ich vorher noch erledigen und so weiter. Und natürlich bin ich hier in Gedanken immer auch zu Hause. Wenn ich diese Probleme lösen könnte, wäre ich froh. Trotzdem habe ich Glück, denn mein Mann hilft mir, wenn er kann. Aber natürlich wäre es besser, wenn ich ein abwechslungsreicheres Leben hätte, nicht diese alltägliche Monotonie hätte, und natürlich möchte ich aktiver am sozialen Leben teilnehmen.«

Diese bescheidene Klage, die für die zur Debatte stehenden Fragen aber außerordentlich aufschlußreich war, brachte nach dem Idealbild einer zukünftigen perfekten islamischen Gesellschaft schließlich die persönlichen Sehnsüchte und Lebensstrategien dieser Frauen zur Sprache.

Die oben zitierte Islamistin spricht, ohne sich in Tautologien zu verlieren, offen die Probleme aller Frauen als Mütter aus, seien sie Musliminnen, oder nicht, die sich nicht nur mit der ihr zugedachten Rolle begnügen, sondern auch einen sozialen Wirkungskreis finden wollen. Aufgrund ihrer Stellung innerhalb der islamistischen Bewegung wurden ihre Ansichten von der Gruppe besonders aufmerksam registriert. Anders gesagt, weder ihre Ansichten noch die ihres Mannes konnten als »ignorant und traditionell« abgetan werden. Denn sie galten als Vorbilder, und außerdem verteidigte der Mann in der islamistischen Bewegung ja auch die Rechte der muslimischen Frauen.

Weil diese Frau zu ihrem Wunsch stand, am sozialen Leben teilzunehmen, konnten auch die anderen Gesprächsteilnehmerinnen sich ihr anschließen. Die ideologische Haltung, die Frauen an die Mutterschaft als erste aller Pflichten zu erinnern, wurde weicher. Doch das Aufweichen der Ideologie bringt politische Widerstände mit sich. Die Frauen machten sich die vorgeschlagene »politische Lösung« des Mannes zu eigen, die der Gründung eines islamischen Systems den Vorrang gab. Sie kritisierten vor allem die Arbeitsbedingungen in der gegenwärtigen Gesellschaft. Als das, was die Freiheit der Frau hauptsächlich beschneidet, sehen sie, anders als wir erwartet hatten, die Vollzeitbeschäftigung. Damit nähern sie sich der Haltung des Mannes an, der das System verändern will und nicht die Probleme um die Berufstätigkeit der Frau als zentrale Frage ansieht: »Ich schlage als erstes eine politische Lösung vor... Zum Beispiel: Meine Frau will einen Verein gründen, um für das Recht zu kämpfen, das Kopftuch zu tragen. Ich sage ihr: ›Wenn wir beide, jeder woanders, bis tief in die Nacht oder gar in den Morgen hinein arbeiten, geht unsere Familie kaputt. Denn ich habe ja auch noch andere Arbeiten zu tun...‹ Im Islam gibt es zwei juristische Systeme: *darül harb*, d.h. die Welt außerhalb der islamischen Vorherrschaft, und *darül Islam*, die Welt, in der der Islam wirklich gelebt wird. Das System, in dem wir heute leben, ist ein gemischtes, und unsere Verhaltensweisen sind unterschiedlich. In einem rein islamischen System gibt es keine Probleme mehr. Der Staat, besser die Gemeinde, wird sich selbst organisieren, und zwar so, daß die Frauen am sozialen Leben teilnehmen können. Früher gab es eine Reihe von sozialen Stiftungen, die Frauen konnten ihre Kinder dort lassen und selbst an sozialen Aktivitäten teilnehmen.«

Dieser islamistische Mann verteidigt zwar die traditionelle Meinung, die Einheit der Familie sei abhängig von der traditionellen, zentralen Stellung der Frau, teilt aber auch den Glauben aller Revolutionäre, daß nach der Revolution alle Probleme gelöst sein würden.

Aber diese Diskussionen, die alle Problemlösungen in die Zeit nach der Revolution verlegen, lösen sich in Nichts auf angesichts der Realität der alltäglichen Erfahrungen, die ein Ehepaar macht. Die Auseinandersetzung zwischen diesen Eheleuten, durchaus geistreich geführt, enthüllte in der Tat die Grenzen des politischen Diskurses. Der politische Islam, in welcher Richtung er auch immer argumentiert, bietet im Kampf um die Identität der Frau keine Lösung.

Die Frau ging in ihrem Wunsch um Teilnahme am gesellschaftlichen Leben noch einen Schritt weiter und unterstrich die Notwendigkeit, auch die Aufgaben im familiären Leben zwischen Frau und Mann aufzuteilen. Sie äußerte, daß ihr Mann in der Familie seinen väterlichen Pflichten nicht voll nachkomme, und brachte ihre Unzufriedenheit zum Ausdruck: »Ich bin zum Beispiel dagegen, daß sich mein Mann als Kandidat für die Parlamentswahlen aufstellen läßt. Dann fangen die Kinder an zu fragen: ›Mutter, wo ist Vater?‹ Denn sie werden ihn praktisch kaum mehr sehen.«

Der Disput zwischen dem eingeladenen Ehepaar begann ins Private abzugleiten. Der Mann versuchte genau so offen zu sein wie seine Frau: »Ich sagte zu ihr: ›Wenn du so weiter machst, wirst du noch eine Feministin‹, aber meine Frau nahm das als Beleidigung.« Im Spaß forderte er die Frauen heraus und machte deutlich, daß er ihre Fragerei nicht billigte. Über den Scherz hinaus offenbart die Diskussion jedoch den wichtigen Stellenwert des Feminismus für die Identitätsfindung der islamistischen Frauen. Die heimliche Sorge des Islamisten erweist sich somit als begründet.[59]

7.3. Der Feminismus

Die in der Zeitung *Zaman* ausgetragene Feminismusdebatte wirft ein Licht auf die Spannungen und Gegensätze, die sich ganz unerwartet zwischen Frauen und Männern innerhalb der islamistischen Bewegung auftun. Einer der Denker des kulturellen Islam, Ali Bulaç, geriet infolge einer scharfen Kritik an den Feministinnen ins Kreuzverhör der islamistischen Frauen. Sie veröffentlichten ebenfalls in *Zaman* eine Folge von Artikeln, in denen sie sich gegen die Äußerungen von Bulaç stellten und die Frauenrechte verteidigten. In diesen Auseinandersetzungen kommen das Verlangen der Islamistinnen, am öffentlichen Leben teilzuhaben, und ihre Bemühungen um die Entwicklung einer unabhängigen Persönlichkeit deutlich zum Ausdruck.

Ali Bulaç findet zwar am Anfang seines Artikels »Der beschränkte Verstand der Feministinnen« die Forderungen aus der Anfangsphase der feministischen Bewegung gerechtfertigt, weil sie gegen die Ausbeutung der Frauen durch das kapitalistische System und gegen ihre Einstufung als Bürger zweiter Klasse opponierten. Komme man aber zur gegenwärtigen Wohlfahrtsgesellschaft des Westens, in der Probleme wie niedriger Lohn und schlechte Arbeitsbedingungen gelöst seien, so seien die Männer im gleichen Maße wie die Frauen den Zerstörungen der Moderne ausgesetzt. Die Probleme der Technologie, Produktion und Entfremdung, die die Moderne mit sich bringe, beträfen nicht nur die Frauen, sondern die ganze Menschheit. Aus diesem Grund hat nach Bulaç die feministische Bewegung ihre Bedeutung als oppositionelle Kraft in der Gesellschaft verloren. Komme man zu Gesellschaften, die »wie unsere unterentwickelt sind« – die Bulaç aber aufgrund seines Geschichtsbildes idealisiert – so sei der Feminismus sowieso nicht erforderlich: »Was haben wir denn? In unserer Geschichte und Kultur ist die Frau nie verächtlich behandelt und erniedrigt worden. In den Fabriken wurde sie auch nicht den ganzen Tag wie eine Sklavin beschäftigt, in den schmutzigen Gassen der Gecekondu-Viertel[60] ließ man sie nicht ohne Brot, sie mußte ihre Ehre nicht verkaufen.«

Er hebt die Verdinglichung der Frau durch »eine verzerrte Industrialisierung und einen verdummenden Modernismus« hervor. Verglichen damit sei nicht der Feminismus, sondern die Verschleierung der Frauen »ein edler Aufstand«. Nach Bulaç ist der Feminismus selbst eine Denkrichtung »im Dienste des Modernismus«, der die Beziehung zwischen Frau und Mann schädige, da er die Frau zur Revolte gegen den Mann aufrufe. Würde sich der Feminismus in eine Lebensform verwandeln, so entstünden zwischen Männern und Frauen Beziehungen, die auf Streit, Haß und Beunruhigung fußten. Somit könne der Fortbestand des Menschengeschlechts nicht gewährleistet werden, denn die einzig mögliche geschlechtliche Beziehung wäre dann eine homosexuelle. Für Bulaç ist die feministische Bewegung männerfeindlich und eine Wegbereiterin der Homosexualität: »Ihr feministischen Frauen, euer Verstand ist beschränkt! Und außerdem schwebt er in der Luft.« Er stellt den feministischen Bewegungen in der Türkei die Bewegung der Kopftuch tragenden Islamistinnen gegenüber.[61]

Aber es beunruhigte die Frauen, daß er die islamistische Bewegung auf Kosten einer Herabsetzung des westlichen Feminismus aufwertete. Sechs Monate nach der Veröffentlichung von Bulaçs Artikel antworteten sie in der gleichen Zeitung mit einer Reihe spöttischer Artikel und eröffneten damit die Konfrontation. In einem Artikel von Mualla Gülnaz (»Ali Bulaçs Denkanstöße«) wird ihre Sympathie für den Feminismus deutlich: »Anläßlich des Weltfrauentages sollte die Zeitschrift *feminist* zum ersten Mal erscheinen. Mein Herz klopfte, als ich am Kiosk danach fragte... Ich wollte diese Frauen kennenlernen, die wissen, daß sie in dieser Gesellschaft verachtet werden, diese verletzten, enttäuschten, aber mutigen Frauen, die das nicht akzeptieren; ich wollte wissen, was sie denken. Sie waren zweifellos sehr klug! Am selben Tag las ich auch den Artikel ›Der beschränkte Verstand der Feministinnen‹ von Ali Bulaç.«

Nach Gülnaz ist die patriarchalische Herrschaft nicht nur charakteristisch für die kapitalistische Gesellschaft, vielmehr herrsche sie in allen Gesellschaften, einschließlich der islamischen. Damit bringt sie Bulaçs These über die islamische Geschichte und Kultur ins Wanken: »Die patriarchalische Unterdrückung hat es immer gegeben, neben der kapitalistischen oder sozialistischen. Auch unserer Geschichte hat sie ihren Stempel aufgedrückt. Zu behaupten, in der islamischen Gesellschaft sei die Frau nicht unterdückt worden, ist eine große Lüge. Sollte es in unserer Geschichte ein ›Goldenes Zeitalter‹ gegeben haben, in dem die Prinzipien der Gleichheit zwischen Mann und Frau unserer Religion gemäß befolgt wurden, so ich weiß davon nichts.«

Gülnaz bewertet die feministische Bewegung als Befreiungsbewegung der Frau im öffentlichen und privaten Leben und fordert die Männer mit der Behauptung heraus, sie fürchteten sich vor dem Feminismus, weil sie ihre tyrannischen Gewohnheiten nicht aufgeben wollten: »Ja, der Feminismus ruft die Frau zum Widerstand gegen die Tyrannei des Mannes auf. Zuhause, bei der Arbeit, auf der Straße! Warum sich so davor fürchten? Wäre es nicht vorstellbar, die Unterdrückung aufzugeben? Wir müssen zugeben, daß es sehr schwer ist, Gewohnheiten, insbesondere solch angenehme, aufzugeben.«[62]

In einem anderen Artikel mit dem Titel »Wessen Verstand ist beschränkt?« reagiert die Autorin Tuba Tuncer auf Ali Bulaç. Den Feminismus einzig als Freibrief für sexuelle Freiheit oder gar als Ursache des Lesbianismus abzutun, sei primitiv und falsch. Im Gegenteil, der Feminismus wende sich »gegen die Verwendung der Frau als geschlechtlichen Ausbeutungsgegenstand«. Das Hauptproblem der Frau sei nicht, mit Männern ein- und dasselbe Bett zu teilen oder nicht, sondern der Kampf, mit Männern unter gleichen Bedingungen zu existieren. Die Frauen seien »nicht auf die Welt gekommen, um nur Kinder aufzuziehen und Hausarbeiten zu verrichten«. Auch seien sie nicht dümmer als die Männer. Dies spreche sie im Namen aller Frauen aus. Das Kopftuch der Frau bedürfe nicht der Verteidigung durch die Männer, die Frauen müßten in ihrem eigenen Namen sprechen. Tuncer protestiert entschieden dagegen, Islamistinnen und Feministinnen gegeneinander auszuspielen: »Man kann nicht das Kopftuch verteidigen, indem man andere Frauen zu Feindinnen erklärt. Bezeichnenderweise wird das Kopftuch mehr von den Männern verteidigt, als von denen, die es tragen.«[63]

Obwohl beide Autorinnen der radikalen islamistischen Bewegung angehören, begnügen sie sich nicht mit dem, was die islamistische Ideologie bietet, sondern fordern, daß die Frauen auf persönlicher und gesellschaftlicher Ebene ihre Individualität und Unabhängigkeit gewinnen, ausgehend von ihrem Alltag und ihrer Stellung in der Gesellschaft. Die Autorinnen wollen das Bewußtsein der Frauen bilden, auch auf die Gefahr hin, nicht die Feministinnen, sondern die islamistischen Männer gegen sich einzunehmen.

Ein anderer Artikel aus der gleichen Serie in *Zaman*, »Wen bezeichnet man als Feministin?« von Elif Toros, nimmt gegenüber der Annäherung der islamistischen Männer an das Frauenproblem dieselbe radikale und skeptische Stellung ein. Elif Toros nach hat man die Frauen auf die enge Welt des Hauses beschränkt, um sie angeblich besser schützen zu können. Aber in Wirklichkeit hätte man dies getan, weil es den Bedürfnissen des Mannes besser entsprach. Sie definiert damit die Gründe für die Unterdrückung der Frau direkt aus ihrer Beziehung zum Mann heraus, ohne Erklärungsmodelle wie die westliche Zivilisation oder das kapitalistische System zu bemühen. »Man erwartet von der Frau, daß sie sich dem Bild anpasst, das man ihr innerhalb des Bereichs, den man zu ihrem Schutze (!) geschaffen hat, anbietet... Sie hat keine andere Verpflichtung, außer Frau und Mutter zu sein. Um sich vor Bösem zu bewahren, heißt es, müsse sie zu Hause bleiben. Sie muß stark und keusch sein, damit der Mann außerhalb des Hauses, bei seinen verschiedenen Aktivitäten, in Banken, in öffentlichen Verkehrsmitteln, in Schulen, auf der Straße, auf den Behörden ein ruhiges Gewissen haben und sich als wirklicher Muslim fühlen kann. Vielleicht ist er deshalb gleich mit Vorurteilen über die Frau zur Hand, statt sich erst einmal mit sich selbst auseinanderzusetzen, weil seine Kraft nicht ausreicht, sein Leben selbst zu verändern.«

Toros stellt fest, daß das gesellschaftliche System des Mannes zuungunsten der Frau funktioniere und daß es die feministische Bewegung sei, die dies ans Licht gebracht hätte und die für die Rechte der Frau eintrete: »Die Feministin ist eine Frau, die sich dieser Tatsachen bewußt ist und die die gleichen Rechte wie die des Mannes einfordert. Ihr Ziel ist es, daß sich die Frauen gegen die Männer zusammenschließen... Die feministische Bewegung ist der Kampf der Frauen, den Männern, die die Welt als ihr Monopol betrachten, klarzumachen, daß Frauen menschliche Wesen sind wie sie, ja daß sie auch ohne Männer leben können. Ganz allein...«[64]

Es ist die Gleichberechtigung von Mann und Frau, ein Hauptthema der feministischen Bewegung, die in diesen Zeilen betont wird. Als Ursache der Unterdrückung der Frau und der Begrenzung ihres Lebensbereiches auf die Hausfrauenrolle wird auf die muslimischen Männer hingewiesen. Für die islamistische Bewegung ist die Integrität der islamistischen Ethik eng damit verknüpft, daß die Frau ihrer Rolle in der Familie treubleibt. Diese den Status der Frauen festlegende Auslegung wird von Abdelwahab Bouhdiba in ähnlicher Weise in allen Einzelheiten untersucht. Nach ihm wurde der arabischen Frau die Rolle der »Hüterin der Tradition« und der »Beschützerin der kollektiven Identität« zugeteilt. Während sich der Mann außerhalb des Hauses mit der modernen Gesellschaft arrangieren kann, kehrt er zuhause in ein Milieu der Kontinuität zurück, in dem sich die Vergangenheit ständig erneuert.[65]

Offenbar weigern sich die islamistischen Frauen, ein nur begrenztes Leben in der Rolle der Ehefrau und Mutter zu akzeptieren, während die

Männer von den Annehmlichkeiten der modernen Welt profitieren. Diesen Frauen zufolge steht hinter dem muslimischen Mann, der sich in den Islam flüchtet und den Frauen »Ratschläge« erteilt, nicht die Religion, sondern sein eigener Vorteil. In der Tat opponierten auch die jungen Studentinnen, die an unserer Untersuchung teilnahmen, gegen die in der islamischen Praxis vorhandene Unterscheidung von Mann und Frau: »Sie versuchen die Frauen durch den Erlaß von Verboten aus der Gesellschaft herauszudividieren. So schickt zum Beispiel ein Muslim seine Frau nicht in die Schule, läßt sie nicht (außerhalb des Hauses) arbeiten, keinen Bus benutzen. Immerzu und überall Verbote für die Frauen... Aber wenn ich Allahs Geboten folge, so hat dies auch der Mann zu tun. Dann ist es auch ihm verboten, einen Bus zu benutzen.«

Die Islamistinnen brachten ihr Unverständnis darüber zum Ausdruck, daß die Frau sich den Verboten anpassen und »mehr Verzicht und Opferbereitschaft« zeigen müsse als der Mann. Sie nehmen die Männer der islamistischen Bewegung direkt ins Verhör: »Welch leichter Weg ist es doch für sie, sich ständig der Verbote der Religion (*haram*) zu bedienen, um die Frau daran zu hindern ihre Bedürfnisse als soziales Wesen zu befriedigen.«[66]

Diese fordernden Fragen der Frauen blieben nicht unbeantwortet. In den Artikeln der Islamisten, die in denselben Kolumnen von *Zaman* erschienen,[67] – meist samt Professor- oder Doktortitel unterzeichnet – führten die Männer, sich auf ihre wissenschaftliche Autorität berufend, vor allem ins Feld, daß die Frau schon von Natur aus anders sei als der Mann, und versuchten so ihren auf das Innere des Hauses beschränkten Wirkungskreis zu legitimieren und die Frau an ihre Mutterpflichten zu erinnern. Sie bedienten sich dabei oft der Archetypen wie »der starke Mann«, »die Kindfrau, die beschützt werden muß«, »die sensible Frau«. Sie behaupteten, der Mann habe ein extrovertiertes und aktives Wesen und wolle die äußere Welt erobern, die Frau hingegen sei introvertiert und besitze eine gefühlsbetonte Natur, ja meinten gar, daß sie irgendwo zwischen Kind und Mann stünde.

Die islamistischen Männer bekräftigten, der Platz der Frau im Haus leite sich konsequent aus ihrer introvertierten Natur ab. Auf diese Weise versuchten sie der Auseinandersetzung mit der Frage der Herrschaft in den Beziehungen zwischen Frauen und Männern auszuweichen, indem sie die Frage auf ein »biologisches« – wonach die Differenz in der Natur der Frau selbst begründet und demnach unvermeidlich sei – und »wissenschaftliches« Niveau heben. Mit anderen Worten, diese Beziehungen könnten überhaupt nicht in Frage gestellt werden. Außerdem bestritten sie, daß es im Islam, der keine Unterdrückung kenne, überhaupt eine »Frauenfrage« gebe, und sie kritisierten die Tatsache, daß die muslimischen Frauen sich auf westliche Feministinnen beziehen.

Indem man jedoch die Frauen auf diese Weise an »ihre Pflichten und ihren Platz« erinnert, erreicht man nur, daß sie gegen die heiliggesprochene Mutterrolle angehen. »Kadınlar, yine Kadındır« (Frauen bleiben Frauen) lautet die Überschrift eines Artikels von Tuba Tuncer, demzufolge sich der Begriff von Weiblichkeit nicht auf die Mutterschaft begrenzen läßt. Sie geht gegen Klassifizierungen an, nach denen zum Beispiel in Zeitungen schreibende Frauen wie sie selbst sich ein männliches Verhalten zuzulegen hätten. Sie stellt die der Frau zugeschriebenen Pflichten und die Machtverteilung zwischen den Geschlechtern so generell in Frage, daß sie vermutet, die Männer hätten sich »in die Wissenschaft geflüchtet, um zu begründen, warum die Frau ins Haus gehört« und daß sie die Rolle der Mutter zu einem Mythos gemacht hätten, um die bestehenden Machtverhältnisse zu ihren Gunsten zu erhalten. Nach Tuncer weisen Frauen, die sich einzig als Ehefrau, Mutter und Hausfrau aufopfern, oft ein neurotisches Verhalten auf: »Ist es etwa ein Ausdruck von Mutterliebe, das Kind als eine Art Ableger zu sehen und sich zu Drohungen hinreißen zu lassen wie ›Mir reicht's, ich gehe‹ oder ›Ihr macht das, um mich umzubringen‹, die sowohl das Kind als auch die Mutter in Schuld verstricken? Die Hauptbeschäftigung einer Frau, die ihr ganzes Leben in ihrem Haushalt verbringt, besteht darin, das Haus in Ordnung und sauber zu halten... und es sind vor allem die Kinder, die unter diesem Putz- und Ordnungsfimmel ihrer Mutter zu leiden haben.«

Die Islamistinnen stellen bei ihren Bemühungen um die Bestimmung der Identität der Frau als Individuum die überhöhte Mutter-Kind-Beziehung in Frage und zerstören damit ein weiteres Tabu. Sie schreiben, das Ringen der muslimischen Frauen um ihre Persönlichkeit erfülle besonders die Männer mit Angst, und artikulieren offen die Herrschaftsbeziehungen zwischen den Geschlechtern: »Warum fürchtet sich der muslimische Mann vor einer gebildeten, studierten Frau? Weil es viel leichter ist, eine Frau, die sich nur mit ihrem Haushalt beschäftigt und von der Welt abgeschnitten ist, zu beherrschen und sie zur Unterordnung zu zwingen. Sobald eine Frau sich bildet und mit kritischen Augen ihre Umwelt betrachten kann, erschreckt sie den Mann. Die Stereotype eines gehorsamen ›Dornröschens‹ ist wirklich anziehend.«[70]

Die Islamistinnen wehren sich auch gegen die Kritik der Männer an ihrem Interesse am westlichen Feminismus und kontern mit der Feststellung, islamistische Denker hätten sich auch mit den westlichen alternativen Bewegungen beschäftigt. »Wenn man dieser Logik folgt, könnte man sich auch gegen die Tatsache wehren, daß Muslime ein Bewußtsein für Umweltprobleme entwickeln. Dieser Logik zufolge kann ein Muslim ohnehin keine Probleme haben. Die muslimische Welt zieht aus den im Westen entstandenen alternativen Bewegungen Nutzen, entwickelt einen parallelen Diskurs und verweist auf Popper und Kuhn – warum kann man(n) es dann nicht ertragen, wenn wir uns auf Betty Friedan beziehen?«[71]

Aber die Männer gingen in ihrer Kritik noch weiter. Die »großen« Denker der Bewegung wollten die gesamte Debatte sogar abbrechen. Die Zeitung wurde angeklagt, eine »illegale Feministenseite« geschaffen zu haben, und die Autorinnen der Artikel wurden beschuldigt, »Verrat an der Sache zu üben« und »keine Musliminnen zu sein«. Ein Journalist von *Zaman* schrieb einen Artikel »Davaya İhanet Edenler« (Verräter an der Sache), in dem er mit Bedauern feststellte, daß alle Beschwerdebriefe von Männern geschrieben seien, und daß die Männer »den Niedergang ihrer auf Gewalt und Unterdrückung errichteten Männlichkeit« offenbar nicht hinnehmen wollten und daß geschlechtliche Sozialisation »den Boden bereitet für das Aufleben eines potentiellen Faschismus«. Er appelliert an die Männer, darüber nachzudenken.

Einmal mehr wird deutlich, wie eng Politik und das Verhältnis zwischen den Geschlechtern miteinander verknüpft sind. Die Frauen stellen nicht nur die Beziehungen zwischen Mann und Frau in Frage, sondern nehmen direkt Einfluß auf die Richtung der islamistischen Bewegung. Sogar die kulturelle islamistische Bewegung, die sich nicht auf ein »System«, sondern auf den »Menschen« hin ausrichtet und ihre Beziehungen zur westlichen Welt nicht als Widerstand, sondern als Wechselwirkung definiert, hat Schwierigkeiten, in dem Prozeß der Identitätssuche der intellektuellen Musliminnen Stellung zu beziehen und ist gezwungen, ihre Position zu überdenken, sich zu ändern.

7.4. Persönlichkeit statt Weiblichkeit

Die islamistische Utopie oder Philosophie der Rückkehr gibt der radikal-islamistischen Bewegung die Kraft, sich einerseits von traditionellen Erklärungen zu befreien, andererseits mit der Moderne fertigzuwerden. Im Rückgriff auf die Quellen des Islam werden die Menschenrechte von neuem definiert, und das Prinzip der Gleichheit faßt auch in der islamistischen Bewegung Fuß. Aber diese Rückbesinnung bedeutet zugleich die Leugnung der »Frauenfrage«. Denn Männer und Frauen – jeweils im Rahmen ihrer natürlichen Möglichkeiten – würden ohnehin gleichberechtigt sein, sobald erst das islamische System errichtet ist. Gegenwärtig müßten sich die Frauen voll und ganz ihren Pflichten als »Gläubige« und »Glaubenskämpferinnen« widmen. So wertet der radikale Islamismus die Frauenfrage als ein Problem der westlichen Gesellschaften und leugnet, daß es in der eigenen Gesellschaft Probleme in diesem Bereich gibt. Aber diese auf der islamistischen Utopie gründende abstrakte Glückseligkeit der Frau wird am heutigen Alltagsleben der Frauen gemessen. Die Verweise auf den Feminismus bringen zur Sprache, daß in allen Systemen – seien sie nun kapitalisitisch, sozialistisch oder islamistisch – die Gesellschaften unter der Herrschaft der Männer stehen. Die Islamistinnen, die ihre Forderungen nicht mehr als Frage des Systems formulieren und darauf verzichten, sie auf das zukünftige, ideale islamische System zu vertagen, kritisieren ihr gegenwärtiges Leben und die durch heilige Gesetze legitimierten patriarchalischen Verhältnisse. Sie stellen fest, daß hinter dem Einschließen der Frau ins Haus unter dem Vorwand ihrer »zarten Natur« oder hinter den religiösen Vorschriften, die die Welt der Moderne verbieten, in Wirklichkeit das Machtgetriebe des Mannes stehe. Seitdem die Frauen ihren Wunsch nach Teilhabe am sozialen Leben offen ausdrücken, beginnen sie, die in der muslimischen Gemeinde zwischen den Geschlechtern bestehenden Machtverhältnisse in Frage zu stellen.

Indem die Islamistinnen in den öffentlichen Raum vordringen und die gemeinhin mit der islamischen Religion legitimierten Machtverhältnisse zwischen den Geschlechtern in Frage stellen, bestimmen sie die Identität der muslimischen Frau neu. Daß sich die Islamistinnen auf den Feminismus berufen, zeigt, daß die Muslimin im Begriff ist, sich vom Objekt zum Subjekt ihrer Geschichte zu entwickeln. Sie versucht als

Subjekt zu existieren, indem sie sich von Identitätsmustern der Abhängigkeit wie »Symbol der islamistischen Bewegung«, »Ehefrau des Mannes« und »Mutter der Kinder« loslöst. So wurde die radikale islamistische Bewegung zur treibenden Kraft für das Auftreten der Frau als kollektiv Handelnde. Die Frauen gewinnen mittels der Politik durch ein gemeinsames Bewußtsein ihre kollektive Identität und Kraft. Sie erweitern den vom kulturellen Islam entwickelten muslimischen Identitätsbegriff und führen in die von der Sexualität abgehobene Definition vom Menschen die Auseinandersetzung der Geschlechter ein. Die feministische Bewegung zeigt die Dimension der Geschlechtszugehörigkeit und der Sexualität in den bestehenden Machtverhältnissen auf und unterstützt die Frauen dabei, ein eigenes Bewußtsein zu gewinnen.

Die Frauen bestehen darauf, daß es eine weibliche Identität und Individualität unabhängig von Mann und Kind gibt und fordern auch für Frauen ein »Privatleben«: »Wir wollen klarstellen, daß die Frau, außer Ehefrau eines Mannes und Mutter ihrer Kinder zu sein, eine eigene Identität besitzt.«[71] »Die Frau hat ein Recht auf ihr eigenes Leben. Sie muß sich nicht im Privatleben anderer auflösen, und sie muß nicht auf ein eigenes Leben verzichten, nur weil sie Mutter geworden ist. »[72]

Sie erheben sich gegen den »Pseudo-Schutz«, den die Frauen dem Islam zufolge brauchen. Auch machen sie weder die westliche Welt noch die Traditionen verantwortlich, sondern führen die Ursache von Unterdrückung und Herrschaft der Männer über die Frauen direkt auf den muslimischen Mann zurück. Die islamistische Frauenbewegung geht von ihren eigenen Lebenserfahrungen aus und besitzt das Potential, die gesellschaftlichen Beziehungen umzugestalten. Wie der kulturelle Islam wird sie den Wandel beim Menschen beginnen, ihn nur eine Stufe früher auf dem *mahrem*-Bereich ansetzen und diesen verbotenen, der Zeit entgegenwirkenden, traditionellen Bereich mit sich zusammen in die Öffentlichkeit, in die Politik einbringen: »Also, was wollen wir eigentlich? Wir wollen, daß die muslimische Frau an die Öffentlichkeit tritt. Die Gesellschaft und die Straße sind für die Frau wohl kaum gefährlicher und schädlicher als für den Mann!«[73]

Auch wenn sich die muslimische Frau hinter Schleier und langem Mantel verbirgt, fängt sie an, im öffentlichen Leben gesehen zu werden. Sie beginnt, sich von dem traditionellen Frauenleben, das sie erwartet, wenn sie sich nicht gegen den vorgezeichneten Lebensweg auflehnt, zu lösen. In dem Maße, in dem sie sich von ihrer traditionellen »Weiblichkeit« befreit, wird sie eine soziale Identität erlangen. Indem die Befragten die Lebensweise der Frauen aus der traditionellen Umgebung, aus der sie selbst stammen, eingehend beschreiben, definieren sie den Typ Frau, dem sie auf keinen Fall ähneln wollen: »Ein Haufen Frauen geht ›weiblichen‹ Beschäftigungen, wie etwa vor einer *türbe*[74] Schlange zu stehen nach, widmen ihre Kreativität der Suche nach neuen Kuchen- und Tortenrezepten oder dem Häkeln verschiedenster Tischdecken und verbringen ihre Zeit mit Damenkränzchen und mit *mevlut*-Sitzungen[75].«[76]

Das Buch *Tanımsız* (Undefiniert) von Halime Toros ist das beste Beispiel für die Bemühungen der islamistischen Frauen, ausgehend von einer Kritik an der traditionellen Frau der Mittelklasse eine eigene Sprache zu finden. Die Autorin will dic Aufmerksamkeit auf die »in ihren Häusern vergessenen muslimischen Frauen« lenken, vor allem gegen »unsere festgeschriebene Stellung und Identität« angehen, denn nur so könne man alle Faktoren sehen, die die Frauen verstummen lassen. Ihr Ziel ist, »die angebotenen Vorbilder, die umgrenzten Lebensweisen zu zerstören, die Frauen zum Reden zu bringen, unser gesellschaftliches Stottern hinter uns zu lassen«.[77]

So wird in diesem Erzählband von ununterbrochen weinenden Kindern erzählt, von Ehemännern, die das ungerührt läßt, von Tomatenmark kochenden Nachbarinnen, von einem monotonen Alltag, der mit schlechten Gerüchen erfüllt ist, und von einem abgestumpftem Eheleben, das bei der Frau Überdruß, Zorn und Hoffnungslosigkeit hervorruft. Ihre durch den Schleier zur Schau getragene radikale islamistische Identität steht für den Wunsch, sich von diesem eintönigen Leben zu befreien und anders zu sein. »Ihr gehört nicht zu jenen, die nach der Arbeit einen Drink herunterspülen, die andächtig in die leuchtenden Schaufenster starren... Ihr seid ganz anders als alle anderen. Zumindestens bemüht ihr euch, anders zu sein, deshalb streichelt ihr mit großem Vergnügen euren Schleier, macht einen kleinen Spaziergang, bevor ihr wieder nach Hause zurückkehrt.«[78]

Mit ihrer Verschleierung versuchen die Frauen, sich von der ihnen vorgegebenen traditionellen Lebensform zu lösen und sich zu verändern. Der Schleier beziehungsweise das *türban*-Kopftuch ist eine Manifestation ihrer Unterwerfung unter die Befehle Allahs, und intensiviert die spirituelle Veränderung ihrer inneren Welt. Paradoxerweise ist es der

Islam selbst, diese Religion der Gemeinschaft, die zur Stütze der im Inneren beginnenden Identitätsveränderung wird. Der Schleier, Symbol der inneren Wandlung der Frauen ihrem monotonen, Leben gegenüber, das sie verstummen ließ, dient ihnen auf der Suche nach ihrer Identität wie ein Hebel und hilft den Frauen, ihren Platz in der modernen Welt zu finden. Der Schleier schützt sie gegen den »Modernismus« und symbolisiert ihre Treue gegenüber dem Islam. Der Schleier »verschleiert« aber auch gleichzeitig ihren Ausbruch in die äußere Welt; denn wenn die verschleierte Frau sich nach außen wendet, erinnert er daran, daß die Frau nach wie vor dem *mahrem*, der privaten Welt zugehörig ist, auch wenn sie ihn verläßt.[79]

Im Gegensatz zur modernen Frau, die es genießt, ihre Weiblichkeit, ihren Körper und ihre Kleidung zu zeigen, verschleiert die Muslimin ihre Weiblichkeit, stellt dem »ästhetischen« Körper den »heiligen« gegenüber und bekräftigt damit einmal mehr ihre Distanzierung von der westlichen Form der Moderne. Doch unterscheidet sich die sich verschleiernde Frau nicht sehr von den Frauen der vorangegangenen Generation, wenn sie auch mit dem Slogan »keine Weiblichkeit, sondern Persönlichkeit« die öffentliche Bühne betritt.[80]

Schlußbetrachtung

1. Die dunkle Seite der Moderne

Die Bedeutung der islamistischen Bewegungen bleibt nicht auf die politische Ebene begrenzt. Wenn wir unser gesellschaftliches Leben in Einzelheiten betrachten, erkennen wir Spuren von kulturellem Zerfall und sozialem Wandel, die weit über eine Bewegung zur Wiedereinführung der Scharia hinausreichen. Untersuchen wir auf diese Weise das Bedeutungssystem der islamistischen Bewegungen, lassen sich Veränderungen verfolgen, die von der historischen Dimension auf der Makroebene bis in die alltäglichen menschlichen Beziehungen auf der Mikroebene reichen. Der sich politisierende Islam ermöglicht eine neue Lesart unserer Sozialgeschichte. Die Frauenfrage steht im Brennpunkt der gesellschaftlichen Umwälzung. Denn die Frau ist der wichtigste Prüfstein für den historischen Transformationsprozeß, an dessen einem Pol das Zivilisationsprojekt steht und am anderen die auf der Geschlechtertrennung gegründete islamische Gesellschaftsstruktur. Sowohl die Grundwerte der Gesellschaft als auch die Form der fundamentalen Lebensbereiche sind abhängig von der gesellschaftlichen Stellung der Frau. Es ist die Sichtbarkeit der Frau, die es ermöglicht, die Grenzen zwischen dem privaten, intimen Bereich, dem *mahrem*, und dem öffentlichen, äußeren Bereich neu zu ziehen, denn sie verkörpert die – mit der westlichen Zivilisation gleichgesetzten – modernen Werte. Wir können sogar behaupten, daß das den Osmanen unbekannte Bewußtsein von einem öffentlichen Bereich, ein neues Bewußtsein und eine neue Art der sozialen Gruppenbildung, die Hegel als »zivilisierte Gesellschaft« bezeichnete, mit der türkischen Moderne und der mit ihr einhergehenden Neudefinition der Frau als »Mensch« sowie der Vergesellschaftung der Frau entstand.[1] Wenn wir die Frau als Symbol des Zivilisationsprojektes bezeichnen, so deshalb, weil sie ein erstes Bewußtsein für die Sphäre der Öffentlichkeit weckte und dieser zur Sichtbarkeit verhalf, auch wenn die »nationalen« Werte das Individuelle unterdrücken.

Im türkischen Modernisierungsprozeß wurden das Menschenbild und die zentralen Werte der Gesellschaft nach dem Vorbild der westlichen Zivilisation von Grund auf neu definiert. Die westliche Moderne, die auf der Aufklärung und der Industriegesellschaft fußt, hat neben rationalistischen und positivistischen Werten auch die vom Individuum ausgehenden liberalen Werte herausgebildet, die durch religiöse und traditionelle Glaubensvorstellungen geformten Gemeindebeziehungen umgewandelt und eine heterogene, differenzierte, pluralistische Gesellschaftsstruktur geschaffen. Der türkische Modernisierungsprozeß, der neben dem Staat dem Individuum, der bürgerlichen Gesellschaft, dem Markt keinerlei Autonomie zuerkennt, ist hingegen auf den Prinzipien der Zivilisation und des Nationalismus errichtet. Statt lokale und originelle kulturelle Werke und Identitäten zu fördern, stellt sich die nationalistische Ideologie gegen Pluralismus und Liberalismus, die individuellen und unterschiedlichen Interessen zum Ausdruck verhelfen könnten. Die Unsicherheit, die der periodisch auftretende Neo-Kemalismus im Namen »nationaler Interessen« gegenüber der Marktwirtschaft an den Tag legt, seine Fremdheit gegenüber Liberalismus und Individualismus sind Anzeichen dafür, daß die nationalistische Ideologie im Widerspruch zum Pluralismus der bürgerlichen Gesellschaft steht. Man kann sogar behaupten, daß vier autonome Bereiche, die außerhalb der Reichweite des staatlichen Willens liegen (Liberalismus, Scharia, kurdische Ideologie und – in der Vergangenheit – Kommunismus) die vier Grundphobien des türkischen Nationalismus sind. Kurz gesagt ist die türkische Modernisierung nicht aus der unternehmerischen und schöpferischen Kraft einer auf Diversifizierung und Pluralismus gegründeten bürgerlichen Gesellschaft erwachsen. Im Gegenteil, sie ist ein Zivilisationsprojekt, das die lokalen Verflechtungen und traditionellen Werte ausklammert. Der lokale Islam, dem rationalistische und positivistische Werte fremd sind, wurde im Rahmen dieses Zivilisationsprojekts aus der geschichtlichen Entwicklung verstoßen. Weit über politische und ökonomische Klassifizierungen hinaus hat das »Zivilisationsprojekt« der Elite Auswirkungen auf den von Pierre Bourdieu als »Habitus« bezeichneten Bereich, jenen Bereich, der unterhalb von Bewußtsein und Sprache, jenseits der Kontrolle des einzelnen und unabhängig von seinem Willen beispielsweise seine Eß- und Trinkgewohnheiten, sein Sprechen, seine Bewegungen bestimmt.[2] Der Unterschied zwischen einer »zivilisierten« und einer »muslimischen« Person korrespondiert mit diesem impliziten Bereich, in dem die ersten Klassifizierungen und Differenzierungen entstehen.

Die islamistische Bewegung erschafft die von der Modernisierung aus dem Gedächtnis getilgte muslimische Identität in kollektiver Weise von neuem. Muslime werden wieder zu Handelnden in der Gesellschaft. Dieser Prozeß, der sich in den 80er Jahren beschleunigt hat, begann in den 50er Jahren mit der Entwicklung einer relativ zivilen Gesellschaft. Während der politische Aufstieg der islamistischen Bewegungen im Zentrum der Aufmerksamkeit steht, formieren sich schon im Hintergrund neue Gruppen, die gesellschaftlich aufsteigen und sich politisch betätigen wollen. Es ist daher eine Vereinfachung des Problems – zumindestens im Rahmen der türkischen Erfahrung -, die islamistischen Bewegungen als eine Protestbewegung ungebildeter, arbeitsloser, aus der Gesellschaft ausgeschlossener, Gruppen ohne Zukunft zu bezeichnen. Im Zuge der Entstehung der radikalen islamistischen Bewegung bildet sich ein neues, städtisches und gebildetes muslimisches Gesicht heraus. Den islamistischen Intellektuellen, der islamistischen Elite, von denen hier die Rede ist, gelingt der gesellschaftliche Aufstieg über die Bildung; sie verstädtern, nehmen ihren Platz im modernen Leben ein, schaffen normative Werte und bestimmen so die Richtung des gesellschaftlichen Wandels. Es sei daran erinnert, daß im Rahmen des kemalistischen Zivilisationsprojekts ein »Intellektueller« ohne westliches Weltbild und westliche Umgangsformen unvorstellbar war. Die islamistischen Intellektuellen von heute aber zerstören die Gleichsetzung von »intellektuell« und »westlich zivilisiert« und verändern die historische Definition des Subjekts.

Es ist bedeutsam, daß sich die neu aufsteigenden gesellschaftlichen Schichten in der Planung ihrer Lebensstrategien nach islamischen Werten richten. Diese Tatsache zeigt in Gesellschaften, die kein eigenes Geschichtsbewußtsein hervorgebracht haben, den Bruch zwischen den Eliten, die für sich den Weg der Zivilisation wählen, und den gesellschaftlichen Schichten, die ihr Leben auf der Basis ihrer angestammten lokalen Werte gestalten wollen. Grob ausgedrückt ist der kulturelle und in den Lebensformen vorhandene Bruch zwischen den westlich orientierten Eliten und dem muslimischen Volk Ausdruck eines schwachen Geschichtsbewußtseins. Denn die Moderne, die sich nicht auf einer lokalen Klassendynamik und der »Erfindung der Tradition«[3] erhebt, läßt sich nur als ein Zivilisationsprojekt definieren, das den Wunsch nach westlichen Lebensgewohnheiten ausdrückt. Im Gegensatz zur westlichen Welt ist der türkische Begriff von Modernität nicht aus der Evolution lokaler Werte und gesellschaftlicher Gewebe erwachsen. Şerif Mardin behauptet, die türkische Modernisierung habe die Kultur der Basis nicht umwandeln und zum Beispiel keine »neuen literarischen Formen« hervorbringen können, und auch die Kultur der Elite mit ihrem »Narzißmus, ihrer Unproduktivität und ihren diskriminierenden Ansichten« sei für eine moderne Demokratie unbrauchbar.[4]

Şerif Mardin betont den Dualismus und den Bruch zwischen der »gekünstelten Sprache und den Werten« der herrschenden Schicht seit den Osmanen und der »eigenen Kultur und lebendigen türkischen Sprache« des Landvolks. Ihm zufolge haben in den Jahren nach 1945, das heißt im Zuge der Demokratisierung und Entwicklung zum Mehrparteiensystem, die Elemente der »kleinen Traditionen« zunehmend begonnen, in die »große Tradition« vorzudringen, das heißt die Volkskultur habe begonnen, in die Werte der Elite einzudringen.[5]

In der Tat verbirgt sich diese Realität hinter den in der Türkei geläufigen Klagen, daß »die Städte zunehmend verdörflichen« und »die arabeske Volkskultur uns erobert hat«. Einerseits entwickelt sich die türkische Gesellschaft in Richtung Moderne, in neue Lebensformen, andererseits bleibt sie fremd gegenüber den Lebensnormen des kemalistischen »Zivilisationsprojekts«. Die Werte der westlich orientierten Elite schaffen keine Kontinuität zum Leben der neu aufsteigenden Klassen, können diese nicht mit einem Verhaltenskodex ausstatten und ihnen keine gesellschaftliche Führung geben. Der gegenwärtige Elitarismus, der auch die osmanische aristokratische Nostalgie umfaßt, die einerseits die Arabeske und andererseits den Islam symbolisiert und der von der Anavatan-Partei, der Mutterlandspartei, als einer Legierung aus beiden vertreten wird, wendet sich gegen die »später« aufgestiegenen sozialen Klassen, sowie gegen die »Überlagerung durch die anatolische provinzielle Kultur« und hüllt sich in eine neue Art von kemalistischem Fortschrittsdenken.

Außerdem wurde nach 1950 die seit der Tanzimatszeit gelebte Identifizierung mit der westlichen Zivilisation von einer Nachahmung der Modernisierung des amerikanischen Modells abgelöst. In der amerikanischen »herzlich-intimen« und »demokratischen« Lebenskultur konnten die neuen aufsteigenden Klassen die Reflexion ihrer Bedürfnisse finden. Die elitäre Kultur Europas, dem gegenseitigen Durchdringen der Klassen verschlossen, bildet kaum ein Modell für die sich in rascher Evolution befindliche soziale Struktur der Türkei. Die türkische Gesellschaft, die vor allem nach 1980 mit der Macht des Geldes und neuen Formen des Konsums bekannt wurde, ist auf der Suche nach einem neuen Verhaltenskodex. Der anarchistische Marktindividualismus, der die kulturellen, klassengebundenen Hierarchien durcheinanderbringt, ist ein Beispiel dafür. Die Marotte, auf der Straße einen Jogginganzug zu tragen, die Reiche und Gecekondu-Bewohner über alle Klassenunterschiede hinweg teilen, ist ein weiteres Beispiel. Der Jogginganzug, der die Grenzen zwischen dem inneren, privaten und dem äußeren, öffentlichen Bereich völlig negiert, paßt zu den türkischen Gewohnheiten und ist mehr oder weniger eine Ausweitung der Pantoffeltradition. Das »Ausgehen« in den öffentlichen, städtischen Raum und die damit verbundenen feineren Sitten sind eine europäische Tradition. Der städtische Bereich, der seit Jahrhunderten in klassenbedingten und kulturellen Hierarchien organisiert ist, ist Zeuge dieser lebendigen Sitten und Regeln bis in ihre kleinsten Einzelheiten. Auch die in den letzten Jahren zunehmende Nostalgie für Alt-Beyoğlu oder Pera ist im Grunde das Bedauern darüber, daß sich die »europäischen« Gewohnheiten im Verhältnis zwischen Mensch und Stadt nicht eingebürgert haben. Damen mit Handschuhen und Hut, gepflegte, frisch rasierte Herren in Anzügen mit Krawatte symbolisieren bewußt Kulturen des städtischen, öffentlichen Bereichs. Ein anderes Problem ist allerdings, inwieweit sie sich in den europäischen Gesellschaften gegenüber der Kultur der Intimität behaupten oder sich selbst erneuern können.[6] Daß der »private Bereich« in den »öffentlichen« übergeht, indem er die Mauern des Intimen einreißt, ist ein Prozeß, der allen Gesellschaften seinen Stempel aufdrückt.[7] Sogar der mächtigste Brennpunkt des öffentlichen Bereichs, die Politik, wird immer mehr individualisiert und zur Transparenz gezwungen.[8] So, wie das Geschlecht politisiert wurde, werden auch Themen des *mahrem*-Bereichs wie Verschleierung, Abtreibung, Prügel u.a.m. immer stärker in den öffentlichen Bereich, in die Medien getragen.

Nach Foucaults Worten gründet die westliche Moderne auf dem Geständniszwang, auf der »Lust an der Wahrheit der Lust«: die schwierigsten persönlichen Angelegenheiten auf die offenste Weise auszudrükken, Wünsche, Sehnsüchte, Sorgen, Geheimnisse zu bekennen. Das Geständnis als geforderte Produktion der Techniken der Macht besetzt das Leben und die Lebensgewohnheiten.[9] Solange die Herrschaftsbeziehungen in der Erzeugung der Wirklichkeit im Mikromaßstab Wurzeln schlagen und es somit Schwierigkeiten in der Konkretisierung der Quellen der Unterdrückung gibt, werden Symbole in der politischen Rede immer wichtiger. Nicht nur in Herrschaftsbeziehungen, sondern auch in Widerstandskämpfen ist der Körper symbolischer Brennpunkt.[10]

So symbolisiert der Körper der sich verschleiernden Islamistin den Widerstand gegen die nicht faßbare Herrschaft der westlichen Zivilisation über die alltäglichen Sitten. Die westliche Moderne, die auch den menschlichen Körper in den Strudel der Säkularisierung hineinreißt, bemüht sich, die Herrschaft der Willenskraft des Menschen über seinen Körper zu stärken. Gesundheit, Energie und Dynamik eines Menschen sind direkt von der Leistung des Körpers abhängig. Sport, Ernährungsgewohnheiten, Aussehen, physische Energie schaffen neue Trennlinien zwischen den sozialen Schichten, neue Kriterien der Auswahl, der Vorrangstellung. Die Menschen versuchen ihren Körper von neuem zu formen wie Bildhauer, sie ändern ihre Eß- und Trinkgewohnheiten, aus Angst vor Cholesterin und Fettsucht magern sie ab, und um dem Körper mehr Sauerstoff und Energie zuzuführen, geben sie das Rauchen auf. Der magere, nicht korpulente, muskulöse, aufrechte, dynamische Körper, an dem täglich gearbeitet wird, ist ein Symbol für die Moderne, ja sogar für die Zugehörigkeit zur Elite. Auch die zur Manie gewordene Sportlichkeit ist weniger ein Mittel des Wettbewerbs, als vielmehr ein Mittel des Individuums, sich der Konkurrenz und dem Alter gegenüber zu behaupten, ja Sport ist nicht mehr ein Wettkampf zwischen besonders Begabten, sondern vielmehr ein Statussymbol geworden. Obwohl Jogging und Aerobics, wie Paul Yonnet betont, zwei sehr verschiedene Anschauungen vertreten, veranschaulichen sie die Einstellung der westlichen Moderne gegenüber dem Körper. Jogging ist mehr ein Männersport, der auf längere Zeit mäßige, aber stetige physische Anstrengung und Durchhaltevermögen erfordert und somit auf lange Sicht hin die Einsparung begrenzter Energiequellen anstrebt und einen Kulturcode bildet. Aerobics symbolisiert die Anstrengung der Frauen, am professionellen Wettkampf teilzunehmen – deswegen von Yonnet als »Frauenboxen« bezeichnet – und bezweckt, dem Körper eine neue Form zu geben und diese zu erhalten. Beide, sei es das Stärken der »Karosserie«, der Form oder des »Motors«, der Energie, werden bemüht, um den Körper gegen die Zeit, das Altern und den Verlust der Kräfte zu stärken.[11]

Die Prinzipien der westlichen Moderne von Gleichheit und Sichtbarkeit drangen auch in den Bereich des Körpers ein. Indem sie auf die Zeit, auf das Altern angewandt werden, brechen sie die Altershierarchie. Eine altersunabhängige »Ästhetik der Jugend«, sei es in der Kleidung, sei es in der Lebensweise, macht sich überall breit. Die Mode, sportliche Stretchkleidung, manifestiert nach außen eine muskulöse, bewegliche, dem Alter trotzende Körperform.

Indem sich der Körper verweltlicht, sich der Kontrolle des Menschen unterwirft, umschlingt er aufs engste die »Gegenwart«. Der islamische Körper, der sich weigert, vom Strudel der Säkularisierung erfaßt zu werden, tritt der westlichen Moderne mit einer anderen Deutung entgegen. Nach dieser Deutung werden die Hierarchien, Unterschiede und Abgrenzungen zwischen Geschlechtern und Altersstufen hervorgehoben und verstärkt. Der Körper wird bis in die kleinsten Einzelheiten diszipliniert und ist in bestimmten Zeitabschnitten den Regeln von Religion und Biologie unterworfen. Der Atem, der durch den Körper kontrolliert wird, reinigt diesen für das Jenseits von seinen Sünden. Die Altershierarchie muß mit Sorgfalt geschützt werden. Und jede Lebensphase wie Jungfräulichkeit, Ehe, Geburt, Alter bestimmen die gesellschaftliche Stellung des Menschen und kommen durch sein Verhalten immer wieder zum Ausdruck. Die Trennung der Geschlechter ist in dieser Hierarchie inbegriffen, und das Verbot der Sichtbarkeit des weiblichen Körpers verstärkt die Herrschaft des Mannes. Das Vorrecht des Blicks und der Betrachtung der Frau als Objekt sichern dem Mann sexuelle Privilegien.[12] Was immer auch die Frau, indem sie sich verschleiert, dieser Verdinglichung gegenüber denken mag – tatsächlich zeigt sich darin wiederum das männliche Privileg des Blicks.

So, wie wir die Verschleierung der Frau als Symbol der islamistischen Bewegungen bezeichneten, zeigt sie auch die Verwobenheit der Machtbeziehungen zwischen den Geschlechtern und in der Politik. Indem sich die Frau verschleiert, bekennt sie sich politisch gegen die westliche Moderne und akzeptiert die Vorherrschaft des Mannes, die auf ihrer Unsichtbarkeit und auf ihrer Begrenzung auf den *mahrem*-Bereich, die Privatsphäre, beruht. Da sie andererseits grundlegende Prinzipien verinnerlicht hat, kann dies auch leicht dazu führen, daß sie lediglich den Traditionalismus weitergibt.[13] So behauptet Macleod, die Islamistinnen paßten sich durch den Schleier einerseits den traditionellen Frauenrollen an, drückten aber andererseits einen politischen Widerstand aus, weswegen von »einer angepaßten Revolte« (accomodating protest) gesprochen werden könne.[14]

Die dem westlichen Körperbegriff ganz entgegengesetzte und widersprechende Verschleierung ist Ausdruck von Sitte und Transzendenz zugleich. Dem zum Heiligtum erhobenen westlichen Körper tritt der islamische Körper entgegen, der dem Befehl Allahs gehorcht und sich ihm unterwirft, indem er den Geboten der Verschleierung, der Waschungen und des Gebets folgt. Als das herausragendste Symbol des Unterschieds zur westlichen Zivilisation verbleibt der weibliche Körper. Der sich politisierende Islam zerrt durch die Verschleierung des weiblichen Körpers das bisher im Dunkel verbliebene Gesicht der Moderne ans Licht. Der heutige Aufstieg der islamistischen Bewegungen zeigt die Anstrengungen der bisher im Namen des Fortschritts aus der Geschichte ausgeschlossenen Muslime, sich die Bühne der Geschichte zurückzuerobern.

2. Islamische Identität und gesellschaftliche Partizipation

Die Interpretationssysteme, die auf den Gegensätzen traditionell versus modern, islamisch versus westlich, reaktionär versus fortschrittlich fußen, haben Schwierigkeiten, die heterogene und komplizierte Wirklichkeit zu verstehen. Die islamistischen Bewegungen darauf zu reduzieren, als Vertreter von Tradition und Reaktion zu agieren, die lediglich auf die westliche Moderne reagieren, würde nichts zu neuen Erkenntnissen beitragen. Auch die westliche Moderne unterliegt ständigen Veränderungen. Wenn man bedenkt, wie sehr der der Aufklärung innewohnende Fortschrittsgedanke mit seinen für das Gleichgewicht zwischen Mensch und Natur zerstörerischen Konsequenzen und dem Uniformierungsdruck als Konsequenz der Industrialisierung zunehmend in Frage gestellt wird, so können die Entwicklungen in der islamischen Welt vielleicht unseren Horizont erweitern.

Seit dem Entstehen der Industriegesellschaften ist das Gleichheitsprinzip der Dynamo, der demokratische Gesellschaften antreibt. Sobald das Gleichheitsprinzip als gesellschaftlicher Leitgedanke akzeptiert wird, gewinnt die soziale Praxis eine neue Beschleunigung. Die politischen Bewegungen und ihre Politik, die die Ungleichheit zwischen Rassen, Klassen, Ländern und zu guter Letzt auch zwischen den Geschlechtern zu überwinden suchten, haben den historischen Evolutionsprozeß der demokratischen Gesellschaften vorgezeichnet. Heute kritisieren diese Gesellschaften aus sich selbst heraus das Gleichheitsprinzip sowie den Uniformierungsprozeß und die Unterdrückung partikulärer Identitäten und lokaler Besonderheiten. Sie bedauern den die lokalen Kulturen ausschließenden Verlauf dieses Prozeßes und setzten ihnen das Prinzip der Verschiedenartigkeit entgegen. Die postmoderne Kultur bringt den freien Verkehr und die freie Kommunikation des Lokalen, des Vielfältigen und Unterschiedlichen sichtbar zum Ausdruck. Das Beharren auf Anderssein, auf Differenz wird zum grundlegenden Prinzip der Partizipation an der neuen Moderne. Das Kulturmodell des Kommunikationszeitalters privilegiert im Unterschied zur industriellen Kultur nicht das Universale, sondern das Besondere, nicht die homogenisierenden, sondern die unterschiedlichen Werte und Praktiken. Andererseits vereinigen sich auch verschiedene Identitäten, lokalspezifische Erfahrungen, die Suche nach Ursprünglichem mithilfe der globalen Kommunikation von neuem. Nur birgt die Suche nach der Andersartigkeit, die der Bruch mit dem Gleichheitsprinzip mit sich bringt, leicht die Gefahr einer Wendung zum Neo-Konservativismus in sich. Die Leidenschaft für Gleichheit hat grundlegende Begriffe kritisiert und überwunden, die eine Stütze für die Unterschiede zwischen den Rassen, Geschlechtern und Nationen bildeten. Dadurch hat sie der Erfahrung des Menschen einen universellen Stempel aufgedrückt und ihre Splitter und Fragmente neu zusammengefügt. Die humanistischen und rationalistischen Denkrichtungen haben die gesellschaftlichen Praktiken immer mehr säkularisiert. Sie haben die Macht des menschlichen Willens über das menschliche Leben gestärkt. Auch der Wunsch der Frau, am gesellschaftlichen Leben teilzunehmen, ihre Kritik an grundlegenden Begriffen machen es möglich, die Chancen-, Berufs- und Rechtsgleichheit zwischen Männern und Frauen zu verteidigen. Die feministische Bewegung hat mithilfe des Gleichheitsgedankens einiges bewirkt und die in der Gegenkultur der 60er Jahre wurzelnde Identitätssuche weitergeführt. In gewisser Weise arbeitet die Frauenbewegung mit doppeltem Verfahren und doppelter Dynamik: einmal erstrebt sie die Gleichberechtigung, die die Beteiligung der Frauen in der Industriegesellschaft verwirklichen will, zum anderen wendet sie sich gegen die Unterdrückung der Identität der Frau.[16] Wenn die Verteidigung der Identität und der Unterschiedlichkeiten sich nicht auf das Gleichheitsprinzip beruft, riskiert die Frau, unter den Einfluß konservativer Wertbegriffe zu geraten, nach denen die Natur den Begriff des Subjektes determiniert.

Die islamistische Bewegung und besonders ihre Frauen suchen, indem sie ihre Andersartigkeit und Identität betonen, eine Stütze für ihre sozialen Aktionen. Dieser Suche liegt die Bemühung zugrunde, angesichts der Gefahr der Uniformierung und des Ausschlusses aus der Verwestlichung sich selbst und der islamischen Kultur sowohl retrospektiv als auch im gegenwärtigen gesellschaftlichen Dasein erneut zu einer Existenz zu verhelfen. Im Ergebnis ist dies nicht sehr weit entfernt vom Niveau der gesellschaftlichen Bewegungen des Westens, deren Devise »black is beautiful« die Gegenkultur zum Ausdruck bringt, indem sie Assimilation kritisiert (das heißt, sich nicht am weißen Vorbild orientiert) und die unterdrückte Identität befreit.[16] Die in solch einem Zusammenhang erlangte islamische Identität hat im gesellschaftlichen Leben die Funktion eines Hebels; den politischen Oppositionsbewegungen liegt die Dynamik gesellschaftlicher Partizipation zugrunde.[17]

Der Islam ist nicht gegen die Modernität, im Gegenteil; Er ist ein Mittel, um mit der modernen Gesellschaft fertigzuwerden, ein Kompaß, der hilft, sich im Leben zu orientieren. Mardin schreibt, daß man »in einer Kultur, in der eine große Distanz zwischen dem Volk und den Eliten existiert«, versuchen wird, »zur Elite des Volkes zu gehören« – zum Beispiel als *Nurcu*[18] – und daß »dort, wo man keine Möglichkeit hat, eine Schule zu besuchen, man den Besuch eines Korankurses wählen wird«. Mardin macht damit auf diese Art gesellschaftlicher Teilnahme und sozialer Mobilität aufmerksam.[19] Auf der anderen Seite übernimmt die Religion nach Mardin die Organisation des täglichen Lebens, die von den großen Ideologien und der kemalistischen Modernisierung außer acht gelassen wurde. Die Religion bietet Maßstäbe, sie ist Landkarte und Fahrplan zugleich und zeigt, wie und wohin sich der Mensch in der Gesellschaft zu bewegen hat.[20] Das »Gute« bestimmt das Gute, das »Richtige« das Richtige. Beides verweist auf die innere Welt, teilt das tägliche Leben zeitlich ein, setzt die Beziehungen zwischen den Geschlechtern, zwischen den Menschen fest, weist den Weg in die moderne Gesellschaft. Wie Durkheim aufzeigt, flicht die Religion durch die Schaffung von Ritualen und einem Gefühl von Gemeinschaft das Beziehungsnetz zwischen den Menschen, bildet ein gesellschaftliches Band. Denn nach Durkheim ist die gesellschaftliche Bindung, die Beziehung zum Weltlichen bis zur Entstehung der Arbeitsteilung in bezug auf den jenseitigen Bereich das Werk des »Glaubens« und des Miteinanders. Kann man sagen, daß das gesellschaftliche Band der islamistischen Bewegungen, das durch die Modernisierung schwächer geworden ist, daß die »verlorene Gemeinschaft« in der Imagination von neuem wieder erschaffen werden kann? Benedict Anderson, der den Nationalismus als eine »imaginäre politische Gemeinschaft« definiert – das heißt als eine Verbindung, in der man von vertikalen und horizontalen Beziehungen zwischen Menschen, die sich nicht kennen, träumt – stellt fest, daß es sinnvoller wäre, den Nationalismus nicht nur als politische Ideologie, sondern auch aus der Perspektive der Religion und der Blutsbande zu betrachten.[21] Aufgrund dieser Annäherung können wir behaupten, daß die Bildung einer »imaginären politischen Gemeinde« der islamistischen Bewegungen und daß angesichts des kemalistischen Nationalismus, der versuchte, sich zu definieren, ohne sich auf die Legitimität der Religion zu berufen, der Islam ein neuer Mörtel für den Nationalismus geworden ist.[22]

Nur stehen die politischen Bewegungen und Ideologien ständig auf dem Prüfstand der gesellschaftlichen Praxis. Wenn wir sehen, wie die politischen Praktiken, die jeweiligen individuellen Strategien des »zeitgenössischen islamischen Diskurses«[23], von den gesellschaftlichen Akteuren transformiert werden, zeigt sich einmal mehr, wie sehr die Machtbeziehungen zwischen Geschlechtern und die politischen Machtbeziehungen ineinander verflochten sind. Der Islam, der die tiefen Bruderschaftsbeziehungen zwischen den Mitgliedern der fiktiven Gemeinschaft seiner Gläubigen formt, kann sich nicht unabhängig von den Machtverhältnissen zwischen den Geschlechtern weiterentwickeln. Die Verschleierung der Frau, die auf dem sich politisierenden Islamismus und auf der Geschlechtertrennung fußt, die die Frau in das Innere des Hauses und den *mahrem*-Bereich begrenzt, ist die Kampffahne der islamischen Organisationsform. Nur haben paradoxerweise die Islamistinnen, als sie über die politischen Bewegungen direkt in den öffentlichen Bereich eintraten, in der islamistischen Bewegung einen nicht umkehrbaren Wandel in Gang gesetzt und den *mahrem*-Bereich von innen her unter Druck gesetzt. Indem die Islamistin von der »kollektiven politischen Identität« zu den »individuellen Lebensstrategien« inabsteigt, die Verbote hinter sich läßt und ihre »Innenwelt« nach »außen« trägt, formt sie einerseits ihre eigene Identität, andererseits verändert sie grundlegend die Beziehungen zwischen Mann und Frau. Die Hypothesen, daß die Frauen innerhalb der islamistischen Bewegungen unter der »Vormundschaft der Männer« zum passiven »Werkzeug fortschrittsfeindlicher Aktionen« gemacht würden, beweisen angesichts der gegenwärtigen Praktiken wenig analytisches Potential. Im Gegenteil, statt einer auf der Vorherrschaft der Männer gegründeten, tyrannischen Herrschaftssituation nehmen wir, Michel Foucault zufolge, Herrschaftsbeziehungen als die sich ständig erneuernde Wirklichkeit wahr. Die Beziehungen zwischen der islamistischen Bewegung und den Frauen bereichern unseren Horizont, weil direkt auf die alltäglichen Lebenspraktiken Bezug genommen wird. Die Islamistinnen, die den »Bereich der Möglichkeiten«[24], die der Kemalismus der Frau schuf, nutzen, unterhöhlen, je mehr sie am öffentlichen Leben teilnehmen, die islamistischen Verbote, und bringen auch im *mahrem*-Bereich die Beziehungen zwischen Mann und Frau durcheinander. Um ihre Forderungen durchzusetzen, sind sie aber im Unterschied zum kemalistischen Feminismus genötigt, ihre privaten Geschlechtsbeziehungen zu ändern. Nach dem Vater und den Söhnen der Tanzimatszeit, den fortschrittlichen Vätern und ihren Mustertöchtern der kemalistischen Reformperiode und den feministischen Töchtern, die nicht wie ihre Mütter sein wollten, wird durch die islamistischen Bewegungen zum ersten Mal das Verhältnis zwischen den Geschlechtern als solches thematisiert. Werden sich diese Bewegungen in Richtung eines die individuellen Rechte umfassenden Pluralismus und einer zivilen Gesellschaft entwickeln, oder werden sie unter die Herrschaft totalitärer Gruppen gelangen, die sich aus Gegen-Gesellschaften rekrutieren? Die Entwicklung der Beziehungen zwischen den Geschlechtern wird dies offenbaren.

Wird es in der Türkei gelingen, die Vergangenheit mit der Gegenwart, die lokalen Werte und Zusammenhänge mit den Werken der Hochkultur, kurz gesagt: die Tradition mit der Moderne in unserem Gedächtnis und unserer gesellschaftlichen Wirklichkeit zu versöhnen? Anders ausgedrückt, wird die Moderne in der Basis der eigenen Tradition verankert werden können (im Sinne einer »Neuerfindung der Tradition«)? Kann der Zwiespalt, in dem die türkische Modernisierung steckengeblieben ist, noch überwunden werden? Diese Fragen werden die Menschen in der Türkei noch auf lange Sicht herausfordern.

Anmerkungen

Einleitung

1) Die Begriffe »islamistische Bewegungen« und »radikaler Islamismus« werden in diesem Text untereinander austauschbar verwendet. Beide bezeichnen die gegenwärtigen islamistischen Strömungen als kollektive Aktion, die während der späten Siebziger Jahre durch islamistische Vordenker in der gesamten muslimischen Welt (wie dem Inder Maudoodi, dem Ägypter Sayyid Qutb, dem Iraner Ali Shariati, dem Türken Ali Bulac) sowie durch die iranische Revolution ideologisch ausformuliert wurden. Der Begriff »Radikalismus« bezeichnet hier die Rückkehr zu den Ursprüngen, zu den Grundsätzen des Islam, zu einer fundamentalen islamistischen Kritik an der westlichen Moderne einerseits und dem Streben nach systematischer Veränderung und dem Aufbau einer islamischen Gesellschaft andererseits. Islamisch und Islamismus werden begrifflich nicht unterschieden, wenngleich letzterer sich auf das hier untersuchte Islamisierungsprojekt durch politische und soziale Stärkung der gesellschaftlichen Kräfte bezieht, während ersteres einfach auf diejenigen Eigenschaften verweist, die im allgemeinen mit muslimischer Kultur und Religion assoziiert werden.
2) Die heutige Erscheinungsform islamischer Verschleierung besteht aus dem Kopftuch zur Verhüllung von Haar, Hals und oberem Brustbereich sowie einem langen, lose fallenden, in diskreten Farben gehaltenen, bis zu den Fußknöcheln reichenden Gewand.
3) Die Kategorien Osten/Westen weisen weniger auf festgelegte, geographische Größen hin, sondern beziehen sich vielmehr auf die von Herrschaftsbeziehungen zwischen entwickelten westlichen Ländern und nicht-westlichen Ländern unabhängigen kulturellen Ausprägungen (die je nach der jeweiligen ideologischen Zeitströmung als nahöstliche, Dritte-Welt- oder seit neuestem islamische Länder bezeichnet werden). Ähnlich wie der Osten einen integralen Bestandteil westlicher Identität darstellte, ist der Westen tief verwurzelt im historischen Werdegang des Ostens. Zur genaueren Erläuterung dieser Kategorien siehe Said, 1978.
4) di Leonardo (Hg.) 1991
5) Anm. d. Übers.: Der soziologische Terminus engl. »narrative« wird im folgenden mit »Narrativ« übersetzt.
6) Mills 1971
7) Laut *Le Monde* erlebt etwa Frankreich eine äußerst leidenschaftliche »gerichtliche, politische und pseudo-philosophische Auseinandersetzung« um die Forderung muslimischer Schülerinnen an französischen

Gymnasien nach dem Tragen von Kopfbedeckungen, die in den Medien oft als »l'affaire du foulard« (Kopftuchstreit) bezeichnet wird. Vor kurzem verbot ein Gesetz (»la circulaire du Bayrou« vom 20. September 1994) das Benutzen jeglicher »demonstrativer Symbole« an Gymnasien. Zur Diskussion über »La France et l'Islam«, siehe *Le Monde*, 13. Oktober 1994.

8) Zur Differenzierung zwischen traditionellen, frommen und islamische Verhüllungsformen und deren symbolischen Funktionen in Ägypten siehe Rugh, 1986 und Zuhur, 1992.

9) Bourdieu 1979

10) Zur Analyse des Verlaufs und der Grundlagen dieser Debatte siehe Olson 1985.

11) Islamisten selbst verwenden die Bezeichnung »türban« nicht. Sie stehen dem Begriff kritisch gegenüber und ziehen statt dessen das Wort »tesettür« (Verhüllung der Frau) oder in modernem Türkisch »başörtüsü« (Kopftuch) vor.

12) Zur Kritik des kulturbezogenen Essentialismus und sein Verhältnis zur Postmoderne vgl. Al-Azmeh, 1993.

13) Bauman, 1987.

14) Das türkische Wort für »zeitgenössisch« (cağdas) wird synonym mit »modern« gebraucht. Es bezeichnet als solches die »bevorstehende Zukunft« im Sinne von Fortschritt und verweist nicht auf die Gleichzeitigkeit mit der »Gegenwart«. Interessanterweise ist festzustellen, daß die Konzepte »Moderne« und »Modernität« im Türkischen seit etwa zehn Jahren weit verbreitet sind, was mit dem Interesse türkischer Intellektueller an der postmodernen Debatte zusammenhängt. Die Begriffe werden jedoch zusehends mehr zur Abgrenzung der »Moderne« vom »Westen« herangezogen.

15) Touraine 1973

16) Touraine 1978

17) Foucault 1984

18) Somers und Gibson verteidigen vehement die »Synthese von Darstellungsweise und Identität«, ihrer Ansicht nach die Vorbedingung, um »Zeit, Raum und ein analytisches Beziehungssystem« einführen zu können und dadurch »essentialistische« Ansätze bei der Identitätsbeschreibung zu vermeiden. Zu den methodologischen Auswirkungen dieses Darstellungskonzepts auf die soziale Aktionstheorie vgl. Somers und Gibson 1994.

19) Zur ausführlichen Erörterung dieser Prinzipien vgl. Touraine 1978 (engl. 1981). Die Autorin gehörte einer Forschungsgruppe um Alain Touraine an, die sich mit den neuen gesellschaftlichen Bewegungen –

insbesondere der feministischen Bewegung in Frankreich – befaßte. Abgesehen von ihrer Untersuchung über islamische, verschleierte Frauen führte die Verfasserin auch mit linken Vordenkern in der Türkei Forschungen auf den Grundlagen soziologischer Intervention durch. Ihre eigene Methode der Forschungsarbeit, die sie mit islamistischen Frauen durchführte, stützt sich folglich auf die Erörterung dieser soziologischen Intervention.

20) Die kemalistischen Reformen beziehen sich auf den Übergang vom Vielvölkergebilde des osmanischen Reichs hin zur Gründung eines säkularen, republikanischen Nationalstaats (1923). Zu einigen dieser Reformen wie der Abschaffung des Kalifats (1924) und der Scharia und der Einführung der Schweizerischen Zivilrechts (1926), der Abschaffung der arabischen Schrift und deren Ersetzung durch lateinische Schriftzeichen (1928), siehe Lewis 1968.

21) Shayegan 1989

22) Elias 1978

23) a.a.O.

24) a.a.O.

25) Es gibt mittlerweile eine Fülle neuer Forschungsarbeiten, die das zentrale Thema der »Frauenfrage« unter verschiedenen Aspekten untersuchen: von der Faszination politischer Bewegungen wie Modernisierung, Imperialismus und islamische Identität bis zur geschlechtsspezifischen Natur von Machtverhältnissen. Siehe Ahmed, 1992. Im iranischen Kontext nahm die »Frauenfrage« in den ideologischen Schriften der konstitutionellen revolutionären Periode (1905-1911) eine Vorrangstellung ein. Siehe dazu etwa Milani, 1992 und Kandiyoti (Hg.) 1991.

26) Zur Erörterung der islamischen Weltanschauung, insbesondere des Koran und seiner Auslegungen, der Darstellung der Ehefrauen des Propheten als Identifikationsmodelle (Quellen der Sunna) und deren Definition weiblichen Selbstverständnisses auf der Grundlage von Geschlechtertrennung und Sittsamkeit, siehe Stowasser, 1994. Zur Erörterung des kulturellen Kodex von Ehre und Sitte aus anthropologischer Sicht, siehe Abu-Lughod 1986.

27) Das kemalistische Paradigma bildet die ideologische und intellektuelle Basis der türkischen Moderne, die sich zusammen-fassend als Kombination von Säkularismus, Republikanismus und Geschlechtergleichheit darstellen läßt.

28) Ich stimme deshalb nicht mit der vorherrschenden »femini-stischen« Bewertung des Verhältnisses zwischen Kemalismus und Frauenrechten in der Türkei überein, welche die Rechte der Frau als »gegeben«, nicht als »angenommen« und die fehlende oder beschränkte Aktionsfähigkeit

seitens der Frau und die Vorherrschaft des patriarchalen Nationalismus betont. Diese dem westlichen feministischen Diskurs entnommenen, vorgefertigten Formulierungen reichen meiner Ansicht nach nicht aus, um die besondere Beziehung zwischen Kemalismus und Frauen in der Türkei verständlich zu machen.

29) Dies erklärt, weshalb in der heutigen Türkei die Verletzung der Frauenrechte und des Säkularismus der Elite mehr zu schaffen macht als die Verletzung von Menschenrechten und Demokratie.

30) Graham-Brown 1988

31) Zur Kritik an der oberflächlichen Verwestlichung in türkischen Romanen und deren männlichen Protagonisten, siehe Mardin in Benedict et al. 1974

32) Milani, a.a.O.

33) Es läßt sich feststellen, daß der Ausdruck »alaturka« in der Alltagssprache der türkischen Eliten immer noch einen negativen Beigeschmack besitzt – obwohl er in den letzten Jahren durch eine gewisse nostalgisch-romantische Vorliebe für osmanische und frühtürkische Küche, Antiquitäten etc. eine Aufwertung erfahren hat.

34) Ebd.

35) Zur ausführlichen Erörterung und Verwendung des Konzepts »Habitus« in bezug auf Lebensstile vgl. Bourdieu, 1979.

36) Im Hinblick auf die historische Einordnung und politische Erfahrung ist das Vermächtnis der Demokratischen Partei, die 1946 den Übergang zum politischen Pluralismus in der Türkei verkörperte, von entscheidender Bedeutung. Die Demokratische Partei, von den staatlichen Eliten religiösen und wirtschaftlichen Themen gegenüber als zu liberal eingestuft, verschaffte den vom bürokratischen kemalistischen Staat unabhängigen gesellschaftlichen Gruppierungen eine Plattform und übernahm dadurch politisch die Vermittlerrolle, eine Art Pufferfunktion zwischen Staat und Gesellschaft. Wir können sogar behaupten, daß das Vermächtnis der Demokratischen Partei – mehr noch als der türkische Säkularismus, der bis zu einem gewissen Grad von der Mehrzahl muslimischer Länder nachgeahmt wurde – den »spezifischen Charakter« der türkischen Situation ausmacht. Ich will hier nicht näher auf dieses Vermächtnis der Demokratischen Partei eingehen. Statt ein neues intellektuelles Vermächtnis zu schaffen, bot es meiner Ansicht nach der muslimischen Identität die Möglichkeit der politischen Repräsentanz.

37) Calhoun 1994

38) Touraine 1981

39) de Tocqueville 1981

40) Giddens 1991

41) Der Begriff »islamisches Subjekt« ist insofern eigentlich unzutreffend, als er Säkularisierung und Trennung von der Gemeinschaft impliziert. Doch trägt diese Ambiguität zum Verständnis dafür bei, wie die Gemeinschaft neu geschaffen und durch den Islamismus und das muslimische Subjekt neu interpretiert wird. Die Politisierung der Religion erzeugt so also paradoxerweise die Selbstreflexion beim islamischen Subjekt.
42) Foucault 1990
43) Van Nieuwenhuijze 1985
44) Farzaneh Milani führt das Fehlen der Autobiographie als literarischem Genre in der persischen Literatur auf die »mangelnde Bereitschaft, öffentlich und frei über das eigene Ich zu sprechen« zurück, eine Realität, die sich nicht auf die »im abgeschlossenen, privaten Bereich lebenden« Frauen bechränkt, sondern auch auf Männer zutrifft, von denen »Selbständigkeit und Unabhängigkeit« erwartet wird. (Vgl. dazu Farzaneh Milani 1992, S. 201 f)
45) Hier folge ich Andersons Nationalismusanalyse im Kontext des Islams. (Vgl. Benedict 1983; Deutsch, 1988).
46) Emilie Durkheim hat bereits darauf hingewiesen, daß die beiden klar voneinander abgegrenzten Bereiche (des Heiligen und des Profanen) für die Etablierung und Reproduktion der sozialen Bindung gleichermaßen unerläßlich sind.
47) Nazih Ayubi 1991, S. 63.
48) Charles Taylor 1994
49) Von der Autorin eines äußerst kritischen Artikels über mein Buch, die dem Haupt-Narrativ von Nationalismus, Laizismus und Feminismus nahesteht, wurde ich daher buchstäblich als »antirepublikanisch, neoosmanistisch, Exkommunistin, neoliberal» und als »kurdische Separatistin« bezeichnet. (Erendiz Atasü, »Postmodern bir aldamiş«, in: *Cumhuriyet kitabı* (Literaturbeilage der Tageszeitung *Cumhuriyet*, 24.11.1994)
50) In Frankreich erschien mein Buch unter dem Titel, *Muslimes et modernes. Voile et civilisation en Turquie.* Édition la Découverte, Paris 1993.
51) Der ausführlichste und interessanteste Aufsatz stammt von Ali Bulaç, einem der führenden islamischen Intellektuellen, der eine kritische Position einnimmt und im Titel des Buches ein verbindendes »und« einfügt, um der Kreuzung aus Islam und Moderne entgegenzuwirken, die er eher in eine Richtung gehend als »Modernisierung des Islam« begreift und damit als dessen Trivialisierung durch die Kräfte der Modernisierung und der Warenlogik. Wir setzen unsere Diskussion in öffentlichen Debatten und Zeitschriften fort. (Ali Bulaç 1992) Interessant ist anzumer-

ken, daß der islamistische Intellektuelle Bulaç diesen Artikel in einer linksgerichteten Zeitschrift veröffentlicht hat.

Kapitel I

1) Anm. d. Übers.: Unter »Tanzimat« versteht man den Zeitraum zwischen 1839 und 1876 (Erste konstitutionelle Phase), in dem das Osmanische Reiches grundlegend reformiert wurde. Betroffen waren verschiedene Bereiche, sei es den Status der Bürger betreffend (sowohl der muslimischen als auch der andersgläubigen Minoritäten), oder die Armee, die Säkularisierung des Rechts, den Bereich der Erziehung und den der Verwaltung.
2) Zur islamistischen Bewegung, die den Islam als Ganzes »von neuem« an die Macht bringen will und die Muslime davor retten will, daß sie den Wseten nachahmen und gleichzeitig von diesem ausgebeutet werden. Vgl. İsmail Kara 1986, S. XV
3) Nora Şeni stellt fest, daß der Körper der Frau und ihre Kleidung der Ort seien, an dem gesellschaftliche Präferenzen symbolisch definiert werden. Vor allem in ihrem Aufsatz, in dem sie die Beziehungen zwischen der politischen Herrschaft (Staat) und dem weiblichen Körper genau untersucht, zeigt sie, wie der Osmanische Staat im städtischen Raum die Kleidung der Frauen und der Minoritäten durch Verordnungen regelt. Sie stellt die These auf, daß der Körper der Frau im städtischen Raum die staatliche Macht symbolisch reflektiert. Vgl. Nora Şeni 1984, S. 66-95
4) Anm. d. Übers.: Die *Meşrutiyet*-Zeit umfaßt die konstitutionelle Monarchie im Osmanischen Reich zwischen 1876 und 1879 und von 1908 bis 1922, in der die Bestimmungen und die Verfassung des Tanzimats weiterhin in Kraft waren, auch wenn tiefgreifendere Reformvorschläge in bezug auf den Staatsapparat oder die sozioökonomischen Strukturen nicht weitergeführt wurden.
5) Niyazi Berkes 1973, S. 328. Berkes zeigt auf, daß das Problem der Befreiung der Frau schon vor dieser Zeit von Ahmet Mithat, Şinasi und Namık Kemal behandelt worden ist, aber der Anfang des Streites zweier entgegengesetzter Standpunkte erst in einer von Mahmut Esat Efendi herausgegebenen Schriftenreihe zu sehen sei.
6) Berkes a.a.O., S. 329
7) a.a.O.
8) Anm. d. Übers.: Der Begriff »manevi« = »geistig« bedeutet im Türkischen »seelisch, religiös, moralisch«, während »geistig« im Deutschen in

der Tradition Kants und der Aufklärung eher den Begriffen »Vernunft, Verstand« entspricht.

9) Berkes a.a.O., S. 329
10) Hilmi Ziya Ülken 1979 (Erstauflage 1966), S. 198
11) Berkes a.a.O., S. 336.
12) Özer Özankaya 1984, S. 122f.
13) Özankaya a.a.O., S. 123
14) Özankaya a.a.O., S. 126-128
15) Zu dieser Polemik vgl. Muhaddere Taşçıoğlu 1958
16) Anm. d. Übers.: Der »Konak« war der Wohnsitz der reichen osmanischen Großfamilie, in dem die Wohnräume für die Frauen (»Harem«) und die Männer (»Selamlık«) getrennt waren.
17) Nach Ekrem Işın 1988 (S. 150-155) ist die den intellektuellen Frauentyp schaffende osmanisch-aristokratische ›Konak‹-Erziehung die Form, die die klassische Haremserziehung in den osmanischen Serails mit der Modernisierung der Tanzimatsperiode Schritt halten läßt.
18) Berkes a.a.O., S. 267
19) M.A. Kılıçbay sieht sogar »das Tanzimat als eine verloren gegangene ideale Ordnung, als eine angefangene Bewegung, in ein verschwundenes Goldenes Zeitalter zurückkehren zu können«. Zitiert nach Jale Parla 1980, S. 11. Außerdem findet sich in Ekrem Işıns Artikel, daß auch bei dem führenden Ästhetiker Cenab Şehabeddin die Idee vom Goldenen Zeitalter, dem »Zeitalter der Glückseligkeit«, zu finden sei, und daß die Intellektuellen in dieser Zeit das Neue vom Alten in seiner vollen Bedeutung noch nicht getrennt dachten. (S. 27)
20) Zu den Werken dieser Autoren hinsichtlich des Aufzeigens der Überlegenheit der islamischen Epistemologie vgl. Jale Parla.
21) Jale Parla a.a.O., S. 11f
22) a.a.O., S. 16f
23) a.a.O., S. 17f.
24) a.a.O., S. 17
25) a.a.O., S. 69
26) Mehmet Ö. Alkan: »Tanzimat'tan Sonra Kadın'ın Hukuksal Statüsü.« In: *Toplum ve Bilim*, Nr. 50 Sommer 1990. S. 85-95
27) Alkan a.a.O., S. 88
28) Ekrem Işın 1960, S. 27
29) Tarık Zafer Tunaya 1960, S. 77. Zu den drei Gedankenströmungen, vor allem zum Thema Frau vgl. Bernard Caporal 1982, S. 78. Die westliche Richtung veröffentlicht vor allem in der Zeitschrift *İçtihat*, die islamische in *Volkan*, *Sıratı Müstakim*, *Sebilürreşad*, *Beyanülhak*, die turanistische in *Türk Yurdu* und *Yeni Nesil*.

30) Gespräch von Sefa Kaplan mit İsmail Kara in der Zeitschrift *Nokta*, 31.12.1989.
31) Niyazi Berkes 1973, S. 337f.
32) a.a.O., S. 470
33) a.a.O., S. 338
34) Berkes weist darauf hin, daß die sich in der Literatur äußernde Verwestlichungsströmung als dekadent bezeichnet wurde, d.h. wurzellos, entfremdet, da sie die Traditionen zurückweist. Ahmet Midhat benennt diese Gruppe mit dem arabischen Wort »dehri«, d.h. Zeitgenosse, das immer gleichbedeutend sei mit »Feind der Ethik«. (S. 334-339)
35) Tezer Taşkıran 1973, S. 49
36) Salahaddin Asım 1989
37) Hilmi Ziya Ülken 1979, S. 395
38) Salahaddin Asım a.a.O., S. 22
39) a.a.O., S. 27-32
40) Celal Nuri İleri: *Kadınlarımız*. Zitiert nach Tezer Taşkıran 1973, S. 60
41) Halil Hamit: *İslamiyette Feminizm yahut Alem-i Nisvanda Müsavat-ı Tamme* (Kadınlık Aleminde Tam Eşitlik). Zitiert nach Tezer Taşkıran, S. 53.
42) Said Halim Paşa, ohne Jahresangabe, (Erstauflage 1919), S. 136
43) a.a.O., S. 142ff
44) a.a.O., S. 149
45) Zum Aufsatz von İskilipli Mehmed Atıf über die Nachahmung des Westens und die Zivilisation vgl. İsmail Kara 1982, S. 253.
46) a.a.O., S. 52
47) a.a.O., S. 54
48) a.a.O.,
49) Tarık Zafer Tunaya 1962, S. 101
50) Bernard Caporal 1982, S. 83
51) a.a.O., S. 84
52) Vgl. Tarık Zafer Tunaya 1960, S. 84
53) a.a.O., S. 86
53) Vgl. Taha Parla 1989, S. 33
54) Ziya Gökalp 1976, *Türkçülüğün Esasları*. S. 48
55) »Asrı Aile ve Milli Aile«. In: *Yeni Mecmua*, 1917. Ziya Gökalp, *Turkish Nationalism and Western Civilization*. Übers. von Niyazi Berkes. George Allen and Unwin Ltd. London 1959. S. 252.
57) Ziya Gökalp a.a.O., S. 158-64. Vgl. auch Fındıkoğlu, S. 184-256.
58) Bernard Caporal a.a.O, S. 97
59) Ziya Gökalp a.a.O., S.163f.
60) a.a.O.

61) Vgl. Muhaddere Taşçıoğlu 1958. Außerdem Bernard Caporal a.a.O., S. 145-51, sowie Nora Şeni 1984
62) Zafer Toprak 1986
63) Zafer Toprak 1988, S. 30f
64) Bernard Caporal, a.a.O., S. 150
65) a.a.O., S. 146-49
66) M. Şehmuz Güzel 1984, S. 6-12
67) a.a.O.
68) J. Melia: *Mustafa Kemal ou la rénovation de la Turquie*. Paris 1929. Zitiert nach Bernard Caporal a.a.O., S. 147f
69) a.a.O.,
70) C. Farrère, I. Brief vom 30.12.1910, S. 95
71) a.a.O., VI. Brief vom 28.7.1911, S. 121
72) a.a.O., VI. Brief vom 10.8.1912, S. 129
73) a.a.O., V. Brief vom 28.7.1911, S. 124
74) Über schwaches Geschichtsbewußtsein und die Frage der Zeit vgl. Nilüfer Göle 1986, *Mühendisler ve İdeoloji*.
75) Taner Timur hat in seinem Buch eine neue Sicht der osmanischen Geschichte vorgeschlagen. Er wies auf den sehr gewaltigen Bruch zwischen unserer Vergangenheit und der Gegenwart hin und stellte eine von der Geschichtsauffassung des Tanzimats gänzlich verschiedene Konzeption der Tanzimatszeit vor. Für ihn reflektiert diese Periode die kulturelle Unterentwicklung der osmanischen Geistlichkeit, ferner daß die führenden Eliten jener Epoche einen Wechsel der sozialen Ordnung nicht befürwortet hätten, und daß es sich keineswegs um eine wirkliche Verwestlichung gehandelt habe. Vgl. Taner Timur 1986.
76) İsmail Kara 1986, S. XVI-XVII
77) a.a.O., S. XXIV-XXV
78) Alexis de Tocqueville 1981, S.32f
79) In der Frauenbewegung gibt es eine Dimension der Gleichheit wie auch eine des Unterschieds. Hier beschäftigt uns mehr die erste Dimension.
80) Michel Foucault, *Histoire de la sexualité*, Bd. 1-3. Gallimard. Paris 1976. Deutsche Ausgabe: *Sexualität und Wahrheit*, Bd. 1-3. Suhrkamp. Frankfurt/M 1983-1989.
81) Foucault, *Sexualität und Wahrheit*, Bd. 1, S. 63-65
82) İsmail Hakkı İzmirli: »İslamda Kadın Hakları«. In: İsmail Kara 1986, S. 112-119
83) Zafer Toprak 1988, »Kadın Askerler ve Milli Aile«, S. 34-38
84) Zafer Toprak 1988, »Meşrutiyet Yıllarında Kadınlara Dair Söylenmiş Sözler«, S. 46
85) Peyami Safa (1959), S 55

86) a.a.O., S. 51f
87) Taner Timur 1986, S.13
88) Safa, a.a.O., S. 34
89) Niyazi Berkes 1973, S. 334
90) a.a.O., S. 334
91) Safa, a.a.O., S. 35
92) Anm. d. Übers.: Fener war ein beliebter Ausflugsort am Goldenen Horn.
93) Salahaddin Asım: S. 147-52.
94) Şerif Mardin 1991, S. 23-81
95) Ziya Gökalp 1976, S. 7 und 60
96) Ziya Gökalp 1965, S. 47
97) Zafer Toprak 1988, »Kadın Askerler ve Milli Aile«; außerdem ders. 1986
98) Halide Edip Adıvar, *Yeni Turan,* 5.Auflage 1982 (Erstdruck 1912), S.17f, 28

Kapitel II

1) Duben und Behar 1991, die von der Analyse demographischer Kurven ausgehen, haben die Veränderung der Familienstruktur der osmanisch-türkischen Familie (vor allem zwischen 1920 – 1930) als eine Zivilisationsverschiebung bewertet
2) Ziya Gökalp 1976, *Türkçülüğün Esasları,* S. 50
3) Peyami Safa 1959 (Erstauflage 1938), S. 7
4) Ahmet Hamdi Tanpınar, S. 24-35
5) Paul Dumont 1983, S.156
6) Norbert Elias: *La Civilisation des Moeurs.* Calmann Levy, Paris 1973. Die Seitenangaben beziehen sich auf die französische Ausgabe.
7) a.a.O., S. 27-51
8) Safa, a.a.O., S. 90
9) Nora Şeni 1990, S. 62
10) Nachdem im Volk sich später das gestärkte Hemd und die Krawatte durchgesetzt hatten, wurde in dem Lied der Vers »Wie schön steht meinem Sekretär die Hose« ersetzt durch »Wie schön steht meinem Sekretär das gestärkte Hemd«. Vgl. hierzu Cevdet Kudret: 1984, S. 267f
11) La Baronne D. de Fontmagne: *Eski Istanbul Yaşayışı.* Kervan Yayınları, Istanbul 1977. Zitiert nach Nuray Mert 1983, S. 4
12) Cevdet Kudret, a.a.O., S. 267-71
13) Mahmut Göloğlu 1972, S. 141.«Für die Türkei, die entschlossen ist, in die zeitgenössische internationale Familie einzutreten, wird das Tragen

des Hutes, der als Symbol der Verwestlichung einen besonderen Wert besitzt, 1925 gesetzlich.«
14) a.a.O., S. 141
15) Cihan Aktaş 1989, S. 137-64
16) Ernest Jackh 1946, S. 51
17) P. Gentizon 1929. Entnommen aus Bernard Caporal 1982, S. 651
18) Tarık Zafer Tunaya 1986, S. 117
19) Nach İdris Küçükömer habe die bürokratische Klasse der Janitscharen gegen die Gewerbetreibenden, die Geistlichkeit und die Volksfront der Ost-Islamisten Stellung genommen. Vgl. İdris Küçükömer 1989.
20) François Georgeon 1986, S. 113
21) Tatsächlich haben die Nationalisten 1912 eine Zeitschrift *Halka Doğru* (Hin zum Volk) veröffentlicht, einem Ableger der *Türk Yurdu* (Türkisches Vaterland). »Um die Nation zu entwickeln, muß das Volk entwikkelt werden«, zeigt die organische Verbindung zwischen türkischem Nationalismus und Populismus. Nach Georgeon waren die osmanischen Intellektuellen von Rußland »als dem klassischen Land des Populismus« beeinflußt. Der Gedanke »Hin zum Volk«, der Ziya Gökalp beeindruckte, muß nach Georgeon mit Hüseyinzade Ali in die Türkei gekommen sein.
22) Şirin Tekeli 1982, *Kadınlar ve Siyasal Toplumsal Hayat*, S. 210
23) Şirin Tekeli 1982, »Türkiye'de Kadının Siyasal Hayattaki Yeri«, S. 380f
24) Atatürk'ün Söylev ve Demeçleri, »Konya Kadınları ile Konuşma«, 21.3.1923. S. 1147
25) Muhaddere Taşçıoğlu 1958, S. 74
26) a.a.O.
27) *Hanımlara Mahsus Gazete*, 21.10.1895. Zit. nach Nuray Mert 1983, S. 4
28) Nora Şeni 1990, S. 48 und 57
29) Mert a.a.O., S. 31. M. Taşçıoğlu entwickelt die gleiche These.
30) Georg Simmel 1989. S. 174 (Seitenangaben beziehen sich auf die französische Ausgabe)
31) Yakup Kadri Karaosmanoğlu 1987, S. 96
32) Simmel, a.a.O., S. 179
33) Mert, a.a.O., S. 22
34) Hadiye İzzet: »Moda Sevdasını Bırakalım«. In: *Kadınlar Dünyası*. 13.3.1329 (26.5.1913) Zit. nach Mert, a.a.O., S. 22
35) Yakup Kadri Karaosmanoğlu, a.a.O., S. 129
36) a.a.O., S. 91
37) a.a.O., S. 167
38) a.a.O., S. 109
39) Anm. d. Übers.: Beyoğlu ist ein moderner Stadtteil mit vielen Geschäf-

ten und Vergnügungslokalen auf der europäischen Seite Istanbuls, in dem sich früher vor allem Europäer und Angehörige der Minoritäten niederließen.

40) Halide Edip Adıvar, *Raik'in Annesi,* 1990, S. 133 (Erstauflage 1912).
41) Halide Edip Adıvar, *Yeni Turan*, 1990, S. 17f (Erstauflage 1912).
42) Berna Moran 1990, S. 119
43) İnci Enginün 1978. S. 23
44) Ayşe Durakbaşa 1987, S. 109
45) Falih Rıfkı Atay, *Çankaya*. Zitiert nach Cihan Aktaş a.a.O., S. 156
46) a.a.O.
47) Nora Şeni behauptet, daß es eine Kontinuität gibt im Hinblick auf die Kontrolle der Kleidung und des Benehmens des Individuums durch den Staat, von der osmanischen zur republikanischen Türkei. Vgl. Nora Şeni 1984, S. 83-85
48) Osmanlı Yaşayışıyla İlgili Belgeler-Bilgiler: Kadın II. In: *Tarih ve Toplum*, 1984, Nr.4. S.296
49) a.a.O.
50) Fatima Mernissi 1987, *Beyond the Veil,* S. 27-45
51) Muhaddere Taşçıoğlu 1958, S. 81f
52) Louis Beck und Nikki Keddie 1978, S. 27
53) Niyazi Berkes 1973, S. 470
54) Die Äußerungen aus den Auseinandersetzungen um die Rezeption des westlichen Zivilrechts sind dem Buch von Bernard Caporal entnommen, a.a.O., S. 350-86
55) Nermin Abadan-Unat 1982 zeigt auf, daß in diesem Zivilrecht zwischen den Ehegatten kein Gleichheitsprinzip besteht. (So ist der Mann Familienvorstand, die Frau kann ohne Erlaubnis ihres Mannes keine Arbeit aufnehmen, ihren Mädchennamen nicht beibehalten u.ä.m.) Heute liegen Anträge von Parlamentariern sowie von Frauenverbänden vor, die eine Gesetzesänderung und Abschaffung dieses Paragraphen beantragen.
56) Zu den Vater-Tochter-Beziehungen und zu deren Stellenwert für die Bestimmung der Identität kemalistischer Frauen vgl. Ayşe Durakbaşa 1987, S. 125
57) a.a.O.
58) Süreyya Ağaoğlu 1984, S. 41f
59) Durakbaşa, a.a.O., S. 124
60) Yeşim Arat 1989
61) Entnommen aus Özer Özankaya 1984, S.129
62) a.a.O.
63) Für die feministischen Begriffe »Gleichheit« und »Identität« vgl. Nilüfer Göle 1991

64) Caporal a.a.O., S. 386
65) Deniz Kandiyoti 1990, S. 351
66) Durakbaşa a.a.O., S. 93f
67) Halide Edip, *Yeni Turan*, S. 28f
68) Hilmi Yavuz 1977, S. 156-63
69) a.a.O., S. 160f
70) a.a.O.
71) Şirin Tekeli 1986
72) Ferhunde Özbay 1986
73) Nükhet Sirman 1989, S.1-34
74) Fatmagül Berktay 1990, S. 289-300. Vgl. auch Şirin Tekeli, a.a.O., S. 191f
75) Berktay, a.a.O., S. 291
76) Kandiyoti, a.a.O., S. 344

Kapitel III

1) Marcel Ahano 1990, S. 70f
2) a.a.O.
3) Anm. d. Übers.: Nach 1980 hat der YÖK – Yüksek Öğretim Kurumu (Oberste Erziehungsbehörde für Universitäten) verschleierten islamistischen Studentinnen verboten, ihr Studium fortzusetzen (das »Kopftuch-Verbot«). Später wurde die Durchführung dieses Beschlusses den Rektoren der einzelnen Universitäten überlassen. Es kann zu einer Lokkerung. In der Praxis existiert er heute kaum noch..
4) Nora Şeni. Vgl. auch Cihan Aktaş.
5) İlhan Arsel 1987. Vgl. auch Oral Çalışlar 1991
6) Bernard Lewis 1985
7) Vgl. hierzu Alain Touraine: *La voix et le regard*. Seuil, Paris l978. Die gleiche Untersuchungsmethode habe ich bei meiner Untersuchung über die Ingenieure und die linke Ideologie angewandt. Nilüfer Göle 1986, *Mühendisler ve İdeoloji*, S. 82.
8) Die Untersuchung wurde im Frühjahr 1987 vorbereitet, im August und September erfolgten die Umfragen mit den führenden Köpfen und Ideologen der islamistischen Bewegung. Auf der zweiten Stufe gab es mit den sich verschleiernden islamistischen Studentinnen bis zu zehn ausführliche Gespräche. Auf der dritten Stufe fand eine Debatte mit ihnen statt (mit etwa 10-12, alle verschleiert, in der Mehrzahl Universitätsstudentinnen) und Vertretern islamistischer Bewegungen anderer Richtungen (aus den Kreisen der Zeitschriften *Kadın ve Aile*, *Girişim*

und der Tageszeitung *Zaman*. Es war nicht leicht, zwischen der Befragenden und den vier Gruppen ein Vertrauensverhältnis aufzubauen. Manche äußerten ihre Unruhe, die sie empfanden, »als sie vor einer ›Fremden‹ wie unter ein Vergrößerungsglas gesetzt wurden«, auch ihre Furcht, mißbraucht zu werden. Es gab auch ein bis zwei Personen, die aus der Gruppe ausschieden. Zuerst waren alle dagegen, daß die Gespräche auf Band aufgenommen wurden, denn sie hätten evtl. von offiziellen Stellen abgehört werden können – dann akzeptierten sie es unter Benutzung von Decknamen. Die Gruppengespräche dauerten jeweils ungefähr drei Stunden. Nachdem die Diskussionen auf Band aufgenommen worden waren, wurden sie analysiert und protokolliert. Für jedes Gruppengespräch gab es zwei verschiedene Sitzungen, eine offene und eine geschlossene. In die offenen wurden auch Gesprächspartner außerhalb der Gruppe eingeladen, z.B. ein Mitarbeiter einer islamistischen Frauenzeitung, einer der Führer der islamistischen Bewegung, seine verschleierte Frau und eine Feministin. Die erste Versammlung fand im Gebäude einer islamistischen Zeitschrift statt, die anderen Treffen in einer »neutraleren« Umgebung wie im Bilim Sanat ve Kültür Merkezi (= Bilsak, Zentrum für Wissenschaft, Kunst und Kultur).

9) Andere Untersuchungen kamen zu ähnlichen Ergebnissen. Nach der Untersuchung von Cihan Aktaş 1991 über 75 verschleierte Studentinnen war die Mehrzahl der Väter im öffentlichen Dienst (36), meistens als Lehrer, oder im Kleingewerbe (13) tätig, oder sie waren Geschäftsleute (11). Feride Acar 1990 stützt sich auf die Interviews, die sie mit 9 verschleierten Studentinnen gemacht hat. Auch sie kamen aus ärmeren Vierteln, ihre Mütter hatten zum größten Teil nur die fünfjährige Grundschule besucht, ihre Väter waren überwiegend kleine Staatsangestellte oder Arbeiter.

10) Cihan Aktaş 1991, S. 87. Nach derselben Untersuchung befürworteten von 75 Studentinnen die Familien von 18 die Verschleierung, bei 30 Studentinnen waren die Familien dagegen, bei 15 sollten sie zum Studium unverschleiert sein. Es zeigt sich, daß die von der Familie aufgezwungene Verschleierung nicht häufig ist, und daß das Studium im Familienkreis sehr positiv bewertet wird.

11) Anm. d. Übers.: İmam Hatip-Schulen sind staatliche Religionsschulen, die Priester (İmam), Prediger (Hatip) und Lehrer für die Koranschulen ausbilden. Nach vierjähriger Ausbildung in der Mittelstufe folgt die dreijährige Gymnasialstufe, mit der man zur Aufnahmeprüfung an die Universität zugelassen wird. 1986 besuchten 538 000 Schüler und Schülerinnen 1221 solcher Schulen. Da die Zahl der Absolventen den Bedarf an Predigern bei weitem übersteigt, ist eine starke Konzentration von

Absolventen in der mittleren bis hohen Bürokratie zu beobachten, was die laizistischen Kreise beunruhigt. Es wird sogar diskutiert, ob man die Absolventen dieser Schulen auch in Militärakademien aufnehmen soll.

12) Cihan Aktaş 1991, S. 44f
13) Edward Shils 1961 hat gezeigt, daß die Beziehung zwischen dem Zentrum und der Peripherie nicht nur eine geographische ist, sondern auch was Wertesystem und Institutionen betrifft, zentrale Bedeutung hat. (S. 117-130)
14) Abdılwahab Bouhdiba 1975, S. 43-57
15) Fatima Mernissi 1987, *Le harem politique*, S. 119f
16) a.a.O., S. 109f
17) a.a.O., S. 127-129
18) Ferit Develioğlu 1970
19) Hatice Tuman 1987, S. 27
20) Feride Acar, a.a.O., S. 86. Sie schreibt, daß der Wettstreit in der Verschleierung den Frauen Selbstvertrauen gebe. Auch Binnaz Toprak 1979 äußert sich in ähnlicher Weise.
21) Aysel Z. Tozduman 1988, S. 143
22) Über das Erziehungsniveau der militanten Islamisten allgemein vgl. Saadeddin İbrahim 1980, S. 432-453. Für die Türkei vgl. Gencay Şaylan 1990.
23) Fadwa El Guindi 1983, S. 79-90
24) Vgl. Cihan Aktaş 1991, S. 77
25) Vgl. hierzu Daniel Lerner 1958.
26) Auch Binnaz Toprak 1990 hat die islamistische Frauenbewegung als »Identitätspolitik« gedeutet und als die Suche der Gegenelite nach gesellschaftlichem Status, nach Anerkennung und nach politischer Macht gewertet.
27) Zur Analyse von islamischen Frauenzeitschriften vgl. Feride Acar: S.73-74. Ebenso Yeşim Arat 1989, S. 94
28) Cihan Aktaş a.a.O., S. 122
29) a.a.O., S. 133
30) Hüseyin Hatemi 1988, S. 12ff
31) Germaine Tillion 1966, S.161f
32) a.a.O., S.161-178
33) Fatima Mernissi 1987, *Le harem politique*, S. 238
34) a.a.O., S. 163
35) a.a.O., S. 246
36) Abdelwahab Bouhdiba a.a.O., S. 144
37) a.a.O., S. 20
38) a.a.O., S. 129

39) a.a.O., S. 144-147
40) a.a.O., S. 282
41) Siehe auch Karl Mannheim 1936. Außerdem Paul Ricoeur 1981.
42) Für eine allgemeine Bewertung der islamistischen Bewegungen in der Türkei vgl. Ruşen Çakır 1990.
43) Gilles Kepel 1991
44) Ali Bulaç 1985, S. 227
45) Mehmet Metiner 1987, S. 12
46) İsmail Kara 1990, S. 18f
47) Ruşen Çakır a.a.O., S. 252 und 254
48) Anders als in anderen muslimischen Ländern verfolgen die türkischen Islamisten neue Strömungen des westlichen Denkens sehr aufmerksam. Von türkischen islamistischen Intellektuellen wird z.B. Paul Feyerabends *Wider den Methodenzwang*, Werke von Gilles Deleuze und Felix Guattari, Ivan Illich und Herbert Marcuse intensiv gelesen. İsmet Özels Buch *Waldo, Sen Neden Burada Değilsin?* (Waldo, warum bist du nicht hier?) verweist auf die amerikanischen Freiheitskämpfer, auf die dem Imperialismus Widerstand Leistenden. Nabi Avcı geht in seinem Buch *Bombacı Parmenides* (Parmenides, der Bombenmacher) von Heidegger aus, weist auf den Zusammenhang zwischen der heutigen Technik und dem alten griechischen Gedanken von der Atombombe und den Gedichten von Parmenides hin und besteht auf der Originalität und Ganzheit jeder Kultur. In Ali Bulaçs Buch *Din ve Modernizm* (Religion und Modernismus) werden postmoderne Theorien diskutiert. Nach dem Ausspruch eines muslimischen Intellektuellen würden sich, »wenn es so weiterginge«, die Muslime sogar die 68iger Gedanken, die Frankfurter Schule, die Anti-Psychiatrie aneignen. Namen wie Capra, Illich, Foucault sind von den Muslimen hoch geschätzt«. Zit. nach Ruşen Çakır a.a.O., S. 267f
49) Necati Polat, »Nabi Avcı ile Söyleşi«, in: *Gergedan*. Nr.11, Januar 1988.
50) Auf den Ausspruch einer der wichtigsten Vertreterinnen der ägyptischen Gruppe der Muslimbruderschaft: »In der Tat, wir hätten als erste die Atombombe erfinden müssen!«, schreibt Nabi Avcı 1989, S. 201, daß die türkischen Intellektuellen mehr oder weniger wüßten, »wenn auch nur vage, daß ein Parmenides gelebt habt, und daß das Ungeheuer mit dem Namen ›Atombombe‹ nicht einfach von allein entstanden ist, sondern daß Technik und Kultur ein Ganzes bilden«.
51) Ali Bulaç 1988, S. 22
52) Emine Şenlikoğlu 1988, *Bize nasıl kıydınız*, S. 164. Die Autorin ist die Herausgeberin der Zeitschrift *Mektup*.
53) Emine Şenlikoğlu 1988, *İslam'da Erkek*, S. 164

54) Elizabeth W. Fernea 1985, S. 236
55) Ruşen Çakır a.a.O., S. 195f
56) »İslami Arabesk'in Dili«. In: *Kitap Dergisi*. Nr. 28, Juni 1989.
57) Yeşim Arat a.a.O., S. 95f
58) Vgl. zur Kindererziehung Nancy Chodorow 1974. Sie weist nach, daß es für das Kind schon von klein auf nötig ist, daß von Mutter und Vater gleiche Pflichten übernommen werden, und daß dies für die Entwicklung des Kindes von entscheidender Bedeutung ist.
59) Über unsere Untersuchung hat die Wochenzeitschrift *Nokta* eine Ausgabe mit dem Titel »Türbanlı feministler« (Verschleierte Feministinnen) herausgebracht. In: *Nokta*. Nr. 50. 1987.
60) Anm. d. Übers.: Planlos entstandene Viertel mit Hütten, die über Nacht erbaut sein müssen, damit sie nicht abgerissen werden können, und die den vom Land in die Städte Abgewanderten als erste Unterkunft dienen. Nach und nach entwickelten sie sich zu richtigen neuen Stadtteilen.
61) Ali Bulaç 1987
62) Mualla Gülnaz 1987, »Ali Bulaç'ın Düşündürdükleri«
63) Tuba Tuncer, »Kimin Aklı Kısa?«, in: *Zaman*, 1.9.1987
64) Elif H. Toros: »Feminist kime Derler?«, in: *Zaman*, 15.9.1987
65) Bouhdiba a.a.O., S. 282
66) Fatma Kuru 1987
67) *Zaman*, 3.9.1987
68) Tuba Tuncer, »Kadınlar, yine Kadındır«, in: *Zaman*, 15.9.1987
69) Yıldız Kavuncu 1987
70) Mualla Gülnaz, »Biz Kimiz?«, in: *Zaman*, 15.9.1987
71) Tuba Tuncer, »Kadınlar, yine Kadındır«, a.a.O.
72) Mualla Gülnaz, »Ali Bulaç'ın Düşündürdükleri«, in: *Zaman*, 1.9.1987
73) Yıldız Kavuncu a.a.O.
74) Anm. d. Übers.: Eine Türbe ist eine Grabstätte hochgestellter oder heiliger Männer oder Frauen, die man zum Gebet aufsucht.
75) Anm. d. Übers.: Das Mevlut ist ein Gedicht auf die Geburt Mohammeds, das an seinem Geburtstag oder auch bei anderen Anlässen, z.B. bei einem Todesfall, in der Moschee oder zu Hause von einem Geistlichen oder Vorsänger gesungen wird.
76) Tuba Tuncer a.a.O.
77) Halime Toros 1991
78) Halime Toros 1990, S. 95f
79) Malek Chebel 1988, S. 120
80) Mualla Gülnaz a.a.O.

Schlußbetrachtung

1) Der Hegelsche Begriff ›zivilisierte Gesellschaft‹ kennzeichnet den Charakter der modernen westeuropäischen Zivilisation. Er verweist auf eine ethische Wirklichkeit, auf eine Institution hin, die unabhängig von einer zentralen Regierung funktionieren kann, die sich auf Besitzrecht und Organisationsfreiheit stützt und sich zum ersten Mal als etwas Öffentliches definiert. Vgl. hierzu Şerif Mardin 1983, S. 85f.
2) Pierre Bourdieu 1972
3) Was den Begriff »Erfindung der Traditions« betrifft, vgl. Eric Hobsbawm and Terence Ranger 1983.
4) Mardin schreibt, daß die »Kultur der Basis« stagnierte, weil der Staat die Gruppen daran gehindert habe, lokale kulturelle Themen zu entwickeln. Er erinnert daran, daß im Westen der Roman, die Musik sich in dem Maße entwickelten wie sie in der Kultur der Basis wurzelten. Man treffe z.B. keinen osmanischen Komponisten, der ein ländliches Thema bearbeitet habe, wie etwa Beethoven oder Schubert. Vgl. hierzu Şerif Mardin a.a.O., S. 97.
5) Şerif Mardin 1991, S. 186
6) Zum Niedergang des öffentlichen Menschen und dem Vordringen der intimistischen Kultur vgl. Richard Sennett 1978.
7) Zu einer Kritik am »Explodieren des Privatlebens« in den 80er Jahren in der Türkei vgl. die kritisch untersuchende Schrift von Nürdan Gürbilek 1991.
8) Lipovetsky behauptet, daß der private Bereich mit dem öffentlichen ineinander verquickt sei, und indem er als Beispiel die von den feministischen Befürwortern der Abtreibung und den Gegnern der Vergewaltigung geführten Kampagnen erwähnt, kommt er zu dem Schluß, daß die Protestbewegungen diesen allgemeinen »Striptease-Prozeß« verstärken. Vgl. Gilles Lipovetsky: *L'ère du vide. Essais sur l'individualisme contemporain*. Gallimard, Paris 1983.
9) Michel Foucault 1976
10) ders.
11) Paul Yonnet 1985, S. 93-140
12) Zum Thema visuelles und geschlechtliches Privileg in der postmodernen Kultur und zum Feminismus vgl. Craig Owens 1985, S. 70.
13) Nükhet Sırman-Eralp 1989 hebt grundlegende Prinzipien der islamistischen Frauenbewegungen hervor. (S. 1-34)
14) Arlene Elowe Macleod 1987
15) Über diese doppelte Dynamik der feministischen Bewegung vgl. meine

detaillierte Auseinandersetzung mit diesem Thema. (in: Nilüfer Göle 1991)

16) Die islamistische Bewegung bezieht sich direkt auf die westliche Anti-Kultur und behauptet, daß der Slogan der französischen Jugend aus den 68er Jahren: »Seid Realisten, wollt das Unmögliche!« auch für die muslimische Jugend viel bedeute. Vgl. Hüseyin Öcal, Kemal Öztürk, »İslamcı Hareket ve Gençlik«, in: *Girişim*, Nr. 58, Juli 1990. Außerdem: »İslami Hareket'te Aydın ve Ulema«, in: *Girişim*, Nr. 57, Juni 1990 und »Türkiye'de İslami Hareket«, in: *Girişim*, Nr. 54, März 1990.
17) Wie die Untersuchungen von Gilles Kepel 1987 über die islamistischen Bewegungen in Frankreich zeigen, ist die »Re-Islamisierung« mit gesellschaftlicher Partuzipation und dem Modernismus verbunden.
18) Anm. d. Übers.: Mitglied der Nurcu-Sekte.
19) Şerif Mardin 1983, S. 122
20) a.a.O., S. 58
21) Benedict Anderson 1983, S. 15f
22) Die Teilnahme der nationalistischen Partei (Milliyetçi Çalışma Partisi) und der islamistischen Partei (Refah Partisi) an den allgemeinen Wahlen vom 20.10.1991 stützt diese Hypothese.
23) Mohammed Arkoun 1984
24) Diesen Begriff wendet Şerif Mardin 1990 an, wenn »jemand seine wirtschaftliche Lage entwickeln und verbessern will«. Ich beziehe ihn hier besonders auf die Ausbildung und die Partizipation der Frauen an der Politik. Auf die Frauen wurde dieser Begriff zum ersten Mal von Yeşim Arat 1991 angewandt.

Literatur

Abadan-Unat, Nermin (Hg.), *Türk Kadını ve Din,* Türk Sosyal Bilimler Derneği, Ankara 1979

Abadan-Unat, Nermin, »Toplumsal Değişme ve Türk Kadını«, *Türk Toplumunda Kadın*, herausgegeben von Nermin Abadan-Unat, Türk Sosyal Bilimler Derneği Yayınları, Ankara 1982

Abu-Lughod, Leila, *Veiled Sentiments, Honor and Poetry in a Bedouin Society*, University of California Press, Berkely 1986

Acar, Feride, »Türkiye'de İslamcı Hareket ve Kadın«, *Kadın Bakış Açısından 1980'ler Türkiye'sinde Kadın*, derleyen Şirin Tekeli, İletişim Yayınları , İstanbul 1990

Adıvar, Halide Edip, *Yeni Turan*, Atlas Kitabevi, İstanbul 1982, 5.Auflage (Erstauflage 1912)

Adıvar, Halide Edip, *Raikin Annesi*, Atlas Kitabevi, İstanbul 1990 (Erstauflage 1912)

Ağaoğlu, Süreyya, *Bir Ömür Böyle Geçti*, Ağaoğlu Yayınevi, İstanbul 1984

Ahano, Marcel, »*Le Politologue et L'Hystérique*«, in: *CEMOTI*, no.10, 1990

Ahmed, Leila, *Women and Gender in Islam*, Yale University Press, New Haven 1992

Aktaş, Cihan, *Kılık, Kıyafet ve İktidar*, Cilt 1, Nehir Yayınları, İstanbul 1989

Aktaş, Cihan, *Tesettür ve Toplum. Başörtülü Öğrencilerin Toplumsal Kökeni Üzerine Bir İnceleme.* Nehir Yayınları, İstanbul 1991

Al-Azmeh, Aziz, *Islams and Modernities*, Verso, London 1993

Al-Ghazali, Zaynab, »An Islamic Activist: Zaynab al-Ghazali«, in: Elizabeth W. Fernea (ed.), *Women and the Familiy in the Middle East. New Voices of Change*. The University of Texas Press, Texas 1985

Alkan, Mehmet Ö., »Tanzimat'tan Sonra Kadın'ın Hukuksal Statüsü«, in: *Toplum ve Bilim*, no. 50, 1990

Amin, Qasim, *Die Befreiung der Frau*, Herder, Freiburg, Basel Wien 1994

Anderson, Benedict, *Imagined Communities. Reflections on the Origin and Spread of Nationalism*. Thetford Press, Thetford 1983. Deutsch: *Die Erfindung der Nation: zur Karriere eines erfolgreichen Konzepts.* Campus Verlag, Frankfurt/M., New York 1988

Arat, Yeşim, *The Patriarchal Paradox. Women Politicians in Turkey.* Associated University Presses, London, Toronto 1989

Arat, Yeşim, »Feminizm ve İslam: Kadın ve Aile Dergisinin Düşündürdükleri«, in: *Kadın Bakış Açısından 1980'ler Türkiye'sinde Kadın*, herausgegeben von Şirin Tekeli, İletişim Yayınları, İstanbul 1990

Arat, Yesım, *The Patriarchal Paradox. Women Politicians in Turkey.* Associated Univ. Presses, London & Toronto 1989

Arat, Yesım, »1980'ler Türkiye'sinde Kadın Hareketi: Liberal Kemalizm'in Radikal Uzantısı?«, in: *Toplum ve Bilim*, İstanbul 1991

Arkoun, Mohammed, *Pur une critique de la raison islamique*, Maison-neuve et Larose, Paris 1984

Arsel, İlhan, *Şeriat ve Kadın*, Orhanlar Matbaası, İstanbul 1987

Asım, Salahaddin, *Türk Kadınlığının Tereddisi yahud Karılaşmak*; Neuausgabe *Osmanlıda Kadınlığın Durumu*, Arba Yayınları, İstanbul 1989

Atatürk'ün Söylev ve Demeçleri, Konya Kadınları ile Konuşma, 21.3.1923, S.147

Avci, Nabi, Bombacı Parmenides, İşaret Yayınları, İstanbul, 1989

Avci, Nabi, Interview (von Necati Polat), in: *Gergedan*, no. 11, Januar 1988

Ayubi, Nazih, *Political Islam. Religion and Politics in the Arab world*, Routledge, London and New York 1991

Bauman, Zygmunt, *Legislators and Interpreters, On Modernity, Post-Modernity and Intellectuals*, Cornell University Press, Ithaca, New York 1987

Beck, Louis und Keddie, Nikki (eds.), *Woman in the Muslim World*, Harvard University Press, Cambridge 1978

Benedict, P. et al., eds., *Turkey, Geographic and Social Perspectives*, Leiden, 1974

Berkes, Niyazi, *Türkiye'de Çâğdaşlaşma*, Bilgi Yayınevi, Ankara 1973

Berktay, Fatmagül, »Türkiye Solu'nun Kadına Bakışı: Değişen Bir Şey Var Mı?«, in: *Kadın Bakış Açısından 1980'ler Türkiye'sinde Kadın*, herausgegeben von Şirin Tekeli, İletişim Yayınları, İstanbul 1990

Bingöllü (Sayarı) Binnaz, »Türk Toplumunda Kadın«, in: *Türk Kadını ve Din*, herausgegeben von Nermin Abadan-Unat, Türk Sosyal Bilimler Derneği, Ankara 1979

Bouhdiba, Abdelwahab, *La sexualité en Islam*, Quadrige, Presses Universitaires de France, Paris 1975

Bourdieu, Pierre, *La Distinction, Critique sociale du jugement*, Edition du Minuit, Paris 1979. Deutsch: *Die feinen Unterschiede. Kritik der gesellschaftlichen Urteilskraft.* Suhrkamp, Frankfurt a.M. 1982

Bourdieu, Pierre, *Esquisse d'une théorie de la practique, précédée de trois études d'ethnologie kabyle*, Ed. Droz, Genf 1972. Deutsch: *Entwurf einer Theorie der Praxis auf der ethnologischen Grundlage der kabylischen Gesellschaft.* Suhrkamp Verlag, Frankfurt/M. 1979

Bulaç, Ali, *İslam Dünyasında Düşünce Sorunları*, İnsan Yayınları, İstanbul 1985

Bulaç, Ali, »Feminist Bayanların Kısa Aklı«, in: *Zaman*, 17. März 1987

Bulaç, Ali, »Ahlaki ve Fikri İki Sapma«, in: *Kitap*, no. 16-17, Juni/ Juli 1988

Bulaç, Ali, *Din ve Modernizm*, Endülüs Yayınları, İstanbul 1990

Bulaç, Ali, »Modern ve mahrem«, in: *Birikim*, Nr. 33, Januar 1992

Calhoun, Craig (ed.), *Social Theory and the Politics of Identity*, Blackwell, New York 1994

Caporal, Bernard, *Kemalizmde ve Kemalizm Sonrasında Türk Kadını*, İş Bankası Kültür Yayınları, Ankara 1982

Chebel, Malek, *L'Ésprit de Sérail*, Lieu Commun, Paris 1988

Chodorow, Nancy, *The Reproduction of Mothering*, University of California Press 1974

Çakır, Ruşen, *Ayet ve Slogan*, Metis Yayınları, İstanbul 1990

Çalişlar, Oral, *İslamda Kadın ve Cinsellik*, Afa Yayınları, İstanbul 1991

Desmet-Gregoire, Hélène, »De la perception d'une femme ottomane à celle des femmes ottomanes: le récit de voyage d'une européene du XIXe siècle. La princesse de Belgiojoso«, Contributions à l'Histoire économique et sociale de l'Empire Ottomane, Peeters, Louvain 1983

Develıoğlu, Ferit, *Osmanlıca-Türkçe Ansiklopedik Lügat*, Doğuş Matbaası, Ankara 1970

Djait, Hijam, »Dimensions de l'orientalisme islamisant«, in: *Le mal de voir*, Paris, Union générale d'éditions (10/18, Cahiers Jussieu)

Duben, Alan und Behar, Cem, *Istanbul Households. Marriage, Family and Fertility 1880-1940*, Cambridge University Press, Cambridge 1991

Dumont, Paul, *Mustafa Kemal*, Complexe, Paris 1983

Durakbaşa, Ayşe, *The Formation of »Kemalist Female Identity«: A Historical-Cultural Perspective*, Boğaziçi Üniversitesi, Sosyoloji Bölümü 1987 (unveröffentlichte Magisterarbeit)

Durakbaşa, Ayşe, *»Cumhuriyet Döneminde Kemalist Kadın Kimliğinin Oluşumu«*, in: *Tarih ve Toplum*, 1988, no. 52, S. 167-71

El Guindi, Fadwa, »Veiled Activism, Egyptian Women in the Contemporary Islamic Movement«, in: *Peuples Méditeranéens*, no. 22-23, 1983, S. 79-90

Elias, Norbert: *Über den Prozeß der Zivilisation: soziogenetische und psychogenetische Untersuchungen*. Suhrkamp Verlag, Frankfurt/M. 1969. Französisch: *La civilisation des moeurs.* Calman Lévy, Paris 1973

Enginün, İnci, *Halide Edib Adlvar'ın Eserlinde Doğu ve Batı Meselesi*, Edebiyat Fakültesi Matbaası, İstanbul 1978

Etienne, Bruno, *L'Islamisme radical*, Hachette, Paris, 1987

Farrère, Claude, *Extraordinaire aventure d'Ahmet Pacha Djémaleddine*, Ernest Flammarion, Paris 1921

Fernea, Elizabeth W. (ed.), *Women and the Familiy in the Middle East. New Voices of Change*. The University of Texas Press, Texas 1985

Foucault, Michel, *Sexualität und Wahrheit.* Suhrkamp Verlag, Frankfurt/M. 1983

Georgeon, François, *Türk Milliyetçiliğinin Kökenleri (Yusuf Akçura)*, Yurt Yayınları, Ankara 1986

Gentizon, P., »Mustapha Kemal où l'Orient en marche«, in: Caporal, Bernard, *Kemalizmde ve Kemalizm Sonrasında Türk Kadını*, İş Bankası Kültür Yayınları, Ankara 1982
Giddens, Anthony, *Modernity and Self-identity, Self and Society in the late modern age*, Stanford University Press, California, 1991
Göçek, Fatma Müge, *East Encounters West: France and the Ottoman Empire in the Eighteenth Century*, New York 1987
Gökalp, Ziya, *Turkish Nationalism and Western Civilization*. Übers. von Niyazi Berkes, London 1959.
Gökalp, Ziya, *Türkçülüğün Esasları*, Kültür Bakanlığı Yayınları, Milli Eğitim Basımevi, İstanbul 1976
Gökalp, Ziya, *Türkleşmek, İslamlaşmak, Muasırlaşmak*, Kültür Bakanlığı Yayınları, Ankara 1976
Gökalp, Ziya, *Limni ve Malta Mektupları*, (herausgegeben von F.A. Tansel), Türk Tarih Kurumu Yayınları, Ankara 1965
Göle, Nilüfer, *Mühendisler ve İdeoloji*, İletişim Yayınları, İstanbul 1986
Göle, Nilüfer, »Femmes comme partenaires?«, in: *Le Sexe du Pouvoir*, eds. N.Aubert, E.Enriquez, V. de Gaulejac, Edition Epi, Paris 1986
Göle, Nilüfer, »Modernité, et société civile en Turquie: L'action et l'idéologie des ingénieurs«, in: *La Turquie en Transition*, ed. A.Gökalp, Edition Maisonneuve Larose, Paris, 1986
Göle, Nilüfer, *Modern mahren*, Metis yayınları, İstanbul 1991
Göle, Nilüfer, »Ingénieurs islamistes et étudiantes voilées en Turquie«, in: *Intellectuels et militants de l'Islam contemporain*, eds. Gilles Kepel und Yann Richard, Seuil, Paris 1990
Göle, Nilüfer, »Entre le ›gauchisme‹ et ›l'islamisme‹: L'émergence de l'idéologie techniciste en Turquie«, in: *Bâtisseurs et Bureaucrates (Ingenieurs et Société au Maghreb et au Moyen-Orient)*, ed. Elisabeth Longuenesse, Maison de l'Orient, Lyon, 1990
Göle, Nilüfer, *»Batı Modernizmi ve Post-feminizm«*, in: *Toplum ve Bilim*, no 53, Frühjahr 1991
Göle, Nilüfer, *»Ingénieurs musulmans et étudiantes voilée en Turquie: entre le totalitarisme et l'individualisme«*, in: *Intellectuels et militans de l'islam contemporain*, herausgegeben von Gilles Kepel und Yann Richard, Seuil, Paris 1990
Göle, Nilüfer, »Engineers and the Emergence of a Technicist Identity«, in: *Turkey and the West: Changing Political and Cultural Identities*, eds. Metin Heper, Ayşe Öncü, Heinz Kramer, Tauris, London 1993
Göle, Nilüfer, »Modernity and Modernization«, in: *The Idea of Development between its Past and its Future*, ed. Ionna Kuçuradı, International Federation of Philosophical Societies, Ankara, 1993

Göle, Nilüfer, »Towards an Autonomisation of Politics and Civil Society in Turkey«, in: *Politics in the Third Turkish Republic: A Case Study in Transition to Democracy*, eds. Metin Heper und Ahmet Evin, Westview Press, Boulder, Colorado 1993

Göloğlu, Mahmut, *Devrimler ve Tepkileri (1924-1930)*, Başnur Matbaası, Ankara 1972

Graham-Brown, Sarah, *Images of Women: the Portrayal of Women in Photography of the Middle East, 1860-1950*, Columbia University Press, New York 1988

Gülnaz, Mualla, »Ali Bulaç'in Düşündürdükleri«, in: *Zaman*, 1. September 1987

Gülnaz, Mualla, »Biz Kimiz?«, in: *Zaman*, 15. September 1987

Gürbilek, Nurdan, »Mahrumiyet«, in: *Defter*, no. 16, Juni/ Juli 1991

Güzel, M. Şehmuz, *»1908 Kadınları«*, in: *Tarih ve Toplum*, no.7, 1984

Hatemi, Hüseyin, *Kadının Çıkış Yolu*, Fecr Yayınevi, Ankara 1988

Heper, Metin, Ayşe Öncü, Heinz Kramer (eds.), *Turkey and the West: Changing Political and Cultural Identities*, Tauris, London 1993

Hobsbawm, Eric/ Ranger, Terrance, *The Invention of Tradition*, Cambridge University Press, Cambridge 1983

Ibrahim, Saadeddin, »Anatomy of Egypt's Militant Islamic Groups«, in: *International Journal of Middle East Studies*, 1980, S. 423-53

Işin, Ekrem, »Tanzimat, Kadın ve Gündelik Hayat«, in: *Tarih ve Toplum*, no. 51, 1988, S. 150-55

Jackh, Ernest, *Yükselem Hilâl*, Uğur Kitabevi, İstanbul, 1946

Kandiyoti, Deniz, »Ataerkil Örüntüler: Türk Toplumunda Erkek Egemenliğinin Çözümlenmesine Yönelik Notlar«, in: *Kadın Bakış Açısından 1980'ler Türkiye'sinde Kadın*, herausgegeben von Şirin Tekeli, İletişim Yayınları, İstanbul 1990

Kandiyoti, Deniz, *Women, Islam and the State*, Temple University Press, Philadelphia 1991

Kara, İsmail, *Türkiye'de İslamcılık Düşüncesi I*, Risale Yayınları, İstanbul 1986

Kara, İsmail, Interview (von Mehmet Metiner), in: *Girişim*, Mai 1987

Kara, İsmail, Interview (von Sefa Kaplan), in: *Nokta*, 31. Dezember 1989

Kara, İsmail, »İslamcılar, Mucizeler, Bilim ve Pozitivizm«, in: *Dergâh*, no. 6, Ağustos 1990, S.18f

Karaosmanoğlu, Yakup Kadri, *Ankara*, İletişim Yayınları, İstanbul 1987 (Erstauflage 1934)

Kavuncu, Yıldız, »İslam'da Kadın ya da İpekböceği«, in: *Zaman*, 15. September 1987

Kepel, Gilles, *Les Banlieues de l'Islam*, Seuil, Paris 1987

Kepel, Gilles, *La Revanche de Dieu*, Seuil, Paris 1991. Deutsch: *Die Rache Gottes: radikale Moslems, Christen und Juden auf Vormarsch.* Piper Verlag, München, Zürich 1991

Kepel, Gilles und Yann Richard (eds.), *Intellectuels et militants de l'islam contemporain*, Seuil, Paris 1990

Kudret, Cevdet, »Alafranga Dedikleri«, in: *Tarih ve Toplum*, 1984, c. 1, no. 4, S. 267f

Kuru, Fatma, »Kadın Sorunu mu, Kadını Sorunu mu?«, in: *Girişim*, Juli/August 1987

Küçükömer, İdris, *Düzenin Yabancılaşması*, Alan Yayınları, İstanbul 1989 (Erstauflage 1969)

di Leonardo, Micaela, *Gender at the Crossroads of Knowledge, Feminist Anthropology in the Postmodern Era*, University of California Press, Berkely 1991, S.30f

Lerner, Daniel, *The Passing of Traditional Society: Modernizing the Middle East*, The Free Press, New York 1958

Lewis, Bernard, »Islamic Political Movements«, in: *Middle East Review*, Sommer 1985

Lewis, Bernard, *The Emergence of Modern Turkey*, Oxford University Press, London 1968

Lipovetsky, Gilles, *L'ère du vide. Essais sur l'individualisme contemporain.* Gallimard, Paris 1983

Macleod, Arene Elowe, *Accomodating Protest: Working Women and the New Veiling in Cairo*, Yale University, 1987 (Dissertation)

Mannheim, Karl, *Ideology and Utopia*, Harvest Books, New York 1936

Mardın, Şerif, »Super westernization in the Ottoman Empire in the last quarter of the nineteenth century«, in: *Turkey: Geographic and Social Perspectives*, P.Benedict et al., eds., Leiden 1974

Mardın, Şerif, *Din ve İdeoloji* (Gesammelte Werke Bd.2/), İletişim Yayınları, İstanbul 1983

Mardın, Şerif, *Türkiye'de Toplum ve Siyaset* (Aufsätze 1), İletişim Yayınları, İstanbul 1990

Mardın, Şerif, »Tanzimattan Sonra Aşırı Batılılaşma«, in: *Türk Modernleşmesi* (Aufsätze 4), İletişim Yayınları, İstanbul 1991

Mernissi, Fatima, *Le harem politique*, Albin Michel, Paris 1987. Deutsch: *Der politische Harem: Mohammed und die Frauen*. Dağyeli Verlag, Frankfurt/M. 1989 und Herder Verlag, Freiburg im Breisgau, Basel, Wien 1992

Mernissi, Fatima, *Beyond the Veil*, Indiana University Press, Bloomington and Indianapolis 1987 (Erstauflage 1985)

Mernissi, Fatima, *Frauen und Männer zwischen Islam und Demokratie*, Luchterhand Hamburg, Zürich 1992

Mert, Nuray, *A Study on the Change of Ottoman Clothing Habits*, Boğaziçi Üniversitesi, 1983 (unveröffentlichte Examensarbeit)
Milani, Farzaneh, *Veils and Words. The Emerging of Iranian Women Writers*, Syracuse University Press, Syracuse 1992
Mills, C. Wright, *The Sociological Imagination*, Penguin Books, 1991
Moran, Berna, *Türk Romanına Eleştirel Bir Bakış 1*, İletişim Yayınları, İstanbul 1990 (Erstauflage 1983)
Minces, Juliette, *Verschleiert: Frauen im Islam*, Rowohlt, Reinbek bei Hamburg 1992
van Nieuwenhuijze, C.A.O., *The Lifestyles of Islam*, Leiden, E.J.Brill, 1985
Olson, Emelie A., »Muslim Identity and Secularism in Contemporary Turkey: ›The headscarf Dispute‹«, in: *Anthropological Quarterly*, 58 (6), Oktober 1985
Owens, Craig, »The Discourse of the Others: Feminists and Post-Modernism«, in: *Postmodern Culture*, ed. Foster, Hal, Pluto Press, London 1985
»Osmanlı Yaşayışıyla İlgili Belgeler-Bilgiler: Kadın-I«, in: *Tarih ve Toplum*, no. 3, 1984, S. 192-199 und S. 289-96
Özankaya, Özer, »Laiklik Öncesi Dönemde Şemseddin Sami'nin Aile Düzenine İlişkin Görüşleri«, in: *Türkiye'de Ailenin Değişimi*, Türk Sosyal Bilimleri Derneği, 1984
Özbay, Ferhunde, »Development of Studies on Women in Turkey«, in: *The Study of Woman in Turkey. An Anthology*, herausgegeben von Ferhunde Özbay, UNESCO ve Türk Sosyal Bilimler Derneği, 1986
Özel, İsmet, *Waldo sen neden burada değilsin?*, Risale Yayınları, İstanbul 1988
Parla, Jale, *Babalar ve Oğullar. Tanzimat Romanının Epistomolojik Temelleri*, İletişim Yayınları, İstanbul, 1990
Parla, Taha, *Ziya Gökalp, Kemalizm ve Türkiye'de Korporatizm*, İletişim Yayınları, İstanbul 1989
Ricoeur, Paul, *»L'Histoire comme récit et comme practique«*, in: *Esprit*, no. 6, Juni 1981
Rugh, Andrea B., *Reveal and Conceal: Dress in Contemporary Egypt*, Syracuse University Press, Syracuse 1986
Safa, Peyami, *Türk İnkılâbına Bakışlar*, Kanaat Kitabevi, Ankara Kütüphanesi Tarih Serisi, 1959 (Erstauflage 1919)
Said Halım Paşa, *Buhranlarımız*, İstanbul, Tercüman 1001 Temel Eser, t.y., (Erstauflage 1919)
Said, Edward, *Orientalism*, 1978. Deutsch: *Orientalismus*. Ullstein Verlag, Frankfurt, Berlin, Wien 1981
Sennet, Richard, *The Fall of the Public Man*, Vintage Books, New York 1978

Shayegan, Daryush, *Le regard mutilé*, Albin Michel, Paris 1989
Shils, Edward, »*Centre and Periphery*«, in: *The Logic of Personal Knowledge: Essays Presented to Michael Polanyi*, Routledge and Kegan Paul, 1961, S. 117-130
Simmel, Georg, *Philosophie de la modernité (la femme, la ville, l'individualisme)*, éditions Payot, Paris, 1989. (Hinweis: *Gesamtausgabe* (in 24 Bänden), Suhrkamp, Frankfurt a.M 1992)
Sırman-Eralp, Nükhet, »*Feminism in Turkey: A Short History*«, in: *New Perspectives on Turkey*, c. 3, Herbst 1989, no. 1, S.1-34
Somers, Margaret G./ Gibson, Gloria D., »Reclaiming the Epistemological ›Other‹: Narrative and the Social Constitution of Identity«, in: *Social Theory and The Politics of Identity*, ed. Craig Calhoun, Blackwell, Cambridgc USA, 1994
Stowasser, Barbara F., *Women in the Quran, Traditions, and Interpretation*, Oxford University Press, Oxford 1994
Sunar, İlkay, *Düşün ve Toplum*, Birey ve Toplum Yayınları, Ankara 1986 (Erstauflage 1979)
Şaylan, Gencay, »Genç Müslümanlar ve İslamcı Harekete«, in: *Cumhuriyet*, 18.-23. März 1990
Şeni, Nora, »Ville Ottomane et représentations du corps féminin«, in: *Les Temps Modernes (Turquie)*, no: 456-457, Juli/ August 1984
Şeni, Nora, »19. Yüzyıl Sonu İstanbul Başınında Moda ve Kadın Kıyafetleri«, in: *Kadın Bakış Açısından 1980'ler Türkiye'sinde Kadın*, herausgegeben von Şirin Tekeli, İletişim Yayınları, İstanbul 1990
Şenlikoğlu, Emine, *Bize Nasıl Kıydınız*, Mektup Yayınları, İstanbul
Şenlikoğlu, Emine, *İslam'da Erkek*, Mektup Yayınları, İstanbul 1988
Tanpınar, Ahmet Hamdi, *Yaşadığım Gibi*, Dergâh Yayınları, İstanbul
Taşçıoğlu, Muhaddere, *Türk Osmanlı Cemiyetinde Kadının Sosyal Durumu ve Kadın Kıyafetleri*, Akın Matbaası, Ankara 1958
Taşkıran, Tezer, *Cumhuriyetin 50. Yılında Türk Kadın Hakları*, Başbakanlık Kültür Müsteşarlığı, Başbakanlık Basımevi, 1973
Taylor, Charles, *Multiculturalism. Examining the politics of recognition*, ed. and intr. by Amy Gutman, Princeton University Press 1994
Tekeli, Şirin, *Kadınlar ve Siyasal Toplumsal Hayat*, Birikim Yayınları, İstanbul, 1982
Tekeli, Şirin, »Türkiye'de Kadının Siyasal Hayattaki Yeri«, in: *Türk Toplumunda Kadın*, herausgegeben von Nermin Abadan-Unat, Sosyal Bilimler Araştırmaları dizisi, Ekin Yayınları, İstanbul 1982 (Erstauflage 1979)
Tekeli, Şirin, »The Meaning and the Limits of Feminist Ideology in Turkey«, in: *The Study of Women in Turkey, An Anthology*, herausgegeben von Ferhunde Özbay, UNESO ve Türk Sosyal Bilimler Derneği, 1986

Tekeli, Şirin (Hg.), *Kadın Bakış Açısından 1980'ler Türkiye'sinde Kadın*, İletişim Yayınları, İstanbul 1990
Tillion, Germaine, *Le harem et les cousins*, Seuil, Paris 1966
Tımur, Taner, *Osmanlı Kimliği*, Hil Yayınları, İstanbul 1986
Tocqueville, Alexis de, *De la Démocratie an Amérique I.*, Garnier-Flammarion, Paris, 1981, (mit einem Vorwort von François Furet). Deutsch: *Über die Demokratie in Amerika*. Reclam Verlag, Stuttgart 1985
Toprak, Binnaz, »*Women and Fundamentalism: The Case of Turkey*«, Konferenzbeitrag zu: *Round Table on Identity Politics and Women*, Helsinki 1990
Toprak, Zafer, »Kadınlar Halk Fırkası«, in: *Tarih ve Toplum*, no. 51, 1988, S.158f
Toprak, Zafer, »Kadın Askerler ve Milli Aile«, in: *Tarih ve Toplum*, no. 51, 1988, S.162-166
Toprak, Zafer, »Meşrutiyet Yıllarında Kadınlara Dair Söylenmiş Sözler«, in: *Tarih ve Toplum*, no. 51, 1988, S. 174
Toprak, Zafer, »Politics, Women and Family During the II. Constitutional Period«, Konferenzbeitrag zu: Turkish Family and Domestic Organization, New York, 23.-25. April 1986
Toros, Elif H., »Feminist Kime Derler?«, in: *Zaman*, 15. September 1987
Toros, Halime, (Interview) »Siperlerimize Çekildik«, in: *Nokta*, no. 88, 17. Februar 1991
Toros, Halime, *Tanımsız*, Damla Neşriyat, İstanbul 1990
Touraine, Alain, *La voix et le regard*, Seuil, Paris 1978
Touraine, Alain, *Production de la société*, Seuil, Paris 1973
Tozduman, Aysel Z., *İslam'da Kadının Hakları*, Kadın ve Aile, Ankara 1988
Tuğlaci, Pars, *Osmanlı Saray Kadınları*, Cem Yayınevi, İstanbul 1985
Tuman, Hatice, »Çiçekler Rahmetle Büyür«, in: *Mektup*, no. 31, August 1987
Tunaya, Tarık Zafer, *Türkiye'nin Siyasi Hayatında Batılılaşma Hareketleri*, Yedigün Matbaası, İstanbul 1960
Tunaya, Tarık Zafer, *İslamcılık Cereyanı*, İstanbul 1962
Tunaya, Tarık Zafer, »Milli Rönesans«, in: *Tarih ve Toplum*, 1986
Tuncer, Tuba, »Kimin Aklı Kısa?«, in: *Zaman*, 1. September 1987
Tuncer, Tuba, »Kadınlar, Yine Kadındır«, in: *Zaman*, 15. September 1987
Ülken, Hilmi Ziya, *Türkiye'de Çâğdaş Düşünce Tarihi*, Ülken Yayınları, İstanbul 1979 (Erstauflage 1966)
Yavuz, Hilmi, *Roman Kavramı ve Türk Romanı*, Bilgi Yayınevi, Ankara 1977
Yavuz, Hilmi, *Kültür Üzerine*, Bağlam Yayınları, İstanbul 1987
Yonnet, Paul, *Jeux, modes et masses*, Gallimard, Paris 1985
Zuhur, Sherifa, *Revealing Reveiling, Islamist Gender Ideology in Contemporary Egypt*, State University of New York Press, New York 1991

Photo: Sevil Sert

Nilüfer Göle, geboren 1953, ist Professorin für Soziologie an der Boğaziçi Universität in Istanbul. Sie promovierte 1982 in Sozialwissenschaften an der École des Hautes Études, Paris, wo sie mit Alain Touraine über neue soziale Bewegungen arbeitete. Sie unterrichtete am Institut d'Études Politiques de Paris, Fondation Nationale des Sciences Politiques und an der University of Michigan, Ann Arbor.

Nilüfer Göle veröffentlichte verschiedene Aufsätze zu islamistischen Bewegungen, verschleierten Frauen und zur politischen Kultur in der Türkei. 1986 erschien in der Türkei ihr Buch *Mühendisler ve Ideoloji* (Ingenieure und Ideologie), 1991 *Modern Mahrem* (türkisches Original von *Republik und Schleier*), das aus einer von der UNESCO in Auftrag gegebenen Untersuchung entstand.

Göle schrieb Beiträge zu verschiedenen Sammelbänden, unter anderem 1986 in *Le Sexe du Pouvoir*, 1986 in *Turkey and the West: Changing Political and Cultural Identities*, 1990 in: *Intellectuels et Militants de L'Islam contemporain* und ebenfalls 1990 in: *Bâtisseurs et Bureaucrates.*

Modern Mahrem erschien 1993 in französischer Übersetzung (*Musulmanes et Modernes. Voile et civilization en Turquie.* Éditions La Découverte, Paris) und erscheint demnächst in englischer Übersetzung in den Vereinigten Staaten bei University of Michigan Press, Ann Arbor. Es wird außerdem derzeit ins Arabische und Spanische übersetzt.